中国在线开放课程发展报告

（2018-2019）

《中国在线开放课程发展报告（2018-2019）》编写组
主编 韩筠 袁驷 徐晓飞
执行主编 韩筠

高等教育出版社·北京

内容提要

本书是教育部 2019 年"高等教育基于慕课的教学模式探索与应用推广"委托项目的研究成果，分现状篇、成效篇、政策篇和展望篇四个部分，对 2018—2019 年我国在线开放课程建设与应用情况进行阶段性总结。 其中现状篇汇集了我国在线开放课程建设的总体情况，着重介绍在线开放课程和平台建设情况、学习者特征分析、高校开课情况等，同时对国际在线开放课程的发展现状进行介绍；成效篇包括国家精品在线开放课程认定、在线开放课程典型案例和慕课标准与规范体系建设；政策篇重点介绍各级教育行政部门和高校针对在线开放课程制定的管理办法、监督机制和激励措施；展望篇结合技术发展、教学应用情况展望在线开放课程发展趋势。 本书对我国在线开放课程建设进展、社会影响和成效做出了较为全面的概括和呈现，对在线教育研究有着重要的参考价值。

图书在版编目（CIP）数据

中国在线开放课程发展报告. 2018-2019 / 韩筠, 袁驷, 徐晓飞主编. -- 北京：高等教育出版社，2020.9
ISBN 978-7-04-054930-0

Ⅰ.①中… Ⅱ.①韩… ②袁… ③徐… Ⅲ.①高等学校-网络教学-课程建设-研究报告-中国-2018-2019 Ⅳ.①G642

中国版本图书馆 CIP 数据核字（2020）第 152223 号

Zhongguo Zaixian Kaifang Kecheng Fazhan Baogao（2018-2019）

| 策划编辑 | 韩 筠 | 责任编辑 | 张秀芹 | 封面设计 | 李卫青 | 版式设计 | 张 杰 |
| 插图绘制 | 李沛蓉 | 责任校对 | 李大鹏 | 责任印制 | 朱 琦 | | |

出版发行	高等教育出版社	网　　址	http://www.hep.edu.cn
社　　址	北京市西城区德外大街 4 号		http://www.hep.com.cn
邮政编码	100120	网上订购	http://www.hepmall.com.cn
印　　刷	河北新华第一印刷有限责任公司		http://www.hepmall.com
开　　本	787mm×960mm　1/16		http://www.hepmall.cn
印　　张	19		
字　　数	290 千字	版　次	2020 年 9 月第 1 版
购书热线	010-58581118	印　次	2020 年 9 月第 1 次印刷
咨询电话	400-810-0598	定　价	45.80 元

本书如有缺页、倒页、脱页等质量问题，请到所购图书销售部门联系调换
版权所有　侵权必究
物 料 号　54930-00

《中国在线开放课程发展报告(2018—2019)》编写组

主　　编：韩　筠　袁　驷　徐晓飞
执行主编：韩　筠
编写人员：(按姓氏音序排列)
　　　　　邓　捷　董建波　冯雪松　陆俊林
　　　　　聂风华　孙忠梅　汪潇潇　王　强
　　　　　王青林　吴　博　吴　砥　张忠月

前　言

近年来,在教育部的持续推动下,我国以慕课为代表的在线开放课程蓬勃发展,其建设与应用取得显著成效。为进一步促进慕课在全国范围的开放共享,总结慕课建设应用的有效经验,推进机制创新,教育部高等教育司下达2019年"高等教育基于慕课的教学模式探索与应用推广"委托项目,其中"编制《中国在线开放课程发展报告(2018—2019)》"项目委托高等教育出版社、全国高等学校教学研究中心等单位承担,由高等教育出版社副总编辑、全国高等学校教学研究中心主管领导韩筠担任负责人。本报告既为该项目的研究成果,也是《中国在线开放课程发展报告》年度系列报告的第三部。

高等教育出版社和全国高等学校教学研究中心对此项目高度重视,设立专门的研究小组,并与教育部在线教育研究中心、教育部高等学校教学信息化与教学方法创新指导委员会和北京大学慕课工作组等主要参与单位共同成立编写组;多次组织召开专题会议,邀请教育部高等教育司相关领导以及华中师范大学、深圳大学等高校的专家进行座谈,认真研讨报告编写内容,确定编写提纲;并面向各地教育行政部门、高校、联盟和教师广泛征集典型案例,由各参与单位组织人员进行内容提炼和初稿编撰;最后由本报告的执行主编韩筠进行统稿和定稿。

2018年和2019年是我国在线开放课程快速发展的两年,尤其是慕课的应用模式不断创新,涌现出大量的优秀案例。全国众多高等院校、在线开放课程运营服务平台和联盟为本报告的编制提供了大量的数据信息和翔实的案例资料,使报告的编写有了更加坚实的支撑,对此编写组表示诚挚的感谢! 教育部高等教育司一级巡视员宋毅,课程教材与实验室处李静处长、张庆国调研员对报告的编写工作进行了全程指导,在此一并表示感谢!

2020年年初,一场不期而至的新型冠状病毒性肺炎肆虐华夏大地。针对疫情对高校正常开学和课堂教学造成的影响,教育部印发《关于在疫情防控期间做好普通高等学校在线教学组织与管理工作的指导意见》，要求各高校充分利用上线的慕课和省、校两级优质在线课程教学资源积极开展线上授课和线上学习等活动，保证疫情防控期间的教学进度和教学质量。随后，教育部分两批遴选推荐了37家课程平台共同实施并保障高校在疫情防控期间的在线教学，并将爱课程和学堂在线作为首批在线教学国际平台向全球推出，为世界高等教育贡献"中国方案"，体现了中国高等教育的担当与格局。

疫情期间，各课程平台为高等教育在线教学工作的开展提供了有力支持，协助全国高校广大师生为应对危机开展了一场史无前例的大规模在线教学。截至2020年5月8日，全国已有1454所高校开展在线教学，103万名教师在线开课1226万门次，参加在线学习的大学生合计23亿人次，形成了时时、处处、人人皆可学的新的教育形态，积累了珍贵的在线教学经验，催生出线上线下混合式教学等新的教育模式和新的人才培养范式，经受住了疫情的考验。未来，这种新的教育形态将成为中国高等教育和世界高等教育在教与学方面的重要发展方向。正如吴岩司长所说，近年来，我们未雨绸缪，在在线教学方面所做出的战略布局和精心建设，现在完全可以派上用场。中国高等教育下了"先手棋"，希望借此实现中国高等教育在质量方面的"变轨超车"。

本报告凝聚了编写组各位专家的集体智慧和全国众多高等院校的在线开放课程建设与研究成果，沿袭《中国在线开放课程发展报告（2013—2016）》和《中国在线开放课程发展报告（2017）》的体例与风格，系统总结了2018—2019年我国在线开放课程建设与应用情况。报告分现状篇、成效篇、政策篇和展望篇四个部分，主题鲜明，案例丰富，对在线开放课程建设进展、社会影响和成效做出了较为全面、准确、客观的概括和呈现，对于我国在线开放课程的进一步共享和应用具有重要的参考价值。

本报告编写分工如下：全国高等学校教学研究中心负责第一章、第四章、第七章和第八章；教育部在线教育研究中心负责第二章和第三章；教育部高等学校教学信息化与教学方法创新指导委员会负责第六章；北京大学慕课工作组负责第五章和第九章。编写发展报告的过程，也是我们梳理中国在线开放课程发展历程，从中汲取经验，不断改进工作的过程，诚恳欢迎各位专家学者以及广大读者提出宝贵意见。

目 录

现状篇

第一章 我国在线开放课程建设情况 ... 3
第 1 节 我国在线开放课程总体情况 ... 3
第 2 节 我国在线开放课程平台建设情况 ... 7

第二章 我国在线开放课程应用情况 ... 19
第 1 节 学习者特征分析 ... 19
第 2 节 课程类型及高校开课情况分析 ... 42
第 3 节 平台 SPOC 应用情况 ... 47

第三章 国际在线开放课程建设情况 ... 52
第 1 节 国际在线开放课程建设现状 ... 52
第 2 节 国际在线开放课程平台建设情况 ... 59
第 3 节 国际在线开放课程建设及使用模式的创新 ... 69
第 4 节 国际在线开放课程学历学位教育情况 ... 75

成效篇

第四章 国家精品在线开放课程认定 ... 89
第 1 节 2018 年国家精品在线开放课程认定工作概况 ... 89
第 2 节 2018 年国家精品在线开放课程认定工作的变化 ... 94
第 3 节 2018 年国家精品在线开放课程认定结果分析 ... 96

第五章 在线开放课程典型案例 ... 98
第 1 节 课程层面的案例 ... 98
第 2 节 学校层面的案例 ... 111

第 3 节　在线开放课程平台推动课程建设及应用的案例 …………… 121

第 4 节　在线开放课程相关组织推动课程建设及应用的案例 …………… 129

第 5 节　在线开放课程对教学改革的推动作用 …………………………… 141

第 6 节　在线开放课程对学习型社会的推动作用 ………………………… 149

第六章　慕课标准与规范体系建设 …………………………………… 153

第 1 节　慕课标准与规范建设工作的背景 ………………………………… 153

第 2 节　慕课标准与规范建设工作的进展 ………………………………… 155

第 3 节　慕课标准与规范体系的主要内容 ………………………………… 158

第 4 节　慕课标准与规范体系的应用与实践 ……………………………… 160

政策篇

第七章　建设及管理政策 ……………………………………………… 163

第 1 节　总体战略要求 ……………………………………………………… 163

第 2 节　地方教育行政部门的管理办法与监督机制 ……………………… 167

第 3 节　高校的管理办法与激励措施 ……………………………………… 176

第八章　学分认定及转换机制 ………………………………………… 181

第 1 节　我国在线开放课程学分认定的现状 ……………………………… 181

第 2 节　在线开放课程学分认定的有关政策 ……………………………… 182

第 3 节　在线开放课程学分认定的质量保障机制 ………………………… 184

展望篇

第九章　互联网时代在线开放课程发展与展望 ……………………… 189

第 1 节　在线开放课程的技术发展 ………………………………………… 189

第 2 节　在线开放课程的教学应用与融合创新 …………………………… 193

第 3 节　中国在线开放课程发展展望 ……………………………………… 198

附录

附录1 教育部关于加强高等学校在线开放课程建设
　　　应用与管理的意见(教高〔2015〕3号) ………… 205

附录2 教育部办公厅关于开展2018年国家精品在线
　　　开放课程认定工作的通知(教高厅函〔2018〕44号) ………… 209

附录3 教育部关于公布2018年国家精品在线开放课程
　　　认定结果的通知(教高函〔2019〕1号) ………… 215

附录4 教育部高等教育司关于开展2019年国家精品在线
　　　开放课程认定工作的通知(教高司函〔2019〕32号) ………… 274

附录5 教育部关于一流本科课程建设的实施意见
　　　(教高〔2019〕8号) ………… 280

附录6 中国慕课行动宣言 ………… 288

现 状 篇

第一章　我国在线开放课程建设情况

第1节　我国在线开放课程总体情况

一、我国在线开放课程近年发展情况

近年来,在教育部的整体规划下,我国以慕课为代表的在线开放课程遵循立足自主建设、注重应用共享、加强规范管理的发展模式,采取政府主导、高校主体、社会参与的战略布局,各方集聚优势,协同努力,取得了丰硕的成果。

1. 慕课建设与应用蓬勃发展

截至2019年3月,我国参与慕课建设的高校达1 000余所,上线慕课数量由2017年的3 200门增长到12 500门,增加近3倍。慕课数量已位居世界第一;学习人数由5 500万人次增长到2亿多人次,增加近2.7倍,有6 500多万人次大学生获得慕课学分;国家精品在线开放课程数量由490门增长到1 291门,增加1.6倍;我国慕课建设及应用已步入世界前列。

2. 慕课应用模式不断创新

各高校和在线开放课程平台、联盟因地制宜,积极探索应用模式创新,满足多元化人才培养需求。目前,我国慕课已逐步创建出独具特色的中国模式和基本成熟的慕课标准,建立了共建共享的开放合作机制。

(1) 课程结构更加合理,应用更为广泛。慕课的建设和应用范围从面广量大的公共课、通识课逐步拓展到专业基础课、专业课和实验课,形成覆盖所有本科学科门类的慕课体系。目前已有1 000余所高校开设慕课,44 000人次的西部高校教师接受了慕课应用培训。

(2) 跨校、跨区域在线学习、翻转课堂、线上与线下混合式学习等共享与应用模式不断涌现。例如,有服务课堂教学的"MOOC+SPOCs+翻转课堂"、在线课

程学分认定和转化的"1+N"（1门课程+N个学生的虚拟课堂）、课程联盟共享的"1+M+N"（1门课程+M所学校+N个课程班）、线上与线下互动的"在线开放课程+线下见面课/直播见面课"等多种应用模式。

（3）围绕慕课应用场景的智慧教学工具不断出现。例如，学堂在线联合清华大学推出智慧教学工具——雨课堂，爱课程（中国大学 MOOC）推出轻量化智慧教学工具——慕课堂，学银在线推出智慧教学工具——学习通。

（4）课程建设的专业化、体系化得到大力发展。清华大学依托学堂在线推出公共管理认证证书项目、数据科学认证证书项目等；山东大学、西南交通大学、同济大学等高校依托爱课程（中国大学 MOOC）构建国学经典、铁路交通、土木工程等微专业课程；中国医学教育慕课联盟以医学专业课程群为单位进行课程教材一体化建设，在人卫慕课平台推出医学系列课程等。

（5）基于慕课深化思政课程建设，切实推进习近平新时代中国特色社会主义思想进教材、进课堂、进头脑。爱课程（中国大学 MOOC）上线19门思政课慕课，开课34期，选课近40万人次；学堂在线上线的4门思政课慕课累计选课44万人次。

3. 推动教育资源开放共享，促进教育公平

慕课建设与应用推动了优质教育资源开放共享，为破解东西部、高校间发展不平衡问题提供了实现方式和解决渠道，在促进教育公平方面取得重大进展。中国高等教育学会教学研究分会、上海交通大学在线教育中心联合主办"在线开放课程新长征计划"，推动百余门慕课在西部地区的建设与应用。中国东西部高校课程共享联盟提出"慕课西行"计划，北京大学与西藏大学，中国海洋大学、华东理工大学与喀什大学之间以点对点同步课堂的形式，实现优质教学资源充分共享。

爱课程（中国大学 MOOC）联合北京立德未来助学公益基金会设立的美丽中国支教项目共同发布了"一起看见更大的世界"公益计划，持续支持支教服务；同时着力推进优质在线课程进入山区，帮助更多教育资源匮乏地区的学生通过慕课的方式学习顶尖高校的课程，推进教育普惠化。

4. 服务学习型中国建设

我国慕课服务于终身学习，使"人人可学、处处可学、时时可学"成为可能，

为建设学习型社会、学习型政党、学习型国家发挥了有力支撑作用。2019年1月1日,"学习强国"平台上线,目前已上线400多门慕课,涵盖"社会法律""理工农医""人文史哲""政治经济"等多个领域,可供8 900多万党员干部自行选学。中央军委训练管理部职业教育局组织国防科技大学、清华大学联合开发的军事职业教育互联网服务平台为全军现役官兵提供在线教学服务。爱课程(中国大学MOOC)、学堂在线、华文慕课等为该平台提供了1 000余门优质在线课程。

5. 推动国际交流

我国慕课建设从国情出发,主动服务国家对外开放战略,积极融入"一带一路"建设,大力拓展全球视野。来自国内19所高校的200余门优质慕课先后登陆美国、英国、法国、西班牙、韩国等国家的著名课程平台。北京大学"Chinese for Beginners"课程学习者覆盖全球200多个国家和地区,课程访问用户超过162万人次。我国慕课在知识共享领域已经跑在世界前列,为推动世界教育公平贡献了中国力量。

6. 认定两批共1 291门国家精品在线开放课程

2018年1月15日,教育部正式推出490门国家精品在线开放课程,其中,由北京大学、清华大学、武汉大学、哈尔滨工业大学、上海交通大学等高水平大学建设推出的课程占70%;由院士、著名教授等名师大家领衔建设的课程占70%。这是国内首批、国际首次推出国家精品在线开放课程,在我国高校和社会引起强烈反响和广泛好评。

2019年1月8日,教育部再次推出第二批801门国家精品在线开放课程,至此,国家精品在线开放课程总数达到1 291门,对我国慕课建设与应用的发展起到显著的示范带动作用。

二、我国在线开放课程主要特点

在政府、高校和社会各界的积极推动下,我国慕课建设与应用成效显著,实现了大范围的优质资源共享,充分体现出中国特色。

(1)课程数量多。中国慕课建设起步早、发展快、后劲足,课程总量已居世界第一。2012年,慕课开始在美国兴起,教育部立即成立专家组密切跟踪研判。

2013年,教育部组织相关各方迅速发力,致力于有中国特色慕课的建设和应用。截至2017年年底,我国高校和机构已自主建成十余个高水平慕课平台,460余所高校建设的3 200余门慕课上线,超过5 500万人次高校学生和社会学习者选学慕课。

(2) 课程质量高,共享范围广。教育部先后组织认定的两批共1 291门国家精品在线开放课程中,选课人数超过10万人次的有78门,其中国防科技大学"大学英语口语"选学人数超过98万人次,同济大学"高等数学"选学人数近85万人次。

(3) 课程种类丰富完备,体系结构科学合理。有满足高校大学生需要的学分课,有适合社会学习者职业提升需求的培训课,有提升大学生和社会大众科学、文化素质的通识课。学习方式有自主学习、纳入高校教学管理的有组织学习等,可以满足不同人群需求。课程涵盖本科教育80个专业类、专科高职教育10个专业类。课程类型布局合理,专业体系逐步形成。

三、我国慕课的建设思路

我国慕课建设伊始,教育部就提出了"高校主体、政府支持、社会参与"的总方针。政府提供政策支持、宏观指导,为慕课的健康与可持续发展指引方向、保驾护航;高校承担慕课建设与应用共享的主体责任;社会各界集聚优势力量和优质资源,坚持公益性优先原则,广泛参与到慕课建设中来。我国慕课的建设思路,可概括归纳为如下四条。

(1) 突破传统教学模式,促进高校教学改革,立足大学内教育,推进校际优质教学资源共享,兼顾社会学习者的学习需求。

(2) 多模式建设与应用,以提高质量为目标,采取"大规模开放"和"小规模定制"并重的多种建设应用模式,满足不同层次类型高校的需求。

(3) 适应线上线下混合式教学的需要,强调以学生为中心,推动线上知识学习和测验、互动与线下翻转课堂讨论辅导相结合,调动学生学习积极性。

(4) 建设管理两手抓,在大力推动建设的同时,强调教学管理制度建设,明确主体责任,有效保障课程建设质量和课程安全,制定一系列政策和指导性文件,加强对教师和教学管理者的培训。

第2节 我国在线开放课程平台建设情况

一、我国在线开放课程平台概况

1. 爱课程(中国大学 MOOC)

爱课程(中国大学 MOOC)(http://www.icourses.cn/imooc/)是高等教育出版社与网易公司合作推出的大型开放式在线课程学习平台,于 2014 年 5 月上线。

爱课程网是教育部、财政部"十二五"期间启动实施的"高等学校本科教学质量与教学改革工程"委托高等教育出版社建设的高等教育课程资源共享平台,承担国家精品开放课程的建设、应用与管理工作。自 2011 年 11 月 9 日开通以来,相继推出三项标志性成果——中国大学视频公开课、中国大学资源共享课和中国大学 MOOC,受到学习者广泛好评,已成为国际领先、国内极具影响力的高等教育在线开放课程平台。

爱课程(中国大学 MOOC)经过六年的勉力耕耘,目前选课人次超过 1.4 亿,有 916 门慕课入选国家精品在线开放课程,成为国内在线开放课程平台的引领者。爱课程(中国大学 MOOC)为广大在校学生和社会学习者提供大学先修课、通识课、专业基础课、专业课、专项能力提升课等层次丰富、内容多样的优质在线开放课程。推出一流大学系列课程,构建了优质高校课程的结构化体系。目前已建成包括北京大学、复旦大学、南京大学、厦门大学等 27 所一流大学的 81 个系列课程,以及 31 所大学的 31 个一流学科系列课程,11 所行业特色院校的 11 个系列课程。

2. 学堂在线

学堂在线是清华大学于 2013 年 10 月发起建立的中国首个慕课平台,也是教育部在线教育研究中心的研究交流和成果应用平台。学堂在线一直致力于打造内容与技术双引擎,推动教育资源共享与教育质量提升。目前平台运行了来自清华大学、北京大学、麻省理工学院、斯坦福大学等国内外一流大学的优质课程,其中引进境外课程 73 门。获得包括清华大学、圣彼得堡国立大学等高校和 edX 等平台的慕课在中国大陆地区的独家授权。截至 2019 年 11 月 30 日，学堂在线总选课人次超过 7 800 万。

为了将优质慕课资源有效应用于课堂教学，学堂在线打造了智慧教学生态解决方案，通过软件与硬件的有机整合，解决教育教学中的难点问题，为学校和教育培训机构提供贯穿课前、课中、课后的全方位、全流程服务。其中，雨课堂覆盖师生数超过 1 800 万，成为广受欢迎的智慧教学工具。学堂在线不断探索和实践慕课应用新模式，构建慕课应用新场景，针对职业教育及终身学习需求，打造训练营、名校认证、企业认证、国际在线 MBA 项目等在线教育新模式，为高校、企业和学习者服务。

3. 好大学在线

好大学在线于 2014 年 4 月 8 日正式上线。作为在线开放课程公共服务公益平台，好大学在线秉承"让所有人都能上最好的大学"的理念，以"促进教育公平、推动教育创新、提高教育质量"为目标，在以大学内教育教学需求为主体的中国慕课发展模式的探索与实践中，开展了一系列开创性工作，实现基于慕课的跨校跨地区学分共享，向国际课程平台输出优质在线课程，实现基于慕课的线上线下混合式国际暑期学校教学，形成了"MOOC+SPOC+本校教师"的在线开放课程大学内教学应用模式。

平台同时面向社会学习者和高校学生提供在线开放课程，已与全国 400 余所院校合作，成功运行多轮次优质课程，帮助在校学生实现在线课程学分共享，课程平均完课率达 53%，学分转换率达 44%，33 万人次学生已获得学分。为促进高校的混合式教学改革，平台不断迭代，开发了跨课引用、二次分组、直播互动、引用课程内容整合等功能，提供 SPOC 平台给各合作高校及教师。同时，提供一系列课程建设、混合式教学设计等培训，主办"全国高校混合式教学设计创新大赛"，帮助教师更新教学理念，进行教学创新，促进课堂革命。平台与美国 Coursera、英国 FutureLearn 等平台长期合作，推荐国内高校课程上线国际平台，扩大影响。

4. 华文慕课

华文慕课（http://www.chinesemooc.org）是北京大学在阿里巴巴支持下开发的公益性开放共享慕课平台，服务对象包括在校学生、社会学习者、高校教师。截至2019年年底,已有注册用户超过25万,开课96门,选课总人次56万。2017年和2018年评选的国家精品在线开放课程中,有12门课程开在华文慕课平台。

5. 智慧树

智慧树是东西部高校课程共享联盟唯一的运营服务单位。以"政府引领、一流高校、学者参与、社会化服务"为创新模式,以课程建设为抓手,以"平台+内容+服务"三位一体的方式,推动信息技术与教育教学的深度融合。截至2019年年底,已经有来自超过2 000所高校的4 600万人次大学生通过修读跨校学分课程获得学分。平台在2019年秋冬学期上线跨校共享学分课程2 500门,学生对课程的总体满意度超过90分。

6. 优学院

优学院是文华在线自主研发的新一代教学云平台,为高校开展混合式教学提供支持。它吸取了国内外主流教学平台模块化、开放式、云服务的特点,紧密结合在线开放课程教学、混合式教学中的具体需求,充分支持院校教学。平台累计开课3 272门,其中322门为在线开放课程,其他课程主要面向高校运行,并提供课堂互动教学工具,充分考虑现代智慧教室的使用场景,帮助院校打造混合式一流课程。优学院满足了数字化课程创建和发布、教学过程的组织与管理、数据支持下的学习行为及院系教学效能分析等教学信息化需求。

7. 超星尔雅

截至2019年9月1日,超星尔雅已上线课程500余门,涵盖综合素养、通用能力、创新创业、成长基础、公共必修、个人发展六大门类。超星尔雅网络通识课由国内外名校名师讲授,超过80%的课程来自"双一流"高校以及中国科学院、中国社会科学院等知名科研机构。汇聚叶嘉莹、温儒敏、乐黛云等名师大家,邀请数十位院士、长江学者倾力讲授,并与复旦大学等"双一流"高校开展深度合作,共享中国优质通识课程。

为不断提升教学质量,超星尔雅制定了全面的课程更新及开发计划:每年根据用户反馈,紧跟时政变化,结合教学要点有针对性地对已有课程进行从视频到习题全方位地更新升级;此外,超星尔雅每年推出约50门全新课程,严控课程水平,确保课程质量。

8. 学银在线

学银在线成立于 2017 年,是超星集团基于学分积累、认定与转换的学分银行理念,研发出来的在线开放课程平台。它通过汇聚、遴选、运营中国大学优质课程,在服务好校内课堂教学的同时,努力为社会成员提供开放且有支持的学习服务,探索构建校内+校外、线上+线下混合式教学模式。平台累计上线 3 000 余门课程,来自 752 所高校。

学银在线作为汇聚优质教育资源的公共服务平台,为高校、行业、企业提供平台和技术服务;为学习者提供以课程为中心的学习成果登记、认定、积累和转换;引入非学历技能证书与学历项目,打通能力提升与学历上升的通道;促进高校学历证书与行业企业非学历证书互认互通。平台具有资料管理、教学管理、班级管理、考试管理、学习管理、数据统计等功能,遵循"开放,合作,共赢"的设计思路,全方位满足高校和社会学习者教、学、评、测等要求,构建一体化学习环境,搭建终身学习"立交桥"。

9. 中国高校外语慕课平台

中国高校外语慕课平台 UMOOCs(http://moocs.unipus.cn)是中国高校外语慕课联盟的课程运营平台,平台汇聚国内外各高校优质外语课程,为国家实施对外战略提供强有力的复语型国际化外语人才支撑;推动外语学科慕课发展规划、课程建设与应用标准的制定,打造线上及线上线下混合式一流课程;推动成员间课程使用与融合创新,促进学分互认、学位互授联授;开展教师培训与教学研究工作;开展多种形式的国际交流与合作;促进云计算、人工智能等新兴技术与语言教学深度融合,推动外语教育革新。

平台中文版于 2018 年 3 月上线,英文版于 2018 年 8 月上线。面向高校,平台提供优质外语课程资源,推动实现跨学校、跨区域的课程共享,协助院校进行线上线下混合式教学;提供线上课程运行服务,帮助教师更好地运行慕课。面向学习者,平台提供系统化的学习工具和多样化的交互手段,支持学生线上自主选课、接收学习任务提醒、记录笔记、在线测试、查看多维度的线上学习报告。同时,平台还提供课堂讨论、小组讨论、师生答疑等多种交流讨论手段。

平台与全国各高等院校外国语学院保持密切合作,目前共汇聚外国语言文学类优质课程 112 门。除院校合作外,平台还积极拓展其他社会资源:2019 年

3月,平台与美国教育考试服务中心 ETS 达成合作,引入托福备考等课程,为国内学习者提供优质的国际教学资源。2019年5月,平台与中共中央宣传部舆情研究中心展开合作,在"学习强国"学习平台开设专栏,助力全民复语型国际化人才的培养。2019年9月,平台与职场社交平台 LinkIn(领英)达成合作,平台用户可将结课证明同步至领英个人档案,以进一步提升其职场竞争力。

10. 北京高校优质课程研究会

在北京市教育委员会的指导下,北京高校优质课程研究会在线开放课程平台(https://www.livedu.com.cn)于2017年上线运营。

平台汇聚国内名校200余门课程,吸引了近46万名高校在校生、教师、社会人员。搭建优质课程共享平台,建立可持续发展的共享运营机制,在"建、用、学、管"四个方面提供技术和策略保障,以资源、平台、服务三位一体的方式,紧跟高校的需求和变化,及时为高校提供定制的解决方案,满足不同学习情景需求。为校内教学、跨校选课、学分互认等提供服务,推动优质教学资源共建共享。开展教师培训,提升教师教学能力,为互联网时代下的高等教育储备师资力量。

11. 安徽省网络课程学习中心(e 会学)

安徽省网络课程学习中心(e 会学)以建设世界一流慕课平台为目标,深入推进安徽省高等教育信息技术与教育教学的深度融合,将慕课与线下、虚拟仿真、社会实践等一流课程结合,打造适应学生自主学习、自主管理、自主服务的智慧课堂、智慧实验室。平台推动大数据、人工智能、虚拟现实、区块链等现代技术在教学和管理中的应用,探索实施网络化、数字化、智能化、个性化的教育,切实提高课堂教学质量。

安徽省网络课程学习中心(e 会学)于2015年12月16日正式上线,被列为安徽省五大战略重点产业之"新一代信息技术"产业的软件和信息服务类的重大平台进行建设。2019年5月,《安徽省教育厅关于做好高等职业院校面向社会人员扩招工作的通知》中明确指出,依托安徽省网络课程学习中心推进线上线下相结合的混合教学模式改革。搭建学分银行,实现学分认定、积累与转换,满足社会人员个性化的学习需求。

截至2019年12月底,平台共上线课程782门,共有6门课程入选国家精品在线开放课程；平台注册学习人数 45 万余人，入驻高校 600 余所，日均访问量超过 5 万人次。

二、平台运营管理机制

1. 爱课程（中国大学 MOOC）

爱课程（中国大学 MOOC）以中心站、省平台、学校云三级服务体系为依托，提供慕课、SPOC、慕课堂、直播等在线教学服务及学习数据支持。在运营过程中，强化意识形态管理，弘扬主旋律，传播正能量，执行《爱课程网意识形态管理举措》《爱课程网课程选题论证工作流程》《爱课程网内容审核制度》《爱课程网网络安全应急处理流程》等相关制度，严把课程选题论证关和课程上线审查关，监督课程信息发布审核流程，加强课程讨论区敏感词过滤机制的运行，平台日常运行工作严格按照信息系统安全等级保护三级备案的要求进行管理，为高校实施在线教学提供基础保障。

2. 学堂在线

学堂在线实行"内容+平台"的全方位运维管理机制。在内容方面，学堂在线组建专家团队，负责项目策划与课程设置的决策与监管；在平台方面，学堂在线组建教育服务产品开发团队，负责项目的开发与实施。学堂在线定期评估全员履职情况，组织继续教育和培训工作，促进教师和员工专业化的发展，保证人员能胜任相应岗位。学堂在线已经获得信息系统安全等级保护三级备案证明。

3. 好大学在线

针对高校大规模使用在线开放课程的情况，好大学在线逐步完善学分认定机制，将平台、高校、教师、学生几大要素有机结合于课程生态中，形成良性循环的多方合作机制。开课学校、选课学校、教师团队、学生及平台为机制运行主体，五大主体间互相关联、密切配合，推进学分认定机制中"课程选择""课程教学""成绩评定""学分认定"四大环节的展开。

为保障学分认定机制的有效运行，好大学在线与开课学校和选课学校分别签署《"好大学在线"合作开设慕课协议》和《"好大学在线"选课协议》，明确和规范学校、教师、学生的权责。同时好大学在线提供不同层面的用户支持，帮助使用者履行协议中要求的各项工作。平台已获得公安部门核准的信息系统安全等级保护三级备案证明,能较好地保障网络安全和信息安全。

4. 华文慕课

华文慕课整合多样化的教学内容,提供视频、作业、材料(文档类)、课件、讨论、考试等功能;设置灵活的评判机制,客观题可随机抽取题目以及选项,主观题可设置同伴互评或教师评分,支持程序题自动判分,增加线下成绩导入功能,可对总分进行手动个别调整;支持多种形式的互动,除课程讨论区外,还可通过课程通知、邮件、消息等形式进行互动,支持邮件直接回复到论坛中的功能;可对同一班次学生进行分组,发放不同课程资源、进行不同组讨论、单独统计成绩等;可设置课程为隐私,未成熟的课程可先不公开或小范围开课,或设置密码准入;可按学期的方式开课,也可按自助的方式开课;开课时可设置具体的开课周期,按周发布课程内容;也可一次性开放所有内容,不设截止日期。

华文慕课基于阿里云平台进行基础云软件环境搭建部署(虚拟化软件和管理系统、操作系统、基础数据库系统)和云硬件环境搭建部署(网络组件、虚拟计算机资源服务器、虚拟化管理服务器、数据库服务器、存储资源、备份资源、安全服务)。

5. 智慧树

为保障平台的运营稳定和信息安全,智慧树配备100多位专职服务人员组成"线上+线下"客服团队,负责处理用户日常问题。同时配备系统运维团队,随时发现并解决系统问题。

智慧树于2018年通过信息系统安全等级保护三级备案,并联合阿里云针对网络安全方面进行重大改进,以有效抵御攻击行为。

为保障用户信息安全,平台采取双因子登录方式,针对涉及敏感信息的业务进行特殊处理,以有效防止用户数据在网络传输中被劫持。为保障平台上教学行为的严肃性,平台采用人脸识别等技术,监管用户学习行为,防止出现违规刷课、刷答案等扰乱教学秩序的行为。

6. 优学院

优学院主要面向全国广大教师和学生提供在线开放课程的教学服务,平台系统涉及师生的基本信息、课程资源、学习过程和结果记录等众多数据。为充分保障网络和信息安全,优学院采取了多重安全措施。

基础数据安全:保障用户基本数据不被篡改,成绩数据不被篡改。在提交密码、成绩等各种有保密需求的信息时,采取必要的加密传输措施;密码等重要字段使用 MD5 等算法进行加密。

应用安全:保障系统不受跨站脚本攻击等问题影响,避免成为病毒传播和非法信息传播的渠道。提供登录安全性保护,防止密码暴力破解、SQL 注入攻击等。

数据库备份:具备一定时段内可恢复主要数据的备份能力。

日志及安全审计:记录操作的行为、时间、来源 IP 等敏感信息。

网络和环境安全:确保所部署的主机、网络环境等安全可靠。

7. 超星尔雅

(1)选课阶段:通过通识素养测评助力学生科学选课,并提供后台数据对比分析报告,监测学生通识素养变化与通识教育教学效果。

(2)学习阶段:提供全方位的学情监督。平台可进行学生访问、课程学习进度等实时数据统计,支持一键导出。同时对学习行为进行监管,有窗口防切换、视频防拖拽、闯关题弹窗等多种设计。

(3)结课阶段:提供个性化的运行报告。可视化分析学生的相关学习数据,以及对超星尔雅课程、平台服务的有效评价,呈现师生的反馈建议,提供课程运行报告。

(4)AI 人脸识别科技助力高效管理,能够有效应对不良学习行为。

(5)课程题库定期更新,难度分级,严格考核学生学习效果。

(6)推出"SPOC+翻转课堂+尔雅教学资源库+教学工具"的混合式教学一体化解决方案,从教学过程、教学资源、教学工具等方面提供全方位服务,为混合式教学的运营落地提供切实可行的保障。

(7)提供线上自主考试、线下纸质考试、客户端集中考试等多种形式的考核方式。

(8)提供实时性的培训服务,护航教师素养提升。

8. 学银在线

学银在线已建立健全的安全管理制度(安全管理流程、安全规则制度、安全技术规范、安全保密协议、信息安全方针),并配备专属信息安全管理团队严格遵照执行,目前已通过公安部信息系统安全等级保护三级备案。

（1）通过成熟的防火墙技术保障平台网络免遭外部攻击。

（2）对于访问平台信息的用户进行严格的身份和口令验证,用户密码采用加密技术进行加密。

（3）提供用户权限管理功能,授予用户一定的权限,但限制用户操纵系统的权利,阻止用户访问非授权的功能和数据。

（4）对上传的各类型课程数据及资料进行严格检查处理,经过严格的安全检查之后才转存到主数据库服务器,经过一定的审批流程后才能公开发布。

（5）完善的备份措施。磁盘阵列与磁带等备份方式并行使用,保证数据的可靠性。

9. 中国高校外语慕课平台

中国高校外语慕课平台安装和设置了防火墙并定期对操作系统进行安全补丁升级。平台定期进行自动备份,在异常情况下可以确保数据安全。平台服务器有监控报警系统,可 24 小时监控服务器。服务器日志可自动收集,以便查看、排查生产环境出现的各种问题。

在安全通信网络方面,系统应用层采用 HTTPS 协议保障防数据篡改和防数据泄露;互联网边界有 WAF 应用防火墙防护,保障正常数据流通,禁止非授权的设备私自内联,通过云安全组的策略设置访问控制规则,只允许受控接口数据流通过,根据会话状态信息确定允许或者拒绝访问;云控制中心有详细日志,记录每条安全组规则,并进行备份留存信息,事件可审计、追溯;运维管理终端通过堡垒机管理登录云中心服务器,提供双因素身份认证,通过堡垒机账号管理和远程控制主机。

10. 北京高校优质课程研究会

（1）在线课程教务机制。从学生选课、答疑、考试、学习过程管理、教学服务到期末考试考务管理与成绩管理,形成了一套完整和流程化的教务运行机制,实现了学习与教学全面管理模式。

（2）质量保障与质量监督机制。课程质量监督体系包括:课程上线专家评审、课程上线后复查、在线课程学生评价、问卷调查、大数据跟踪分析等,全方位保障教学质量。平台坚持评价主体多元化、评价流程规范化、评价手段多样化,创建了完善的在线课程质量保障与质量监督机制。

（3）激励和运行机制。

① 课程建设激励机制：鼓励教师建课，为教师提供教学技术和教学方法，以及课程建设、课程应用和大数据分析应用等培训。

② 课程共享运行机制：促进学校用课，推出慕课课程教学质量认定标准、教学效果评价办法、学分认定办法等。

11. 安徽省网络课程学习中心（e会学）

安徽省网络课程学习中心自主搭建课程审核平台，严把课程内容质量关，建立三级课程审核机制；自主开发大数据展示平台，实时掌握所有学习数据，直观反映教学动态；开发协同运维系统，保障运维与管理的协调沟通；搭建省内各高校的校级管理平台，为学分互认、学分认定等做好技术准备；通过集中培训、区域培训、教师工作坊等多种形式提高教师慕课建设水平；走进高校宣讲慕课理念，招募校园慕课大使。

在网络信息安全方面，安徽省网络课程学习中心依据《信息安全等级保护管理办法》的有关规定，已通过信息系统安全等级保护二级备案。

三、智慧教学工具开发应用

1. 爱课程（中国大学 MOOC）

慕课堂是爱课程（中国大学 MOOC）在 2019 年推出的一款轻量化智慧教学工具，提供"从慕课到课堂"的线上线下一体化教学解决方案。通过微信小程序前台与 Web 端管理后台呈现，帮助教师依托慕课开展混合式教学，支持教师进行"课前—课中—课后"全景教学设计，为教师提供触手可及的课堂教学智能助手，支持手机一键开启课堂，具有签到、点名、分组、投屏等丰富的功能，支持多种课堂互动场景，实现学生线上线下学习表现数据的全程可视化，满足广大教师将优质在线开放课程落地到课堂教学的迫切需求，辅助课堂教学高效开展。截至 2019 年 12 月，慕课堂已经在全国 500 余所高校开设超过 10 000 个班级。

2. 学堂在线

2016 年 4 月，学堂在线联合清华大学推出智慧教学工具——雨课堂，通过将简单便捷的工具融入教学场景,为混合式教学与课堂教学提供智能化、数据化支撑。雨课堂是一款融合 PPT 和微信的智慧教学工具,学生不用安装 App,老师不用改变教学习惯,降低了混合式教学门槛,受到师生广泛欢迎。截至 2019 年 11 月底,全球有 90 多个国家 1 806 万用户使用雨课堂,覆盖班级达到 158 万个。同时,雨课堂已经为高校师生提供了近 2 万次语音直播或视频直播服务,直播课程覆盖超过 50 万人。

3. 智慧树

智慧树为教师提供课前、课中、课后一站式的工具应用服务,与教师的实际教学设计相结合,实现翻转课堂、项目教学、小组教学等方式的特色教学。为确保教师方便地开展信息化教学,开发"一步建课""遥控投屏""群聊互动"等功能模块,并且在设计时着重契合用户的使用习惯。同时,将课前、课中、课后的互动数据记录在课程空间中,教师可以根据学生的表现予以即时评价。

课前发布在线资源和学习任务让学生提前预习,并通过问答模块进行互动讨论。课中进行分组教学,学生按组汇报学习成果,教师利用投票、抢答、弹幕、点名等功能来活跃课堂氛围,记录评价数据。课后根据课堂情况针对性地布置线上作业,借助平台进行作业情况分析及智能批阅。

4. 超星尔雅

超星集团研发的"一平三端"智慧教学系统,作为激活传统课堂教学的工具,可实现学生端、教室端、管理端的三端应用。授课老师只需要一部手机、一个网址就能实现 PPT 投屏教学;课前存入学习通云盘的教学资料,在上课时可通过输入网址和邀请码进行调取及分享。

5. 学银在线

学银在线自主研发的智慧教学工具学习通,具有以下特点:资源丰富,方便教师建课、备课、分享;反馈及时,有助于师生互动和沟通;借助大数据分析实现过程性考核。

学习通与课程平台配合使用,可实现课前、课中、课后全流程教学管理,即教与学的完整闭环:① 课前:推送资源,帮助学生提前完成自主学习,做好课前准备;② 课中:利用学习通实时调用资源,开展智慧教学,进行资料传输、签到、投票、抢答、讨论、测验等教学活动;③ 课后:使用学习通发布作业、直播答疑,帮助学生巩固学习成果；帮助教师及时获取课堂报告、学情统计、考核评价。

6. 中国高校外语慕课平台

中国高校外语慕课平台开发的U校园SPOC智慧教学工具，具备课程互动、教学管理、综合测评等功能，为高校推进教育信息化提供一站式解决方案。教师可据此集中查看并统筹管理校内课程资源，轻松编纂出丰富的交互式数字课程，实现校内优质资源的共建共享，打造名师名课，助力精品课程建设。通过U校园SPOC智慧教学工具，可以为学生拓展学习空间，训练薄弱技能，实现混合式教学；建设满足课前、课后学习需求的在线教学内容，实现翻转课堂；也可依据院校特色及人才培养目标，建设校本在线开放课程。

第二章 我国在线开放课程应用情况[①]

第1节 学习者特征分析

一、地域分布

1. 爱课程(中国大学 MOOC)

爱课程(中国大学 MOOC)的注册用户主要来自全国各个省份和地区,具体分布情况如图 2-1 所示。

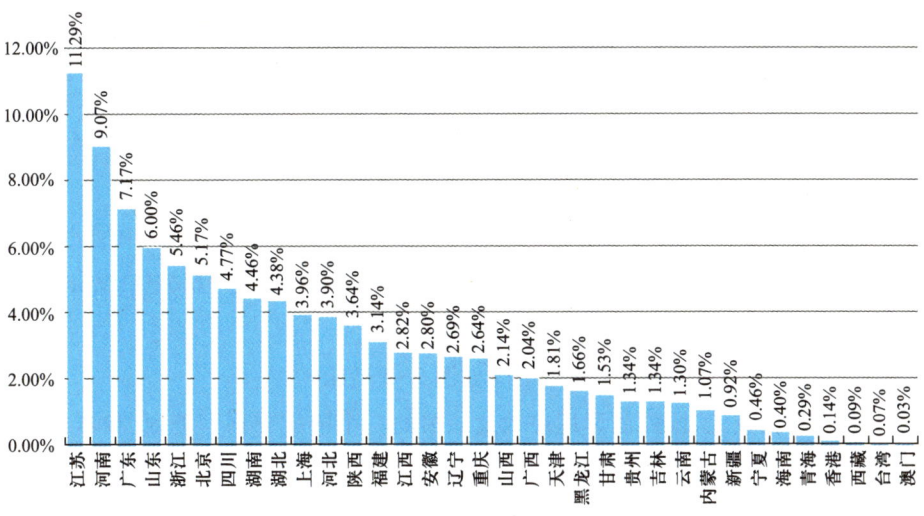

图 2-1 爱课程(中国大学 MOOC)注册用户地域分布

在爱课程(中国大学 MOOC)上,注册用户所占比例最多的三个省份分别为

[①] 本书中出现的所有平台数据及相关资料均由各平台提供。

江苏、河南、广东,所占比例分别为 11.29%、9.07%、7.17%。

2. 学堂在线

学堂在线的注册用户来自全世界约 210 个国家和地区,在全国 34 个省级行政区(包括香港、澳门特别行政区及台湾地区)均有学习者,国内注册用户的具体分布情况如图 2-2 所示。

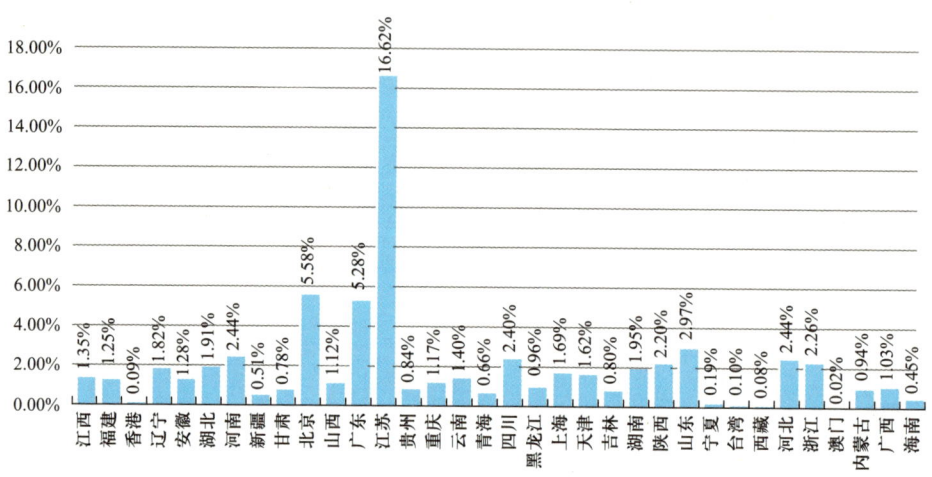

图 2-2　学堂在线国内注册用户地域分布

在学堂在线上,国内注册用户占总用户的比例为 66.20%。其中所占比例最多的三个省份分别为江苏、北京、广东,所占比例分别为 16.62%、5.58%、5.28%。

学堂在线国外注册用户分布情况如图 2-3 所示。

在学堂在线上,国外注册用户数量最多的三个国家分别为美国、日本、加拿大,注册用户数分别为 27 244 人、7 219 人、5 635 人。

3. 优学院

优学院的注册用户来自全国各个省份和地区,具体分布情况如图 2-4 所示。

在优学院上,注册用户数量最多的三个省份分别为山东、湖北、北京,所占比例分别为 19.72%、13.50%、10.49%。

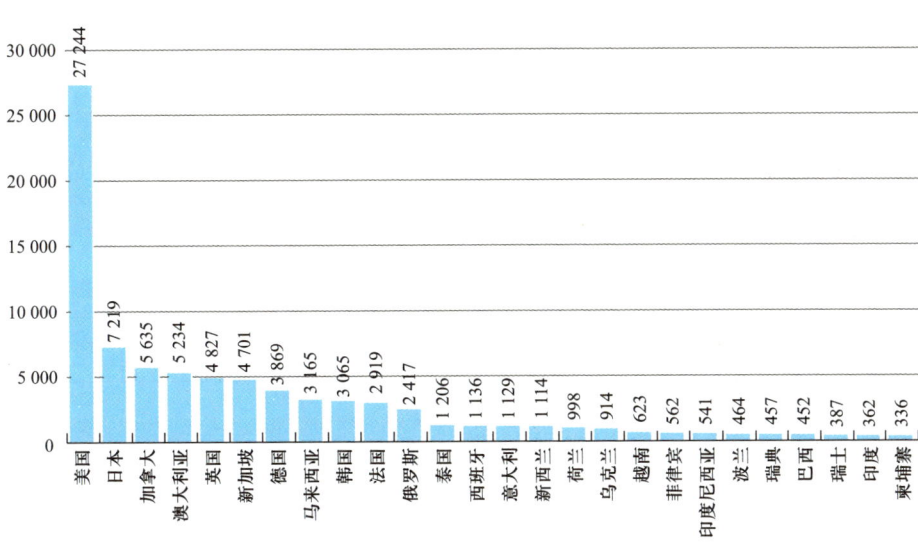

图 2-3　学堂在线国外注册用户地域分布(单位:人)

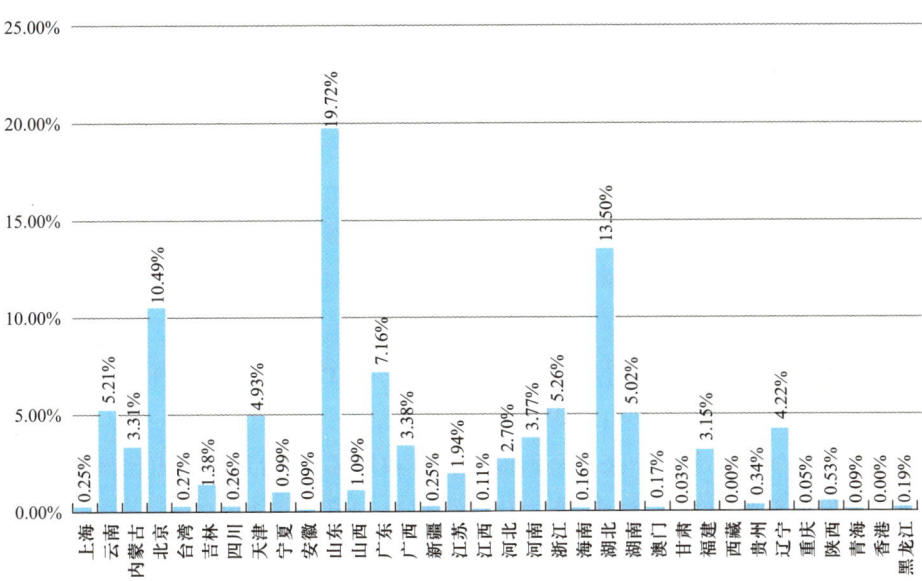

图 2-4　优学院注册用户地域分布

4. 高校邦慧慕课

高校邦慧慕课的注册用户来自全国多个省份和地区,具体分布情况如图2-5所示。

在高校邦慧慕课上,注册用户所占比例最多的三个省份分别为北京、江苏、福建,所占比例分别为28.72%、12.57%、11.77%。

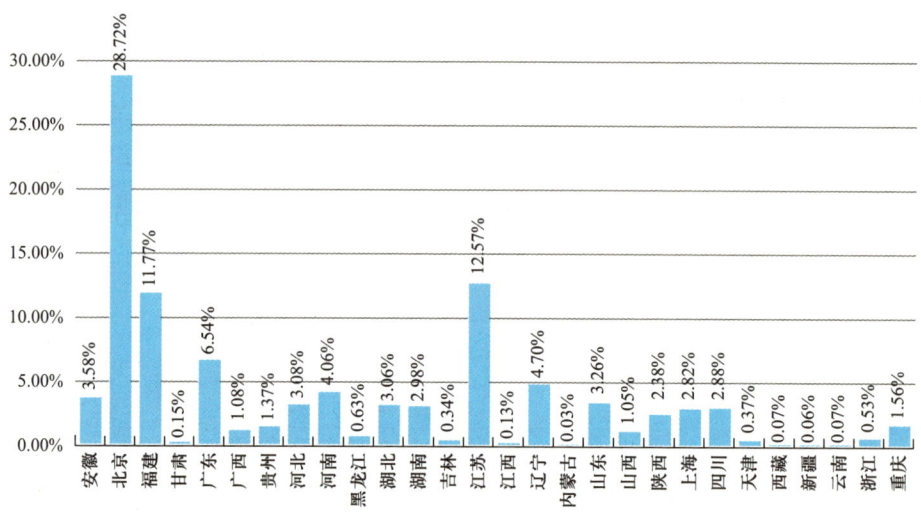

图2-5 高校邦慧慕课注册用户地域分布

5. 超星课程平台[①]

超星尔雅的注册用户来自全国多个省份和地区,具体分布情况如图2-6所示。

在超星尔雅上,注册用户所占比例最多的三个省份分别为河南、广东、湖南,所占比例分别为8.73%、7.53%、6.92%。

学银在线的注册用户来自全国多个省份和地区,注册用户所占比例最多的两个省份分别为黑龙江、湖南,所占比例分别为13.03%、12.06%。

---

① 超星尔雅和学银在线两个平台同属于超星集团,因此在本章中归入"超星课程平台"一处进行说明。

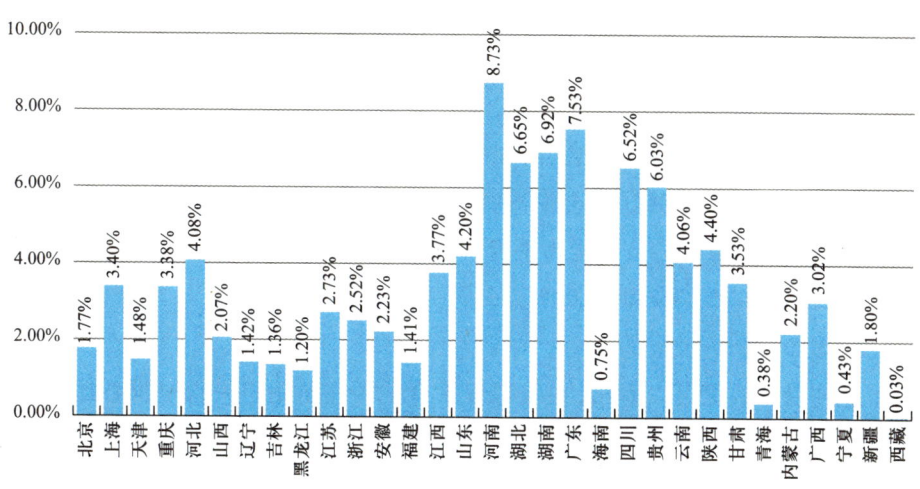

图 2-6 超星尔雅注册用户地域分布

6. 中国高校外语慕课平台

中国高校外语慕课平台的注册用户来自全国各个省份和地区,具体分布情况如图 2-7 所示。

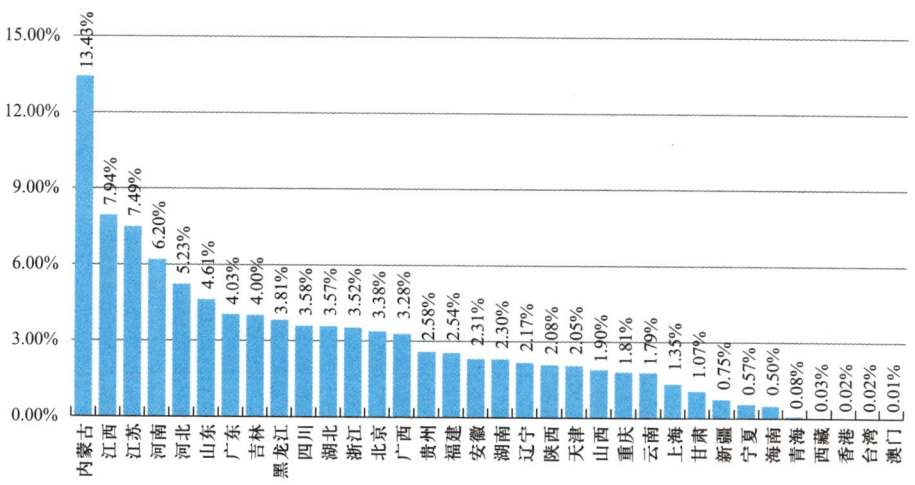

图 2-7 中国高校外语慕课平台注册用户地域分布

在中国高校外语慕课平台上,注册用户所占比例最多的三个省份分别为内蒙古、江西、江苏,所占比例分别为 13.43%、7.94%、7.49%。

7. 地方性慕课平台

北京高校优质课程研究会、浙江省高等学校精品在线开放课程共享平台、安徽省网络课程学习中心(e 会学)的注册用户均来自全国多个省份和地区,注册用户所占比例最多的地区均为平台所在省份,三个平台的本地用户所占比例分别为 25.00%、75.23% 和 98.90%。

8. 比较分析

通过以上数据可以看出,在线课程平台上的注册用户来自全国各地,但是主要以东部省份为主,中部和西部省份用户数量相对较少。

二、高校分布

1. 爱课程(中国大学 MOOC)

根据用户提供的院校信息统计,在爱课程(中国大学 MOOC)的所有选课人次中,居前 20 的高校选课情况如图 2-8 所示。

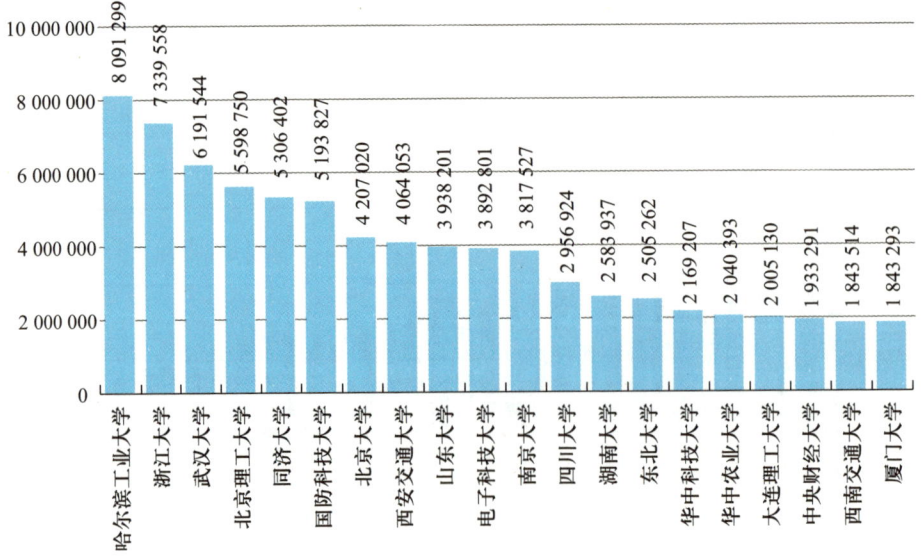

图 2-8　爱课程(中国大学 MOOC)累计选课人次 TOP20 院校

其中,哈尔滨工业大学选课人次最多,累计达到 8 091 299 人次。浙江大学、武汉大学的选课人次分别位居第二、第三。

2. 学堂在线

根据用户提供的院校信息统计,在学堂在线的所有选课人次中,居前 19 的高校选课情况如图 2-9 所示。

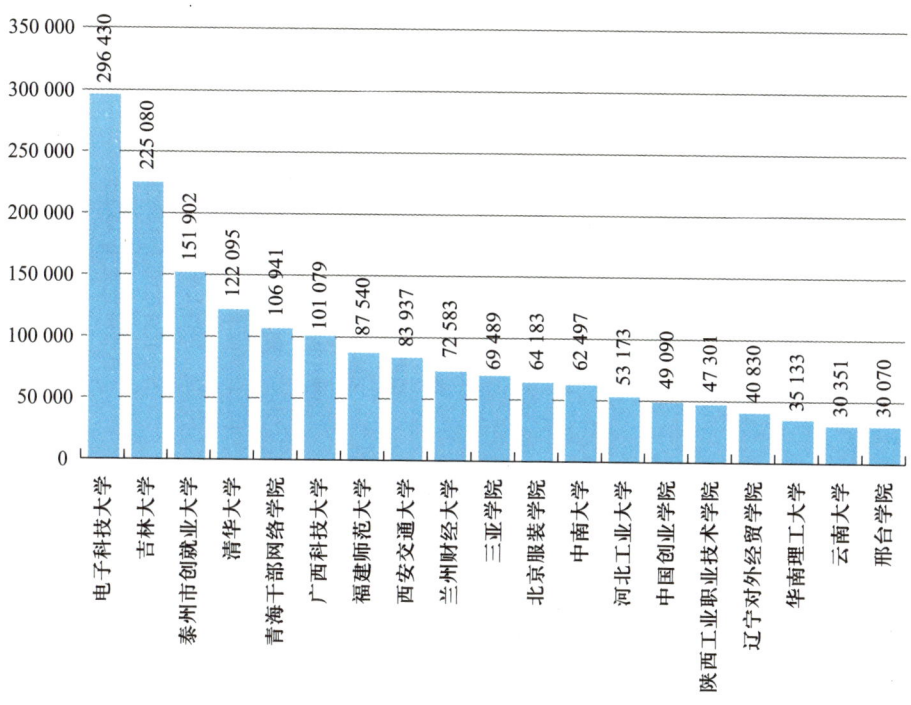

图 2-9　学堂在线累计选课人次 TOP19 院校

其中,电子科技大学选课人次最多,累计达到 296 430 人次。吉林大学、泰州市创就业大学的选课人次分别位居第二、第三。

3. 好大学在线

根据用户提供的院校(或机构)信息统计,在好大学在线的所有选课人次中,居前 20 的院校(或机构)如图 2-10 所示。

其中,上海交通大学选课人次最多,累计达到 473 603 人次。南京大学、哈尔滨金融学院的选课人次分别位居第二、第三。

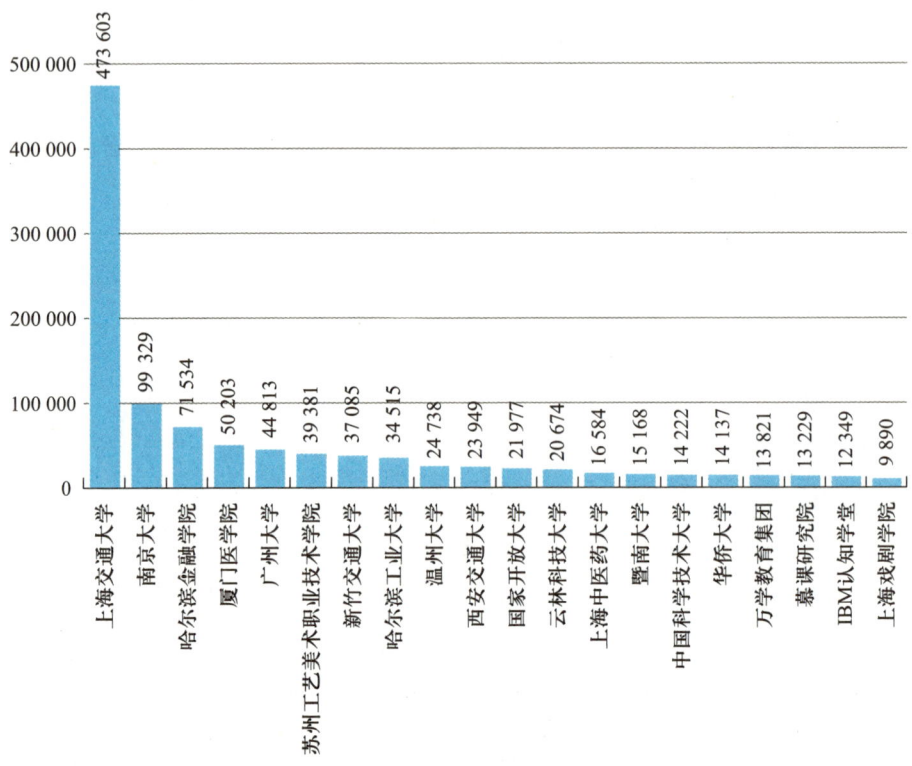

图 2-10 好大学在线累计选课人次 TOP20 院校(或机构)

4. 华文慕课

根据用户提供的院校信息统计,在华文慕课的所有选课人次中,北京大学选课人次最多,累计达到 280 105 人次。台湾大学、北京师范大学的选课人次紧随其后,分别位居第二、第三。

5. 智慧树

根据用户提供的院校信息统计,在智慧树的所有选课人次中,居前 20 的高校如图 2-11 所示。

其中,海南大学选课人次最多,累计达到 336 443 人次。云南经济管理学院、西南财经大学天府学院的选课人次紧随其后,分别位居第二、第三。

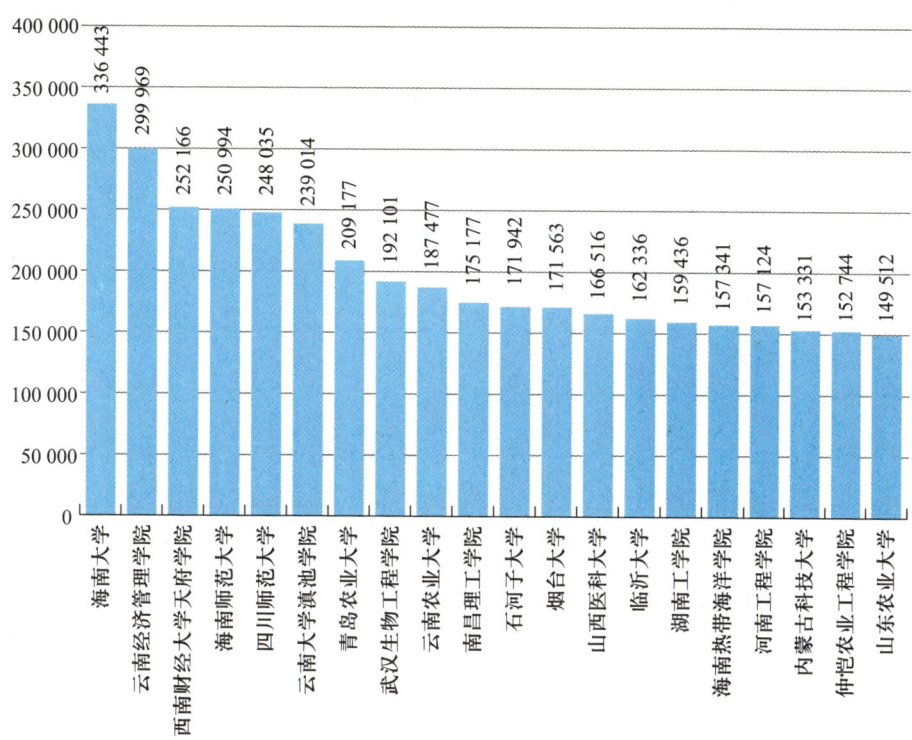

图 2-11 智慧树累计选课人次 TOP20 院校

6. 优学院

根据用户提供的院校信息统计,在优学院的所有选课人次中,居前 20 的高校如图 2-12 所示。

其中,闽江学院选课人次最多,累计达到 670 724 人次。华北电力大学、福州外语外贸学院的选课人次紧随其后,分别位居第二、第三。

7. 高校邦慧慕课

根据用户提供的院校信息统计,在高校邦慧慕课的所有选课人次中,广东开放大学选课人次最多,累计达到 331 611 人次。厦门理工学院、泉州师范学院的选课人次紧随其后,分别位居第二、第三。

8. 人卫慕课

根据用户提供的院校信息统计,在人卫慕课的所有选课人次中,上海中医

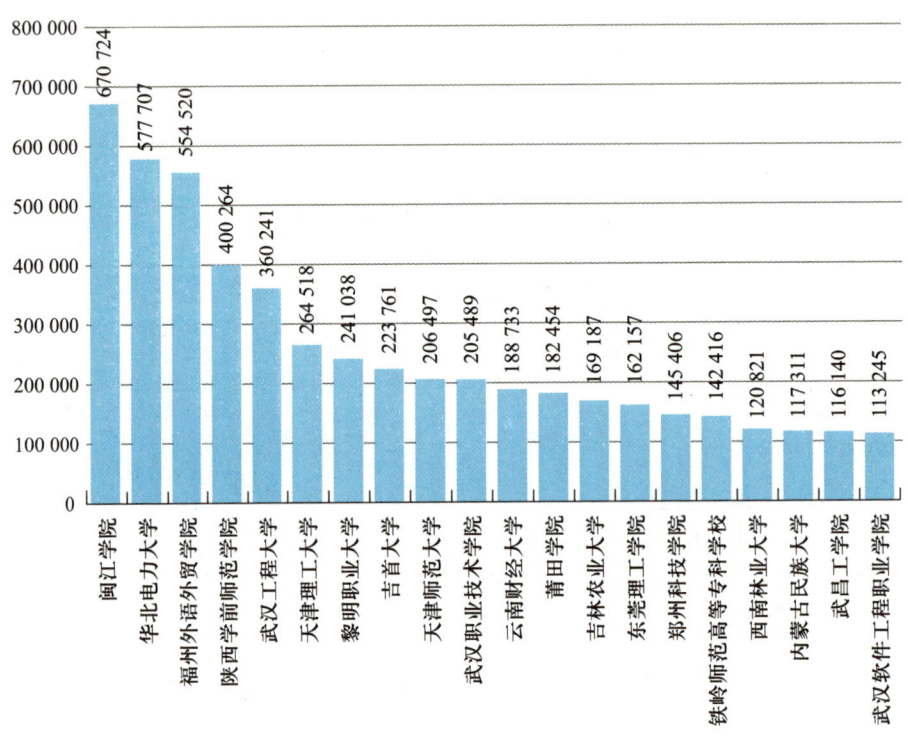

图 2-12 优学院累计选课人次 TOP20 院校

药大学选课人次最多,累计达到 4 755 人次。新疆医科大学、浙江中医药大学的选课人次紧随其后,分别位居第二、第三。

9. 全国地方高校 UOOC(优课)联盟

根据用户提供的院校信息统计,在全国地方高校 UOOC(优课)联盟的所有选课人次中,居前 20 的高校如图 2-13 所示。

其中,深圳大学选课人次最多,累计达到 235 643 人次。山西传媒学院、广东理工学院的选课人次紧随其后,分别位居第二、第三。

10. 超星课程平台

根据用户提供的院校信息统计,在超星尔雅的所有选课人次中,居前 20 的高校如图 2-14 所示。

其中,河南工业贸易职业学院选课人次最多,累计达到 489 503 人次。河北

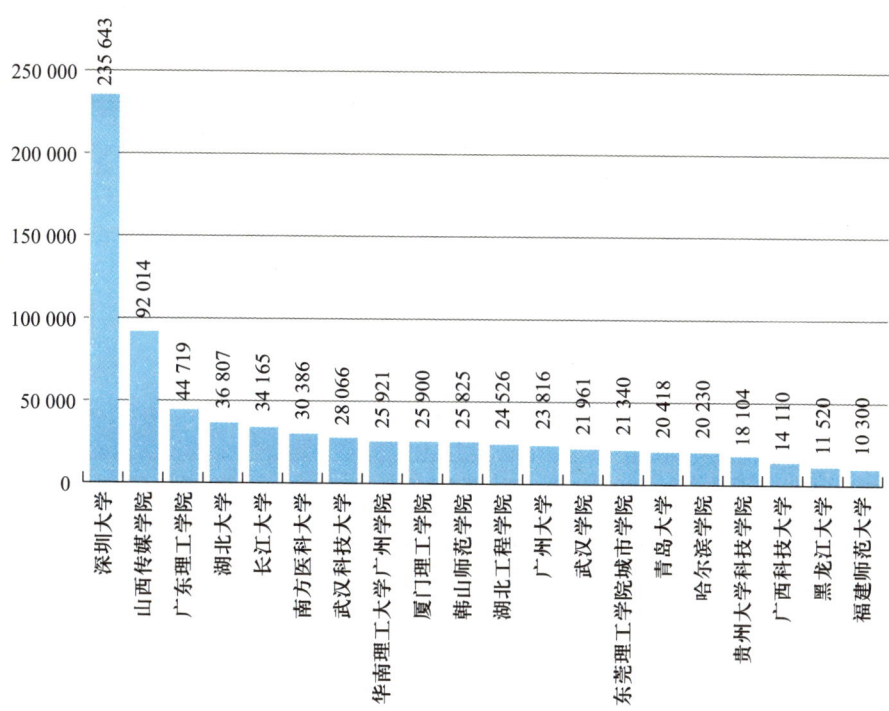

图 2-13　全国地方高校 UOOC（优课）联盟累计选课人次 TOP20 院校

工程大学、华北理工大学的选课人次紧随其后,分别位居第二、第三。

学银在线的所有选课人次中,重庆交通大学选课人次最多,累计达 161 624 人次。华侨大学、湖南工业大学的选课人次紧随其后,分别位居第二、第三。

11. 中国高校外语慕课平台

根据用户提供的院校信息统计,在中国高校外语慕课平台的所有选课人次中,居前 20 的高校如图 2-15 所示。

其中,内蒙古大学选课人次最多,累计达到 11 432 人次。南京师范大学、东华理工大学的选课人次紧随其后,分别位居第二、第三。

12. 地方性慕课平台

北京高校优质课程研究会、浙江省高等学校精品在线开放课程共享平台、安徽省网络课程学习中心(e 会学)的选课学生均来自全国多个省份和地区的

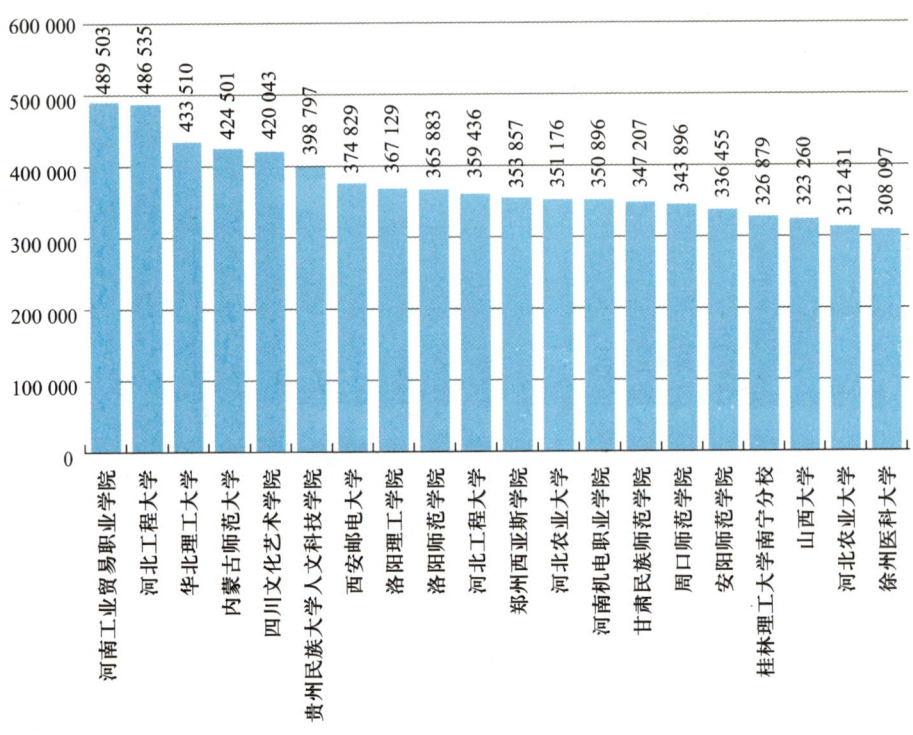

图 2-14 超星尔雅累计选课人次 TOP20 院校

大学。在北京高校优质课程研究会的所有选课人次中,哈尔滨工业大学选课人次最多,累计达到 42 990 人次。四川大学、北京航空航天大学的选课人次紧随其后,分别位居第二、第三。在浙江省高等学校精品在线开放课程共享平台的所有选课人次中,浙江工贸职业技术学院选课人次最多,累计达到 68 322 人次。温州医科大学、金华职业技术学院的选课人次紧随其后,分别位居第二、第三。在安徽省网络课程学习中心(e 会学)的所有选课人次中,安徽机电职业技术学院选课人次最多,累计达到 121 881 人次。安徽商贸职业技术学院、安徽新华学院的选课人次紧随其后,分别位居第二、第三。

13. 比较分析

从上述平台的数据来看,各平台惠及的高校群体差别非常明显,这充分说明经过几年的发展,各平台已经形成具有各自特色的用户群体,有的平台用户

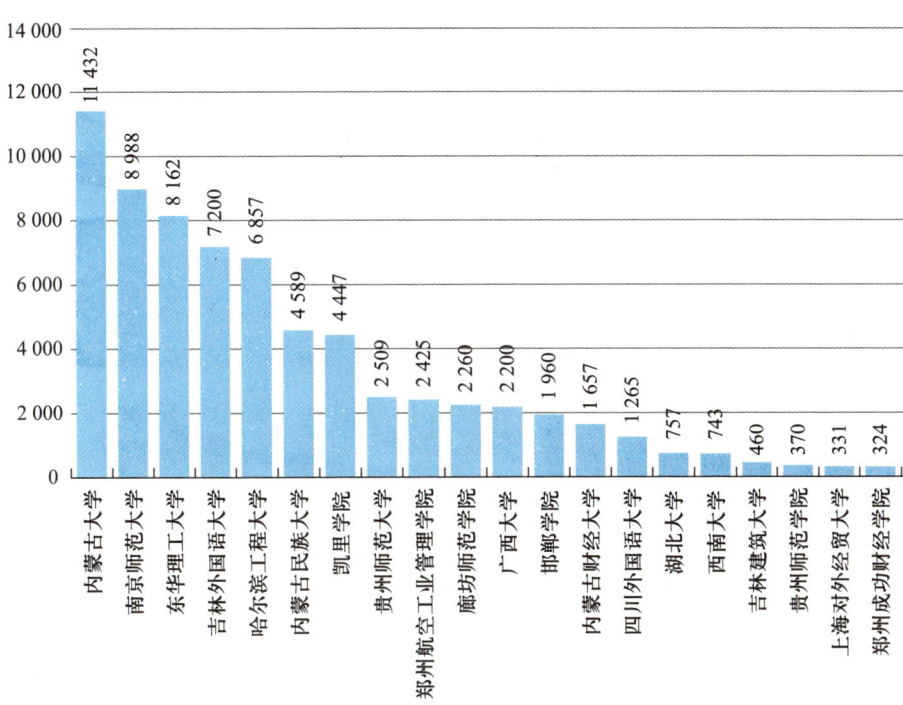

图 2-15 中国高校外语慕课平台累计选课人次 TOP20 院校

主要为地域性院校,有的平台用户主要为特定学科或行业性院校,等等。

三、在校生和社会学习者比例

1. 爱课程(中国大学 MOOC)

爱课程(中国大学 MOOC)自 2014 年 5 月发布,到 2019 年年底注册用户数达到 26 626 354。这些用户包括了在校学生、平台教师(即具有平台在线开放课程教师权限、SPOC 应用教师权限的用户)以及社会学习者,三类用户的比例分布如图 2-16 所示。

如图 2-16 所示,在校学生 18 638 448 人,占总注册用户的 70.00%;平台教师 77 437 人,占总注册用户的 0.29%;社会学习者 7 910 469 人,占总注册用户的 29.71%。

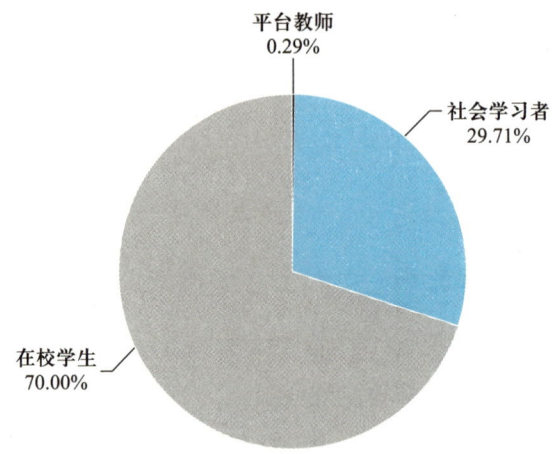

图 2-16 爱课程(中国大学 MOOC)用户类别分布

2. 学堂在线

学堂在线自 2013 年 10 月发布,到 2019 年年底注册用户数达到 13 123 506。这些用户包括了在校学生、平台教师(即具有平台在线开放课程教师权限、SPOC 应用教师权限的用户)以及社会学习者,三类用户的比例分布如图 2-17 所示。

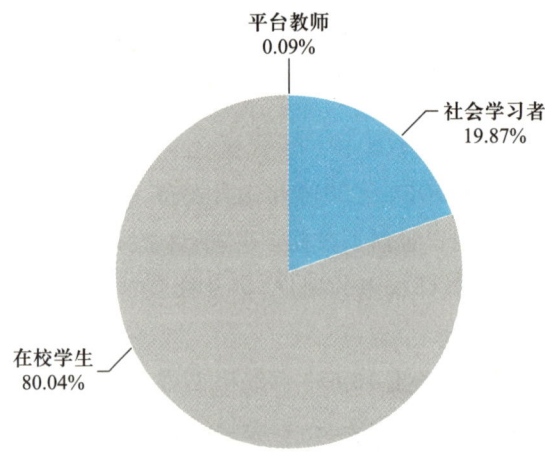

图 2-17 学堂在线用户类别分布

如图 2-17 所示,在校学生 10 504 480 人,占总注册用户的 80.04%;社会学习者 2 607 675 人,占总注册用户的 19.87%;平台教师 11 351 人,占总注册用户的 0.09%。

3. 好大学在线

好大学在线自 2014 年 5 月发布,到 2019 年年底注册用户数达到 910 944。这些用户包括了在校学生、平台教师(即具有平台在线开放课程教师权限、SPOC 应用教师权限的用户)以及社会学习者,三类用户的比例分布如图 2-18 所示。

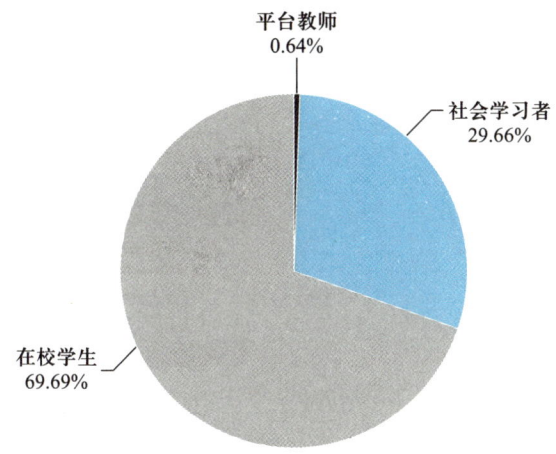

图 2-18 好大学在线用户类别分布

如图 2-18 所示,在校学生 634 875 人,约占总注册用户的 69.69%;平台教师 5 855 人,约占总注册用户的 0.64%;社会学习者 270 214 人,约占总注册用户的 29.66%。

4. 华文慕课

华文慕课自 2015 年 2 月 19 日发布,到 2019 年年底注册用户数达到 255 454。其中,有在校学生和社会学习者共 255 092 人,二者共计占总注册用户的 99.86%;平台教师(即具有平台在线开放课程教师权限、SPOC 应用教师权限的用户)362 人,占总注册用户的 0.14%。

5. 智慧树

智慧树自 2012 年 10 月 1 日发布,到 2019 年底注册用户数达到 30 071 156。

这些用户包括了在校学生、平台教师(即具有平台在线开放课程教师权限、SPOC 应用教师权限的用户)以及社会学习者,三类用户的比例分布如图 2-19 所示。

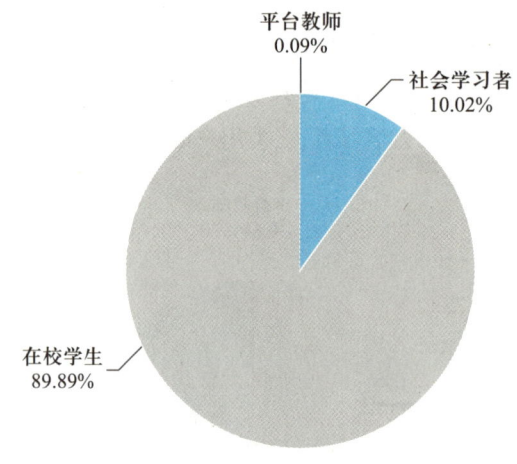

图 2-19 智慧树用户类别分布

如图 2-19 所示,在校学生共 27 030 683 人,占总注册用户的 89.89%;平台教师 25 850 人,占总注册用户的 0.09%;社会学习者 3 014 623 人,占总注册用户的 10.02%。

6. 优学院

优学院自 2015 年 10 月 30 日发布,到 2019 年年底注册用户数达到 3 819 932。这些用户包括了在校学生、平台教师(即具有平台在线开放课程教师权限、SPOC 应用教师权限的用户)以及社会学习者,三类用户的比例分布如图 2-20 所示。

如图 2-20 所示,在校学生 3 426 657 人,占总注册用户的 89.70%;平台教师 2 922 人,占总注册用户的 0.08%;社会学习者 390 353 人,占总注册用户的 10.22%。

7. 高校邦慧慕课

高校邦慧慕课自 2015 年 8 月 26 日发布,到 2019 年年底注册用户数达到 3 968 997。这些用户包括了在校学生、平台教师(即具有平台在线开放课程教

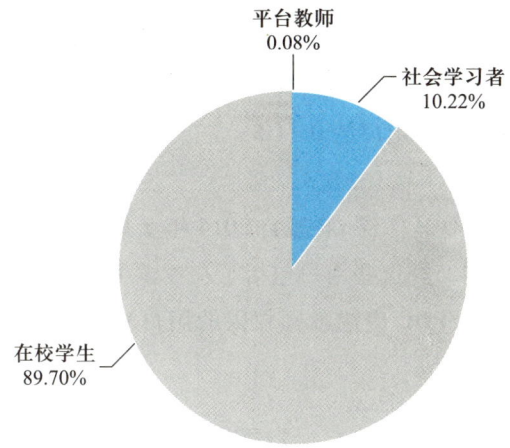

图 2-20　优学院用户类别分布

师权限、SPOC 应用教师权限的用户)以及社会学习者,三类用户的比例分布如图 2-21 所示。

如图 2-21 所示,在校学生 3 645 265 人,占总注册用户的 91.84%;平台教师 8 588 人,占总注册用户的 0.22%;社会学习者 315 144 人,占总注册用户的 7.94%。

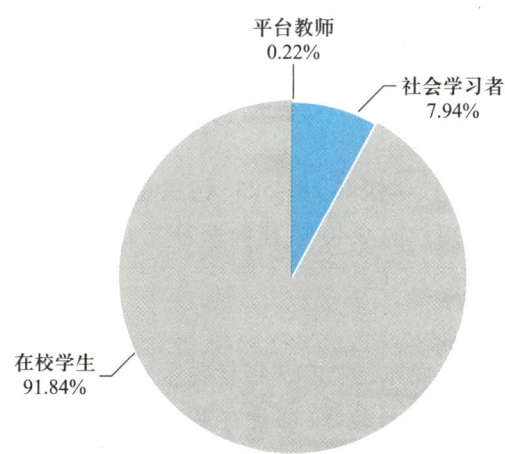

图 2-21　高校邦慧慕课用户类别分布

8. 人卫慕课

人卫慕课自 2014 年发布,到 2019 年年底注册用户数达到 767 258。用户以在校学生和社会学习者为主,二者共计 764 619 人,占总注册用户的 99.66%;平台教师 2 639 人,占总注册用户的 0.34%。

9. 全国地方高校 UOOC(优课)联盟

全国地方高校 UOOC(优课)联盟自 2014 年 5 月 12 日发布,到 2019 年年底注册用户数达到 400 425。这些用户包括了在校学生、平台教师(即具有平台在线开放课程教师权限、SPOC 应用教师权限的用户)以及社会学习者,三类用户的比例分布如图 2-22 所示。

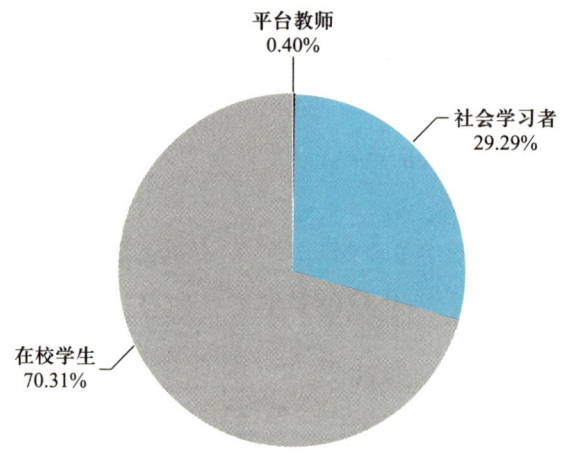

图 2-22　全国地方高校 UOOC(优课)联盟用户类别分布

如图 2-22 所示,在校学生共 281 528 人,占总注册用户的 70.31%;平台教师 1 617 人,占总注册用户的 0.40%;社会学习者 117 280 人,占总注册用户的 29.29%。

10. 超星课程平台

超星尔雅自 2010 年发布,到 2019 年年底注册用户数达到 68 672 080。这些用户包括了在校学生、平台教师(即具有平台在线开放课程教师权限、SPOC 应用教师权限的用户)以及社会学习者,三类用户的比例分布如图 2-23 所示。

如图 2-23 所示,在校学生 51 992 171 人,占总注册用户的 75.71%;平台教

第二章　我国在线开放课程应用情况　　37

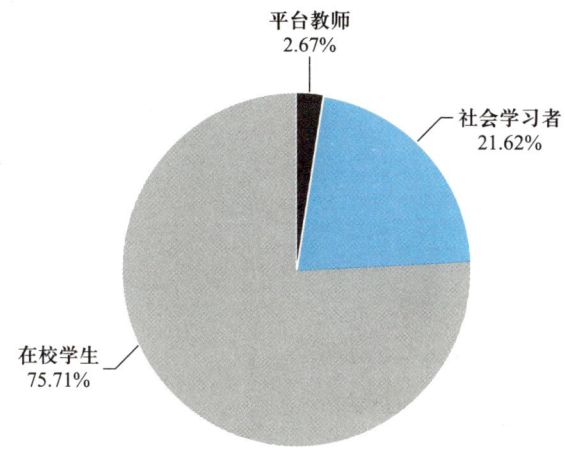

图 2-23　超星尔雅用户类别分布

师 1 833 072 人，占总注册用户的 2.67%；社会学习者 14 846 837 人，占总注册用户的 21.62%。

学银在线自 2017 年 1 月 1 日发布，到 2019 年底注册用户数达到 3 446 222。这些用户包括了在校学生、平台教师（即具有平台在线开放课程教师权限、SPOC 应用教师权限的用户）以及社会学习者。其中，在校学生共 2 882 820 人，占总注册用户的 83.65%；平台教师 17 494 人，占总注册用户的 0.51%；社会学习者 545 908 人，占总注册用户的 15.84%。

11. 中国高校外语慕课平台

中国高校外语慕课平台自 2018 年 3 月 23 日发布，到 2019 年年底注册用户数达到 1 195 006。这些用户包括了在校学生、平台教师（即具有平台在线开放课程教师权限、SPOC 应用教师权限的用户）以及社会学习者，三类用户的比例分布如图 2-24 所示。

如图 2-24 所示，在校学生共 1 034 209 人，占总注册用户的 86.54%；平台教师 666 人，占总注册用户的 0.06%；社会学习者 160 131 人，占总注册用户的 13.40%。

12. 地方性慕课平台

北京高校优质课程研究会、浙江省高等学校精品在线开放课程共享平台、

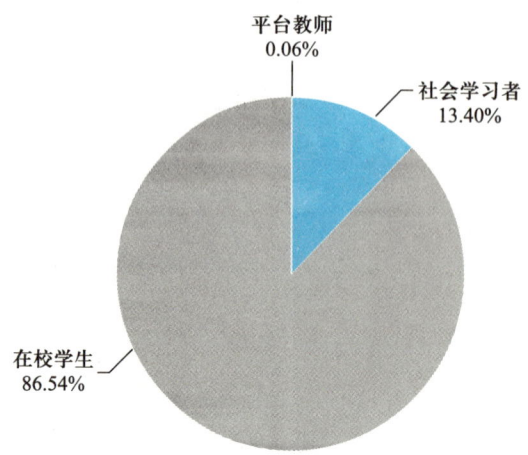

图 2-24　中国高校外语慕课平台用户类别分布

安徽省网络课程学习中心(e会学)的注册用户均包括在校学生、平台教师(即具有平台在线开放课程教师权限、SPOC应用教师权限的用户)以及社会学习者。

北京高校优质课程研究会自2017年3月1日发布,到2019年底注册用户数达到461 197。其中,在校学生404 705人,占总注册用户的87.75%;平台教师349人,占总注册用户的0.08%;社会学习者56 143人,占总注册用户的12.17%。

浙江省高等学校精品在线开放课程共享平台自2016年1月10日发布,到2019年底注册用户数达到1 701 618。其中,在校学生共1 661 079人,约占总注册用户的97.62%;平台教师14 397人,约占总注册用户的0.85%;社会学习者26 142人,约占总注册用户的1.54%。

安徽省网络课程学习中心(e会学)自2015年12月16日发布,到2019年底注册用户数达到470 654。其中,在校学生共405 931人,占总注册用户的86.25%;平台教师1 982人,占总注册用户的0.42%;社会学习者62 741人,占总注册用户的13.33%。

13. 比较分析

从上述平台的数据来看,各个平台的在校生所占比例都比较高,可以看出我国在线开放课程用户和国外慕课用户的最大不同：我国在校生构成了主要的在线开放课程学习群体。

四、学习需求

1. 爱课程（中国大学 MOOC）

就爱课程（中国大学 MOOC）单门课程来分析，以多轮次累计选课人次排列，累计选课人次排名前三的课程为：北京理工大学"Python 语言程序设计"（累计选课 1 690 437 人次）、国防科技大学"大学英语（口语）"（累计选课 1 633 878 人次）、浙江大学"程序设计入门——C 语言"（累计选课 1 268 215 人次）。从累计选课人次最多的前 20 门课程可以看出，最受学习者欢迎的课程集中在语言类、计算机类。

2. 学堂在线

就学堂在线单门课程来分析，以多轮次累计选课人次排列，累计选课人次排名前三的课程为：清华大学"宇宙中心的英语听说课"（累计选课 738 173 人次）、湖北大学"运动与健康（自主模式）"（累计选课 502 641 人次）、清华大学"心理学概论"（累计选课 456 575 人次）。从累计选课人次最多的前 20 门课程可以看出，最受学习者欢迎的课程集中在语言类、人文社科类、通识类。

3. 好大学在线

就好大学在线单门课程来分析，以多轮次累计选课人次排列，累计选课人次排名前三的课程为：上海交通大学"关爱生命——急救与自救技能"（累计选课 38 561 人次）、上海交通大学"唐诗宋词人文解读"（累计选课 34 975 人次）、上海交通大学"生命安全与救援——运动损伤防治与户外活动安全"（累计选课 29 280 人次）。从累计选课人次最多的前 20 门课程可以看出，最受学习者欢迎的课程集中在人文社科类、通识类。

4. 华文慕课

就华文慕课单门课程来分析，以多轮次累计选课人次排列，累计选课人次排名前三的课程为：北京大学"中国古代史"（累计选课 15 287 人次）、北京大学"数据结构与算法（上）"（累计选课 12 283 人次）、北京大学"操作系统原理"（累计选课 10 498 人次）。从累计选课人次最多的前 20 门课程可以看出，最受学习者欢迎的课程集中在人文社科类、计算机类。

5. 智慧树

就智慧树单门课程来分析,以多轮次累计选课人次排列,累计选课人次排名前三的课程为:北京大学"军事理论(综合版)"(累计选课 1 407 044 人次)、北京大学"形势与政策"(累计选课 927 314 人次)、吉林大学"大学生心理健康"(累计选课 577 092 人次)。从累计选课人次最多的前 20 门课程可以看出,最受学习者欢迎的课程集中在通识类。

6. 优学院

就优学院单门课程来分析,以多轮次累计选课人次排列,累计选课人次排名前三的课程为:中国人民大学"形势与政策"(累计选课 2 108 597 人次)、中国政法大学"思想道德修养与法律基础"(累计选课 169 112 人次)、北京大学"毛泽东思想和中国特色社会主义理论体系概论"(累计选课 163 238 人次)。从累计选课人次最多的前 20 门课程可以看出,最受学习者欢迎的课程集中在通识类。

7. 高校邦慧慕课

就高校邦慧慕课单门课程来分析,以多轮次累计选课人次排列,累计选课人次排名前三的课程为:国防大学"形势与政策"(累计选课 436 007 人次)、东南大学"军事理论"(累计选课 256 496 人次)、慧科集团"创业启蒙与案例分享"(累计选课 216 990 人次)。从累计选课人次最多的前 20 门课程可以看出,最受学习者欢迎的课程集中在通识类。

8. 人卫慕课

就人卫慕课单门课程来分析,以多轮次累计选课人次排列,累计选课人次排名前三的课程为:四川大学"人体(系统)解剖学"(累计选课 50 876 人次)、漯河医科高等专科学校"生理学"(累计选课 42 721 人次)、复旦大学"儿科学"(累计选课 28 876 人次)。从累计选课人次最多的前 20 门课程可以看出,最受学习者欢迎的课程集中在医学类基础课程。

9. 全国地方高校 UOOC(优课)联盟

就全国地方高校 UOOC(优课)联盟单门课程来分析,以多轮次累计选课人次排列,累计选课人次排名前三的课程为:深圳大学"积极心理学"(累计选课

35 438 人次)、福建师范大学"走进性科学"(累计选课 34 812 人次)、青岛大学"拓展英语词汇"(累计选课 30 307 人次)。从累计选课人次最多的前 20 门课程可以看出,最受学习者欢迎的课程集中在通识类、语言类。

10. 超星课程平台

就超星尔雅单门课程来分析,以多轮次累计选课人次排列,累计选课人次排名前三的课程为:首都师范大学"形势与政策"(累计选课 5 226 417 人次)、中日友好医院"大学生心理健康教育"(累计选课 3 516 005 人次)、北京大学"大学生职业生涯规划(入学版)"(累计选课 2 576 980 人次)。从累计选课人次最多的前 20 门课程可以看出,最受学习者欢迎的课程集中在通识类。

就学银在线单门课程来分析,以多轮次累计选课人次排列,累计选课人次排名前三的课程为:重庆交通大学"形势与政策"(累计选课 90 762 人次)、成都中医药大学"中医药创新创业"(累计选课 40 687 人次)、黑龙江信息技术职业学院"UI 设计与制作"(累计选课 39 849 人次)。从累计选课人次最多的前 20 门课程可以看出,最受学习者欢迎的课程集中在通识类、医学类、计算机类。

11. 中国高校外语慕课平台

就中国高校外语慕课平台单门课程来分析,以多轮次累计选课人次排列,累计选课人次排名前三的课程为:内蒙古大学"实用大学英语语法"(累计选课 25 585 人次)、湖北大学"英语演讲艺术"(累计选课 25 148 人次)、哈尔滨工程大学"大学英语:英语语言技能提高方法"(累计选课 22 997 人次)。从累计选课人次最多的前 20 门课程可以看出,最受学习者欢迎的课程集中在语言类中的技能性课程。

12. 地方性慕课平台

就平台上的单门课程来分析,北京高校优质课程研究会、浙江省高等学校精品在线开放课程共享平台、安徽省网络课程学习中心(e 会学)上的选课情况各有不同。北京高校优质课程研究会,以多轮次累计选课人次排列,累计选课人次排名前三的课程为:中央民族大学"少数民族神话赏析"(累计选课 30 806 人次)、中央民族大学"影像中的人类学"(累计选课 28 336 人次)、北京大学"艺术史"(累计选课 27 252 人次)。从累计选课人次最多的前 20 门课程可以看出,最受学习者欢迎的课程集中在人文社科类、通识类。浙江省高等学校精品在线开放课程共享平台,以多轮次累计选课人次排列,累计选课人次排名前三的课程为:浙江工贸职业技术学院"大学生创业基础"(累计选课117 490人次)、浙江工贸职业技术学院"基础会计"(累计选课29 366人次)、中国计量大学现代科技学院"电路分析基础"(累计选课25 702人次)。从累计选课人次最多的前20门课程可以看出,最受学习者欢迎的课程集中在人文社科类、通识类、经管类。安徽省网络课程学习中心(e会学),以多轮次累计选课人次排列,累计选课人次排名前三的课程为:安徽三联学院"大学计算机基础"(累计选课47 127人次)、安徽财贸职业学院"经济学基础"(累计选课38 931人次)、安徽工商职业学院"国际贸易实务"(累计选课27 687人次)。从累计选课人次最多的前20门课程可以看出,最受学习者欢迎的课程集中在经管类、计算机类。

13. 比较分析

从上述平台的数据来看,学习者对人文社科类、语言类、通识类的课程需求较大,选课人数较多。此外,一些大学生创业课程、安全教育课程、急救常识课程也备受欢迎,表明学习者在选择学习资源时,比较重视课程的实用性。

第2节　课程类型及高校开课情况分析

一、课程类型

本节汇总2013年至2019年年底各平台数据,分别从在线开放课程总数、课程类型分布等方面全面地反映我国在线开放课程总体情况。

1. 爱课程(中国大学MOOC)

爱课程(中国大学MOOC)截至2019年年底已发布课程6 966门,开课19 944轮次,开设的课程中高等教育工学类课程数量最多,课程门数为1 923门;职业教育类课程数量第二,课程门数1 132门;高等教育理学类课程数量第三,课程门数899门。

2. 学堂在线

学堂在线截至2019年年底已发布课程1 820门,其中引进境外课程73门,开课8 750轮次,开设的课程中工学类课程数量最多,课程门数为698门;理学类课程数量第二,课程门数 300 门;文学类课程数量第三,课程门数 205 门。

3. 好大学在线

好大学在线截至 2019 年年底已发布课程 611 门,开课 1 606 轮次,83% 的课程来自境内大学或机构,17% 的课程来自境外高校。好大学在线现有课程已经覆盖教育部《普通高等学校本科专业目录》中的 12 个大类,其中工学类课程数量最多,课程门数 623 门;理学类课程数量第二,课程门数 299 门;教育学类课程数量第三,课程门数 250 门。

4. 华文慕课

华文慕课截至 2019 年年底已发布课程 96 门,开课 205 轮次,课程均来自境内大学。开设的课程中工学类和理学类课程数量最多,课程门数均为 22 门;文学类课程数量第三,课程门数 17 门。

5. 智慧树

智慧树截至 2019 年年底已发布课程 2 503 门,开课 6 290 轮次,99.5% 的课程来自境内大学或机构,0.5% 的课程从境外引进。开设的课程中高等教育工学类课程数量最多,课程门数 398 门;职业教育类课程数量第二,课程门数 368 门;高等教育理学类课程数量第三,课程门数 284 门。

6. 优学院

优学院截至 2019 年年底已发布在线开放课程 322 门,开课 648 轮次,所有课程均来自境内大学或机构。优学院开设的课程中职业教育类课程数量最多,课程门数 78 门;高等教育工学类课程数量第二,课程门数 47 门;高等教育管理学类课程数量第三,课程门数 34 门。

7. 人卫慕课

人卫慕课截至 2019 年年底已发布课程 190 门,开课 766 轮次,188 门为医学类课程,1 门为哲学类课程,1 门为法学类课程。人卫慕课本着"平台策划,平台出资,学校支持,共建共享"的原则,打造医学专业精品在线开放课程体系,服务广大医药专业院校,目前已启动临床医学、药学、护理(高职)、护理(中职)、口腔医学 5 大专业课程体系的建设。

8. 全国地方高校 UOOC(优课)联盟

全国地方高校 UOOC(优课)联盟截至 2019 年年底已发布课程 413 门,开课

1 885 轮次,课程大部分来自境内大学或机构,只有 4 门课程从境外引进。开设的课程中工学类课程数量最多,课程门数 97 门;文学类课程数量第二,课程门数 70 门;理学类课程数量第三,课程门数 45 门。

9. 中国高校外语慕课平台

中国高校外语慕课平台截至 2019 年年底已发布课程 112 门,开课 282 轮次,课程均为文学类课程,大部分来自境内大学或机构,只有 1 门课程来自境外。

10. 超星课程平台

学银在线截至 2019 年年底已发布课程 3 067 门,开课 7 281 轮次,课程均来自境内大学或机构。开设的课程中职业教育类课程数量最多,课程门数 1 060 门;高等教育工学类课程数量第二,课程门数 565 门;高等教育理学类课程数量第三,课程门数 259 门。

11. 地方性慕课平台

北京高校优质课程研究会截至 2019 年年底已发布课程 242 门,开课 776 轮次,课程均来自境内大学或机构。开设的课程中文学类课程数量最多,课程门数 55 门;经济学类课程数量第二,课程门数 46 门;理学类课程数量第三,课程门数 35 门。

浙江省高等学校精品在线开放课程共享平台截至 2019 年年底已发布课程 214 门,开课 6 323 轮次,课程均来自境内大学或机构。开设的课程中,职业教育财经商贸大类课程数量最多,课程门数为 690 门;高等教育工学类课程数量第二,课程门数 618 门。

安徽省网络课程学习中心(e 会学)截至 2019 年年底已发布课程 782 门,开课 1 524 轮次,课程均来自境内大学或机构。开设的课程中以工学类、经济学类和管理学类课程数量居多。

12. 比较分析

从平台提供的数据来看,学堂在线、好大学在线、全国地方高校 UOOC(优课)联盟、中国高校外语慕课平台、智慧树引进了境外课程,其中学堂在线和好大学在线引进的境外课程数量较多。各平台开设的课程学科分布较为广泛,其中工学类与理学类课程最多。

二、各平台开课院校分布

1. 爱课程(中国大学 MOOC)

截至 2019 年年底,爱课程(中国大学 MOOC)已发布课程 6 966 门,总计来自 649 所大学。开设课程数量排名前 5 的院校包括浙江大学(136 门)、西安交通大学(134 门)、哈尔滨工业大学(127 门)、山东大学(111 门)和武汉大学(102 门)。

2. 学堂在线

截至 2019 年年底,学堂在线已发布课程 1 820 门,总计来自 342 所大学。开设课程数量排名前 5 的院校包括清华大学(267 门)、西安交通大学(52 门)、北京师范大学(46 门)、华南理工大学(35 门)和湖北大学(34 门)。

3. 好大学在线

截至 2019 年年底,好大学在线已发布课程 611 门,总计来自 570 所大学。开设课程数量排名前 5 的院校包括上海交通大学(80 门)、新竹交通大学(23 门)、西安交通大学(18 门)、哈尔滨工业大学(9 门)和兰州大学(9 门)。

4. 华文慕课

截至 2019 年年底,华文慕课已发布课程 96 门,总计来自 4 所大学,开课最多的院校为北京大学,共有 92 门课程,其次是台湾大学(2 门)、复旦大学(1 门)、北京师范大学(1 门)。

5. 智慧树

截至 2019 年年底,智慧树已发布课程 2 503 门,总计来自 1 113 所大学。开设课程数量排名前 5 的院校包括中国石油大学(华东)(44 门)、西安交通大学(38 门)、山东大学(35 门)、南昌大学(34 门)、中国海洋大学(32 门)。

6. 优学院

截至 2019 年年底,优学院已发布课程 322 门,总计来自 76 所院校。开设课程数量排名前 5 的院校包括武汉理工大学(63 门)、武汉工程大学(35 门)、武汉学院(17 门)、中南财经政法大学(16 门)和青海交通职业技术学院(15 门)。

7. 高校邦慧慕课

截至 2019 年年底,高校邦慧慕课已发布课程 287 门,总计来自 672 所院校。

开设课程数量排名前5的院校包括大连理工开放大学(303门)、苏州工业职业技术学院(255门)、广东开放大学(146门)、厦门理工学院(137门)和仰恩大学(98门)。

8. 人卫慕课

截至2019年年底,人卫慕课已发布课程190门,总计来自82所院校。开设课程数量排名(并列)前5的院校包括上海中医药大学(11门)、中国医科大学(10门)、贵州医科大学(8门)、上海交通大学(8门)、哈尔滨医科大学(7门)、吉林医药学院(7门)和四川大学(7门)。

9. 全国地方高校UOOC(优课)联盟

截至2019年年底,全国地方高校UOOC(优课)联盟已发布课程413门,总计来自68所院校。开设课程数量排名前5的院校包括深圳大学(90门)、湖北大学(51门)、福建师范大学(21门)、湖北工程学院(19门)和昆明理工大学(18门)。

10. 中国高校外语慕课平台

截至2019年年底,中国高校外语慕课平台已发布课程112门,总计来自53所大学。开设课程数量排名前5的院校包括北京外国语大学(10门)、北京第二外国语学院(7门)、广东外语外贸大学(7门)、集美大学(6门)和北京语言大学(5门)。

11. 超星课程平台

截至2019年年底,超星尔雅已发布课程484门,总计来自124所大学。开设课程数量排名前5的院校包括复旦大学(47门)、北京大学(31门)、南开大学(24门)、清华大学(19门)和北京师范大学(14门)。

截至2019年年底,学银在线已发布课程3 067门,总计来自651所大学,开课最多的院校为南昌大学,共有70门课程。有6所院校开设的课程数量在30门及以上。

12. 地方性慕课平台

截至2019年年底,北京高校优质课程研究会已发布课程242门,总计来自23所院校,开课最多的院校为四川大学,共有65门课程。有3所院校开设的课程数量在20门以上。浙江省高等学校精品在线开放课程共享平台已发布课程 214 门，总计来自 138 所院校，开课最多的院校为台州学院，共有 90 门课程。有 2 所院校开设的课程数量在 20 门以上。安徽省网络课程学习中心（e 会学）已发布课程 782 门，总计来自 78 所院校，开课最多的院校为安徽机电职业技术学院，共有 70 门课程。有 6 所院校开设的课程数量在 30 门及以上。

13. 比较分析

从上述平台提供的数据来看，"双一流"建设高校在建设、发布在线开放课程的数量和开课轮次等方面都居于国内院校前列。

第 3 节　平台 SPOC 应用情况

一、各平台 SPOC 应用现状

1. 爱课程(中国大学 MOOC)

爱课程(中国大学 MOOC)截至 2019 年年底已经将 SPOC 平台、课程推广到全国 772 所院校或机构，服务 12 312 个 SPOC 班级，学习人次达到 2 926 123 人次。在平台上开设 SPOC 班级数量最多的三所院校分别为华中农业大学(391 个)、兰州交通大学(380 个)、山东大学(356 个)。SPOC 班级选课人次最多的三所院校分别为兰州交通大学(116 369 人次)、武汉理工大学(114 209 人次)、鹤壁职业技术学院(73 971 人次)。

2. 学堂在线

学堂在线截至 2019 年年底已经将 SPOC 平台、课程推广到全国 490 所院校或机构，服务 10 780 个 SPOC 班级，学习人次达到 2 778 830 人次。在平台上开设 SPOC 班级数量最多的三所院校分别为电子科技大学(312 个)、青海干部网络学院(286 个)、兰州财经大学(256 个)。SPOC 班级选课人次最多的三所院校分别为电子科技大学(296 430 人次)、青海干部网络学院(104 846 人次)、兰州财经大学(72 583 人次)。

3. 好大学在线

好大学在线截至 2019 年年底已经将 SPOC 平台、课程推广到全国 330 所院校或机构,服务 7 567 个 SPOC 班级,学习人次达到 1 242 671 人次。在平台上开设 SPOC 班级数量最多的三所院校分别为南京大学(816 个)、哈尔滨金融学院(699 个)、上海交通大学(477 个)。SPOC 班级选课人次最多的三所院校分别为南京大学(98 918 人次)、上海交通大学(97 795 人次)、哈尔滨金融学院(71 534 人次)。

4. 智慧树

智慧树截至 2019 年年底已经将 SPOC 平台、课程推广到全国 896 所院校或机构,服务 115 630 个 SPOC 班级。在平台上开设 SPOC 班级数量最多的三所大学分别为北京大学(12 694 个)、哈尔滨师范大学(4 870 个)、吉林大学(3 096 个)。SPOC 班级选课人次最多的三所大学分别为北京大学、吉林大学、复旦大学。

5. 优学院

优学院截至 2019 年年底已经将 SPOC 平台、课程推广到全国 1 286 所院校或机构,服务 110 827 个 SPOC 班级,学习人次达到 12 569 747 人次。在平台上开设 SPOC 班级数量最多的三所大学分别为武汉工程大学(5 767 个)、东莞理工学院(4 339 个)、云南财经大学(2 816 个)。SPOC 班级选课人次最多的三所院校分别为闽江学院(670 724 人次)、华北电力大学(577 707 人次)、福州外语外贸学院(554 520 人次)。

6. 高校邦慧慕课

高校邦慧慕课截至 2019 年年底已经将 SPOC 平台、课程推广到全国 728 所院校或机构,服务 21 821 个 SPOC 班级,学习人次达到 3 645 265 人次。在平台上开设 SPOC 班级数量最多的三所院校分别为大连理工开放大学(736 个)、广东开放大学(729 个)、厦门理工学院(429 个)。SPOC 班级选课人次最多的三所院校分别为广东开放大学(331 611 人次)、厦门理工学院(166 948 人次)、泉州师范学院(161 575 人次)。

7. 人卫慕课

人卫慕课截至 2019 年年底已经将 SPOC 平台、课程推广到全国 62 所院校或机构,服务 2 563 个 SPOC 班级,学习人次达到 146 995 人次。在平台上开设 SPOC 班级数量最多的三所大学分别为哈尔滨医科大学(21 132 个)、广州医科大学(16 857 个)、广西医科大学(13 586 个)。SPOC 班级选课人次最多的三所大学分别为广州医科大学(510 人次)、锦州医科大学(432 人次)、哈尔滨医科大学(270 人次)。

8. 全国地方高校 UOOC(优课)联盟

全国地方高校 UOOC(优课)联盟截至 2019 年年底已经将 SPOC 平台、课程推广到全国 20 所院校或机构,服务 518 个 SPOC 班级,学习人次达到 51 062 人次。在平台上开设 SPOC 班级数量最多的三所院校分别为深圳大学(239 个)、青岛大学(47 个)、湖北工程学院(45 个)。SPOC 班级选课人次最多的三所院校分别为深圳大学(40 487 人次)、湖北工程学院(2 145 人次)、武汉科技大学(2 019 人次)。

9. 超星课程平台

超星尔雅截至 2019 年年底已经将 SPOC 平台、课程推广到全国 2 474 所院校或机构,服务 131 374 个 SPOC 班级,学习人次达到 13 136 477 人次。在平台上开设 SPOC 班级数量最多的三所院校分别为南阳师范学院(3 262 个)、安阳师范学院(3 135 个)、周口师范学院(1 585 个)。SPOC 班级选课人次最多的三所院校分别为南阳师范学院(143 050 人次)、安阳师范学院(139 301 人次)、周口师范学院(69 983 人次)。

学银在线截至 2019 年年底已经将 SPOC 平台、课程推广到全国 1 110 所院校或机构,服务 32 861 个 SPOC 班级,学习人次达到 2 238 972 人次。在平台上开设 SPOC 班级数量最多的三所大学分别为重庆交通大学(1 562 个)、哈尔滨理工大学(1 200 个)、湖南工业大学(976 个)。SPOC 班级选课人次最多的三所大学分别为重庆交通大学(142 598 人次)、湖南工业大学(85 238 人次)、哈尔滨理工大学(79 166 人次)。

10. 中国高校外语慕课平台

中国高校外语慕课平台截至 2019 年年底已经将 SPOC 平台、课程推广到全国 63 所院校或机构,服务 301 个 SPOC 班级,学习人次达到 72 388 人次。在平台上开设 SPOC 班级数量最多的三所大学分别为吉林外国语大学(56 个)、东华理工大学(44 个)、廊坊师范学院(39 个)。SPOC 班级选课人次最多的三所大学分别为内蒙古大学(11 432 人次)、南京师范大学(8 988 人次)、东华理工大学(8 162人次)。

11. 地方性慕课平台

北京高校优质课程研究会截至2019年年底已经将SPOC平台、课程推广到全国6所院校或机构,服务21个SPOC班级,学习人次达到886人次。在平台上开设SPOC班级数量最多的两所大学分别为南京理工大学(6个)、北京理工大学(5个)。SPOC班级选课人次最多的三所大学分别为南京理工大学(244人次)、北京理工大学(228人次)、四川大学(164人次)。

浙江省高等学校精品在线开放课程共享平台截至2019年年底已经将SPOC平台、课程推广到全国79所院校或机构,服务4 028个SPOC班级,学习人次达到60 671人次。SPOC班级选课人次最多的三所院校分别为温州医科大学(7 178人次)、浙江交通职业技术学院(3 286人次)、温州医科大学仁济学院(3 228人次)。

安徽省网络课程学习中心(e会学)截至2019年年底已经将SPOC平台、课程推广到全国10所院校或机构,服务235个SPOC班级,学习人次达到16 328人次。在平台上开设SPOC班级数量最多的三所院校分别为安徽工业大学(88个)、宿州学院(40个)、安徽工商职业学院(30个)。SPOC班级选课人次最多的三所院校分别为安徽新华学院(3 992人次)、安徽工业大学(3 008人次)、宿州学院(2 540人次)。

12. 比较分析

从上述平台提供的数据来看,各个平台的合作高校开展了大量的SPOC教学活动,这说明高校对利用信息技术开展校内教育教学改革的重视程度普遍提高。

二、各平台SPOC应用学科分布

1. 爱课程(中国大学MOOC)

爱课程(中国大学MOOC)上各学科课程服务于不同院校开展SPOC教学,其SPOC课程不仅覆盖了教育部《普通高等学校本科专业目录》中的12大类,还覆盖了职业教育类课程。其中,工学类课程数量最多,理学类课程数量第二,职业教育类课程数量第三。

2. 学堂在线

学堂在线 SPOC 课程覆盖了教育部《普通高等学校本科专业目录》中的 12 大类,并覆盖了职业教育类课程。其中,工学类课程数量最多,理学类课程数量第二,医学类课程数量第三。

3. 好大学在线

好大学在线 SPOC 课程覆盖了教育部《普通高等学校本科专业目录》中的 12 大类。其中,工学类课程数量最多,理学类课程数量第二,文学类课程数量第三。

4. 智慧树

智慧树 SPOC 课程覆盖了教育部《普通高等学校本科专业目录》中的 12 大类,并覆盖了职业教育类课程。其中,除无明确对应学科的课程之外,职业教育类课程数量最多,理学类课程数量第二,法学类课程数量第三。

5. 优学院

优学院 SPOC 课程覆盖了教育部《普通高等学校本科专业目录》中的 12 大类,还覆盖了职业教育类课程。其中,职业教育类课程数量最多,教育学类课程数量第二,历史学类课程数量第三。

6. 人卫慕课

人卫慕课 SPOC 课程在不同院校或机构的 SPOC 平台上开展教学,主要是医学类课程。

7. 地方性慕课平台

北京高校优质课程研究会 SPOC 课程覆盖了教育部《普通高等学校本科专业目录》中的 6 大类,并覆盖了职业教育类课程。其中,工学类课程数量最多,理学类课程数量第二,医学类课程数量第三。

8. 比较分析

从上述平台提供的数据来看,教育部《普通高等学校本科专业目录》中的 12 大专业门类均有课程应用在 SPOC 教学中,其中工学类、理学类、文学类课程 SPOC 应用较多。

第三章　国际在线开放课程建设情况

第1节　国际在线开放课程建设现状

一、美国

美国的慕课理论研究与实践居于世界前列,围绕课程完成度、学习效果评估与认证、运营成本与收益等问题进行了较深入的理论探讨与实践探索。

1. 哈佛大学

哈佛大学共提供 391 门在线课程,拥有学习者超过 6 000 000 人次,包含多个在线平台①。其中,哈佛商学院在线(HBS Online)②拥有 49 门在线课程,提供一种独特且需要学习者高度参与的方法来传授商学概念,旨在为学习者提供近似哈佛商学院课堂的学习感受。该模式主要围绕三个关键特征构建:保持活性(active)、基于案例(case-based)和社交(social)。

哈佛医学院在线(HMX Online)③旨在普及医学知识,提供基础课程和专业课程。基础课程涉及生物化学、遗传学、免疫学、药理学和生理学等基础学科及领域。专业课程则面向医疗保健、生命科学、制药、临床医学和相关行业(包括科学和商业领域)的专业人员,提供领域内前沿创新的主题课程。每门课程 800 美元,学习者还可以分别购买包含 2 门、3 门、4 门或 5 门课程的系列课程,5 门

---

① Harvard University, Inc. Harvard Online Courses[EB/OL]. [2019-12-20]. http://online-learning.harvard.edu.

② Harvard College, Inc. Learning Model on Harvard Business School Online[EB/OL]. [2019-12-22]. https://online.hbs.edu/learning-model/.

③ Harvard College, Inc. Harvard Medical School Online[EB/OL]. [2019-12-20]. https://onlinelearning.hms.harvard.edu/hmx/.

课程共需要 2 125 美元(每门 425 美元)。

2019 年,哈佛公共卫生学院(HSPH)①共有线上课程 9 门,扎根于基础科学,涵盖了生物、化学以及社会科学的多个领域,服务于疾病(艾滋病、癌症和心脏病等)的研究需求。

2. 麻省理工学院

麻省理工学院在线课程②面向全球,每年都会吸引上百万学习者,其中北美学习者约占一半。其在线学习人员主要分为教育工作者、学生以及社会学习者,三者所占的比例分别约为 9%、42% 和 43%。截至 2019 年,麻省理工学院共建设在线开放课程 194 门;共发布 5 个微硕士项目,涉及专业包括供应链管理、数据、经济与发展政策、制造原理、统计与数据科学,以及 1 个即将上线的金融类微硕士项目。其中,供应链管理微硕士项目在第一轮招生中,有 1 100 名学习者完成了项目要求的 5 门在线课程,最终有 622 人通过了考试,49 人申请了供应链管理硕士学位认证。

3. 斯坦福大学

斯坦福大学在线(Stanford Online)③旨在帮助身处任何职业的学习者实现自己的学习目标。截至 2019 年,斯坦福大学在线共发布 266 门课程;发布计算机科学硕士、电气工程硕士、统计学硕士等 11 个在线硕士学位。

其课程主要分为以下三类:(1) 学分课程:授予学分,并计入正式的大学成绩,达到要求后可获得斯坦福大学学位。(2) 获得证书的课程:授予经过 ID 验证的结业证书,按照课程时长及要求分为专业证书、成就证书和结业证书。(3) 开放学习机会:课程通常是免费的,对任何学习者都开放,并且不需要身份证明。成功完成课程的学生可能会获得参与证书。

---

① Harvard College, Inc. Harvard T.H. Chan School of Public Health [EB/OL]. [2019-12-23]. https://www.hsph.harvard.edu/.

② Massachusetts Institute of Technology, Inc. MIT OpenCourseWare [EB/OL]. [2019-12-23]. https://ocw.mit.edu/index.htm.

③ Stanford University, Inc. Stanford Credentials on Stanford Online [EB/OL]. [2019-12-15]. https://online.stanford.edu/about-us/stanford-credentials.

4. 加州大学伯克利分校

2019年,加州大学伯克利分校①共建设线上课程70多门,设有一个微硕士项目。基于MOOC的发展,加州大学伯克利分校的阿曼德·福克斯教授最早提出并使用SPOC的概念。SPOC中的Small和Private是相对于MOOC中的Massive和Open而言,Small是指学生规模一般在几十人到几百人,Private是指对学生设置限制性条件,达到要求的申请者才能被纳入SPOC课程。与传统慕课相比,SPOC旨在增强校园内学生的学习体验,同时为本地教师提供更多的互动活动和时间以获取进行"高接触"教学法的机会。伯克利已与edX合作,在世界各地的校园中开发和促进SPOC的使用。

5. 佐治亚理工学院

截至2019年,佐治亚理工学院已建设30多门慕课,总注册人数超过330万,并提供12个在线学位项目②。所有的课程均由佐治亚理工专业教育学院(GTPE)的学习设计团队开发。该团队由教学设计师、互动媒体制作人、图形艺术家、编辑和模拟专家组成,并与教职员工合作,将课堂讲授内容改编为适合高度参与和有效在线学习的材料。成功完成课程后,学习者可选择支付小额费用来获得经过验证的证书。

二、欧洲

2013年4月25日,荷兰"开放大学"(OpenupEd)正式上线③,这是第一个泛欧洲的多机构合作的在线平台。自此,多个在线课程平台纷纷上线,向学习者提供高品质的适合自学的素材并鼓励开放大学进行教学模式创新。

1. 英国

英国的主要大规模在线课程平台包括FutureLearn和开放大学(OU),其中OU以其创新的教学模式和世界领先的研究成果而闻名。OU致力于使高等教

---

① edX, Inc. Schools and partners of edX: Berkeley X[EB/OL]. [2019-12-20]. https://www.edx.org/school/ucberkeleyx.

② Georgia Institute of Technology, Inc. Massive Open Online Courses of Georgia Tech Online[EB/OL]. [2019-12-25]. https://pe.gatech.edu/massive-open-online-courses.

③ OpenupEd, Inc. Home[EB/OL]. [2019-12-23]. https://www.openuped.eu/.

育向所有人开放,拥有超过 2 000 000 学习者,其中将近 100 000 人居住在英国以外,76%的学习者已参加工作。

2. 法国

FUN 慕课平台①作为法国大规模在线开放课程平台,是由法国高等教育部和科研部牵头,法国多所著名大学合作推出的网络课程平台。平台提出的 FUN 计划旨在联合法国各所大学及其在线课程项目,不断丰富课程主题,以满足学习者多样的需求并提高平台的国际知名度。2019 年,FUN 提供了 540 多种在线课程,覆盖内容广泛,其中有些课程自 2013 年以来已重复更新了近十次。

3. 俄罗斯

俄罗斯推出国家开放教育平台(Открытое образование)②,该平台上的课程具有以下特点:(1)所有课程均根据联邦州教育标准的要求开发;(2)所有课程均符合大学实施的教育计划培训要求;(3)特别注意在线课程的有效性以及评估学习成果的程序;(4)遵从高质量在线课程的基本原则。

同时,俄罗斯国家开放教育平台项目着重于大学之间的广泛合作。平台的在线课程可以在俄罗斯任何一所大学使用。国家开放教育平台协会推动实施教育计划的大学与开发课程的大学之间达成协议,大学有机会获得有关其学生表现的完整信息,如有必要,可根据线上学习情况对学习者进行监督管理。

4. 德国

与其他国家相比,德国的在线课程平台略显不同,其不直接与学校合作开课,而是让教师直接投放课程。其主要在线开放课程平台为 iversity 和 OpenHPI。

另外,欧洲主要的慕课平台已经合作创建了新的微证书项目,允许学习者在获得所需技能的同时,也获得学术学分。这项"公共微证书架构"(Common Microcredentials Framework)的提议,由欧洲慕课联盟牵头,联盟由欧洲规模较大的慕课平台 FutureLearn、Miriada X、FUN、EduOpen 组成,联盟的目标为:促进在

---

① FUN-MOOC, Inc. Home[EB/OL].[2019-12-20]. https://www.fun-mooc.fr/.
② Открытое образование, Inc. Home[EB/OL].[2019-12-20]. https://openedu.ru/.

线课程建设,推广其在学术领域和工业领域的使用,以及指导欧洲教育政策的发展[1]。

该微证书项目有多个特点:信用承担——学习者经过身份验证,并通过最终评估后才能获得学分;认可——微证书归入欧洲资格框架(European Qualifications Framework)的学士或硕士学位,有助于欧洲的大学了解欧洲各个国家提供的学术资格;透明——微证书提供者给毕业生发放成绩单,说明其所学技能、工作量和获得的学分;实质性——获得微证书要完成 100~150 个小时的学习;实用——有助于学习者获得与行业相关的技能,并且足够灵活,可适应学习者繁忙的日程安排。

三、亚 洲

2018 年,联合国教科文组织在亚太地区高等教育慕课研讨会上指出,亚洲地区主要的慕课平台有中国的爱课程(中国大学 MOOC)、学堂在线,日本的 J-MOOC,沙特阿拉伯的 Rwaq,马来西亚的 OpenLearning,约旦的 Edraak,印度尼西亚的 IndonesiaX,韩国的 K-MOOC,印度的 SWAYAM,菲律宾的 MODel 以及泰国的 Thai-MOOC[2]。

近五年来,亚洲地区慕课发展总体呈现上升趋势,越来越多的国家推出了支持本国语言的慕课平台,平台注册人数与课程数量也在逐年增加。虽然亚洲地区各国慕课发展时间和建设速度有差异,但也呈现出一些共性特征,例如:(1) 带有明显的国家色彩和政府色彩;(2) 大学和企业在慕课建设和运营方面是主力;(3) 以实现教育公平为诉求[3]。

在此,以在线教育较为完善的国家为例梳理亚洲在线教育平台的建设情况,包括日本、韩国、印度、泰国以及马来西亚。

---

[1] European MOOC Platforms Plan New Generation of Microcredentials [EB/OL]. [2019-07-01]. https://www.classcentral.com/report/european-mooc-platforms-plan-new-generation-of-microcredentials/.

[2] 汪琼,欧阳嘉煜,纪九梅,王宇. 亚洲地区慕课发展五年回顾:从 2013 年至 2017 年[J]. 中国远程教育,2019(04):54-59.

[3] 汪琼,欧阳嘉煜,纪九梅,王宇. 亚洲地区慕课发展五年回顾:从 2013 年至 2017 年[J]. 中国远程教育,2019(04):54-59.

1. 日本

日本的在线教育平台包括 J-MOOC 综合平台组织、日本大学 Unix 网络、日本开放课程联盟(Japan Open Course Ware Consortium,JOCW)、e-Learning 平台、N-Academy 在线教育平台、Langrich 英语口语在线辅导、Mana.bo 录播网课平台、Studyplus 中小学辅导和 Schoo 在线教育网站,其中 J-MOOC 规模最大。

以 JOCW 为例。2006 年,北海道大学、名古屋大学和九州大学等多所大学成立日本开放课程联盟,由参与院校出资架设教育资源共享平台,对外公开大学课程,鼓励教师上传课件,在线公布教学视频,免费提供教学资源和跨校信息检索等服务。

而在日本另一细分的在线教育领域——职业培训领域中,则出现了 Schoo 一家独大的情况。它不以升学或公职考试为主题,而是着重经营创业、商业技巧、科技与 IT 业界趋势这三大主题,邀请各领域业界名人作为讲师,锁定上班族群体作为主要用户;Schoo 平台上 80% 的课程展现形式并非传统的录播,而是以现场直播形式呈现[①]。

2. 韩国

目前,韩国已开发多个在线开放课程平台,主要在线开放课程平台如表 3-1 所示。2007 年,为了响应全球开放教育资源运动,韩国教育学术信息院开始创建韩国高等教育学习资源开放共享服务平台 KOCW,这是韩国规模最大,最具代表性的网络开放课程平台。

表 3-1 韩国主要在线开放课程平台

MOOC 平台	运营方及网址
KOCW(Korea Open Course Ware)	韩国教育学术信息院(KERIS)(http://www.kocw.net)
SNUON	首尔大学(http://snuon.snu.ac.kr/)
SNOW(Sookmyung Network for Open World)	淑明女子大学(http://www.snow.or.kr/)
OpenKU	高丽大学(http://open.korea.ac.kr/)

---

① 日本在线教育网站 Schoo 的运营模式[EB/OL].[2014-10-11]. http://learning.sohu.com/20141011/n405009137.shtml.

MOOC 平台	运营方及网址
SKKOLAR	成均馆大学（http://skkolar.skku.edu/）
HOWL	汉阳大学（www.howl.or.kr）
Global Mooc Campus	淑明女子大学（http://kc4dh.com/）
庆熙 MOOC 2.0	庆熙大学和庆熙网络大学（http://www.khmooc.org/home）

按照学科分类，KOCW 平台上的课程以人文科学课程占比最大，其次是社会科学课程。KOCW 的优点之一是内置查找国内外公开课资料的高级检索功能，便于学习者查找资料①。

3. 印度

印度的慕课平台主要有 SWAYAM 和 NPTEL。

SWAYAM(Study Webs of Active Learning for Young Aspiring Minds)是印度英文慕课平台，也是数字印度（Digital India）计划的一部分，于 2017 年 7 月正式推出。该平台的成立目标是促进优质教育共享，支持终身学习，并提高印度高等教育的入学率。

NPTEL 平台是印度人力资源开发部的一个项目，主要功能就是把教学视频放在网上，并不提供学习过程管理。有学者认为，该平台应该归类于开放教育资源，而不能算作严格意义上的慕课平台②。

4. 泰国

泰国政府从国家层面提出将慕课项目纳入泰国数字经济框架（Thailand Digital Economy Framework），打造支持知识型数字社会（Knowledge-driven Digital Society）的数字化学习平台，希望为所有泰国人提供受教育机会③。其中主要依托于 Thai-MOOC 平台。

---

① 王玮.韩国信息素养教育的"慕课"化建设实践及启示[C].中国图书馆学会年会论文集.中国图书馆学会，2015：110-120.

② 汪琼，欧阳嘉煜，纪九梅，王宇.亚洲地区慕课发展五年回顾：从 2013 年至 2017 年[J].中国远程教育，2019(04)：54-59.

③ 刘彩霞.国外慕课版权研究综述[J].图书馆建设，2016(9)：22-28.

5. 马来西亚

马来西亚推行开放大学课程的政策,并要求公立大学开发慕课,课程主要涉及基础设施和信息基础设施管制、在线教学法、数字内容、职业发展以及文化的渗透等6个领域。此外,还强调在线教学法,包括混合式学习、开放课程以及电子评估等。马来西亚要求每一所高等教育机构至少开发15门慕课;在2020年必须开发20门慕课;所有的大学混合式教学的比例要达到70%①。

马来西亚的主要在线平台是OpenLearning,OpenLearning涵盖通识课、小众课、技能课。通识课是大学之间可以分享的课程,小众课是每一个大学都要开的课程,技能课是终身学习的课程。目前已经制作584门课程,注册学生数共计472 164人②。

第2节 国际在线开放课程平台建设情况

一、美国

1. edX 平台

截至2019年,edX平台(https://www.edx.org/)用户规模为2 500万,课程注册量超过7 000万,有大约2 650门课程,其中2019年新发布410门课程③。edX提供来自世界上最好大学的交互式在线课程,包括MIT、哈佛大学、加州大学伯克利分校、德州大学等。除了与高校合作外,edX也与微软、史密森尼学会、万维网等机构合作。edX的课程种类相对多样,包括建筑学、艺术与社会、商业管理及电脑科学等,这其中又以计算机科学、商业管理以及工程类课程为特色且数量居多④。

---

① 赵建华,李铭,王雷岩.抓住数字机遇,实现联合国第四个可持续发展目标——2018年联合国教科文组织亚太地区高等教育慕课研讨会综述[J].现代远程教育研究,2018(04):11-12.

② 赵建华,李铭,王雷岩.抓住数字机遇,实现联合国第四个可持续发展目标——2018年联合国教科文组织亚太地区高等教育慕课研讨会综述[J].现代远程教育研究,2018(04):11-12.

③ edX's 2019: Year in Review[EB/OL].[2019-12-09].https://www.classcentral.com/report/edx-2019-year-review/.

④ edX, Inc. Courses on edX[EB/OL].[2020-01-20].https://www.edx.org/es/course.

edX 提供 292 个证书项目①，分为四种类型：系列课程项目（XSeries）40 个；专业教育项目（Professional Education）73 个；微硕士项目（MicroMasters）56 个；专业证书项目（Professional Certificate）123 个。较之 2018 年，edX 在 2019 年新增了 59 个证书项目。

2. Coursera 平台

Coursera 平台（https://www.coursera.org/）在 2019 年已拥有超过 4 500 万学习者，相较于 2018 年增加了约 800 万学习者②。截至 2019 年年底，推出 3 900 多门课程，比去年增加了 800 门课程。主要包括 11 种课程类型，涵盖数据科学、商业、社会科学、艺术与人类等领域。其中，商业、数据科学和科技领域的课程属于其特色课程③。

同时，Coursera 已普及一项课程认证服务——SignatureTrack，该认证服务可以提供身份验证，相较于普通结业证书更具效力；除免费学习证明外，学习者可以在课程结束后选择付费获得签名认证证书。

Coursera 当前包含 400 个系列课程项目（Specialization），与 2018 年的 310 个系列课程项目相比有所增加④。课程结束后，授予学习者专项课程证书，证书上包含学生的姓名、课程的名称、相关课程简介、教师的签名以及 Coursera 的标志。

2019 年，Coursera 共提供 13 个专业证书项目（Professional Certificates）⑤，旨在帮助学习者获得相应的技能，为特定的职业角色做好准备。合作伙伴包括 IBM、谷歌、亚利桑那州立大学等多所高校或机构。

Coursera 于 2018 年 1 月 16 日推出谷歌提供的 IT 支持职业证书项目，学习者将通过谷歌工程师设计的"实验室"亲自动手，掌握当下最热门的技能。成功完成该项目课程的学习者，Coursera 将把其信息分享给包括谷歌、美国银行、沃

---

① edX's 2019：Year in Review[EB/OL]. [2019-12-09]. https://www.classcentral.com/report/edx-2019-year-review/.

② Coursera's 2019：Year in Review[EB/OL]. [2019-12-01]. https://www.classcentral.com/report/coursera-2019-year-review/.

③ Coursera, Inc. Courses on Coursera[EB/OL]. [2020-01-20]. https://www.coursera.org/browse.

④ Coursera's 2019：Year in Review[EB/OL]. [2019-12-01]. https://www.classcentral.com/report/coursera-2019-year-review/.

⑤ Coursera, Inc. Professional Certificates on Coursera[EB/OL]. [2020-01-20]. https://www.coursera.org/professional-certificates.

尔玛、斯普林特公司、通用数字、PNC 银行等大型企业①。

2018 年,Coursera 推出一项新的付费微证书项目——MasterTrack Certificates②,类似 edX 微硕士项目,学员可以通过该证书获得学校的硕士课程学分,此项目包含 2~7 门课,为期 4~7 个月,费用 2 000~3 000 美元不等。截至 2019 年,Coursera 共提供 6 个 MasterTrackCertificates,主要来自芝加哥大学、密歇根大学、伊利诺伊大学香槟分校、罗格斯大学、亚利桑那州立大学、加州大学戴维斯分校 6 所高校。

2019 年 10 月,Coursera 推出"Coursera for Campus"业务,为高校里的学生提供数据科学和商科的优质课程资源,解决一些高校相关资源缺乏的问题③。

2019 年,Coursera 收购了莱姆软件(Rhyme Softworks),并投资数百万美元,推出新型实验室课程(Coursera Labs)④。教学人员可以通过新型实验室课程在用户学习界面上构建虚拟电子学习项目,主要涉及实践性和创新性学科,如编程、数学或市场营销等课程。新型实验室课程只是作为平台教育服务的一部分,不会覆盖所有课程。2019 年,Coursera 已经有 2 000 个企业客户,预计新型实验室课程将扩展到 Coursera 企业培训业务。

3. Udacity 平台

2019 年,Udacity 平台(https://cn.udacity.com/)在全球已拥有来自 168 个国家的 1 000 万注册学员⑤。Udacity 依托其与工业界的紧密联系以及对教务服务的良好支撑,积极地将内容市场化,转向计算机职业教育,在职业培训与终身学习这一细分市场领域成为一股不可忽视的力量。2019 年,Udacity 仅提供 7 门免费课程,而 2018 年提供的免费课程是 35 门。

截至 2019 年,Udacity 一共推出 40 个与业界紧密合作的在线纳米学位(Na-

---

① Launching Today: The Google IT Support Professional Certificate[EB/OL].[2018-01-16]. https://blog.coursera.org/launching-the-google-it-support-professional-certificate/.

② Coursera, Inc. MasterTrack Certificates on Coursera[EB/OL].[2020-01-20]. https://www.coursera.org/mastertrack.

③ Coursera, Inc. Coursera for Campus[EB/OL].[2020-01-20]. https://www.coursera.org/campus.

④ Coursera makes its first acquisition, Rhyme Softworks, to power new Coursera Labs offering[EB/OL].[2018-08-28]. https://techcrunch.com/2019/08/28/coursera-makes-its-first-acquisition-rhyme-softworks-to-power-new-coursera-labs-offering/.

⑤ Udacity, Inc. About us on Udacity[EB/OL].[2020-01-05]. https://cn.udacity.com/us.

nodegree),其中 2019 年新发布了 14 个纳米学位①。其合作单位包括谷歌、Facebook、IBM、亚马逊、Nvidia 等全球知名科技企业,内容涵盖时下前沿的科技领域,包括人工智能、无人驾驶、数据科学、数字营销等。一门纳米学位课程的学习时长从 3 个月到 9 个月不等。2019 年,获得纳米学位的毕业生人数从 2018 年的 6.5 万增长到 10 万。

2019 年,Udacity 将其纳米学位价格翻倍。以往学习纳米学位课程通常需要支付固定费用,并在既定的几个月内学习课程;从 2019 年 5 月起,学习纳米学位课程改为订阅模式,学习者每月支付 399 美元即可访问几乎所有的纳米学位课程,学习者可以通过更快地学习来节省资金。随后,Udacity 继续改变收费模式,学习者可以提前几个月付款并获得折扣,而不是每月支付 399 美元访问课程。

同时,Udacity 上线了"技术导师"服务②。所有纳米学位课程学员都配有导师,同时还配有审查专家对学生的程序代码给予逐条反馈,以及职业咨询师帮助学生处理领英(LinkedIn)信息的填写、准备公司面试等。全球有超过 1 000 名活跃的导师为学员提供服务。

Udacity 已与佐治亚理工学院、AT&T 合作提供计算机科学在线硕士学位,这是通过平台提供的首个此类硕士学位③。学习者可根据自己进度完成 12 门课程,获得 36 个学分,课程内容由佐治亚理工学院教授开发。

二、欧洲

1. 英国 FutureLearn 平台

FutureLearn 平台(https://www.futurelearn.com/)截至 2019 年已拥有来自

---

① Udacity's 2019: Year In Review[EB/OL]. [2019-12-11]. https://www.classcentral.com/report/udacity-2019-year-review/.
② Udacity's 2019: Year In Review[EB/OL]. [2019-12-11]. https://www.classcentral.com/report/udacity-2019-year-review/.
③ Udacity, Inc. Master's degree in Computer Science[EB/OL]. [2020-01-10]. https://www.udacity.com/georgiatech.

世界各地的175个机构合作伙伴①,学习者总数从2018年的870万增长到超过1 000万。FutureLearn总共发布了883门课程,平均每个学习者注册了2.5门课程。自2013年发布第一门课程以来,FutureLearn上已发布了3 500万条评论。

FutureLearn与安格利亚·鲁斯金大学、考文垂大学、迪肯大学、默多克大学、英国开放大学和纽卡斯尔大学合作发布了35项在线硕士学位项目,学员完成课程学习并通过考核后可获得相应毕业证书和学位。学位涵盖经济、管理、心理学、历史学、数学、计算机等门类②。FutureLearn拥有的在线学位项目数量是各平台里最多的,不过多数是短期的硕士项目,且与线下的项目相比并无学费上的优惠。

2018年,纽卡斯尔大学(University of Newcastle)宣布在FutureLearn学习平台发布一项文学学士学位项目(The Bachelor of Arts Undergraduate, BA)③。这是FutureLearn发布的第一个学士学位项目。该文学学士学位项目提供14个主修专业、21个辅修专业和100门艺术及人文课程。该学位项目为期三年,第一期申请于2019年2月启动。

2019年,FutureLearn推出微证书和项目(Microcredentials and programs)频道,该频道由一流大学为学习者提供相关职业技能教育,旨在帮助学习者在专业领域继续深造,其中的课程将加深学习者对某一个学科或领域的理解,并让学习者有机会获得专业或学术证书④。该频道共有四个类别,分别是:微证书项目(Microcredentials)、学术证书项目(Programs with academic accreditation)、职业证书项目(Programs with professional accreditation)和项目(Programs)。

微证书项目旨在快速提升学习者在行业中的工作效率,无须投入太多的时间与成本。学习过程中所获得的学分,可以用于申请学位,也可用于申请微证

---

① FutureLearn's 2019: Year In Review[EB/OL].[2019-12-08]. https://www.classcentral.com/report/futurelearn-2019-year-review/.
② FutureLearn, Inc. Degrees on FutureLearn[EB/OL].[2020-01-21]. https://www.futurelearn.com/degrees.
③ FutureLearn, Inc. Bachelor of Arts[EB/OL].[2020-01-20]. https://www.futurelearn.com/degrees/university-of-newcastle-australia/bachelor-of-arts.
④ FutureLearn, Inc. Microcredentials and programs on FutureLearn[EB/OL].[2020-01-05]. https://www.futurelearn.com/programs.

书。FutureLearn 有 9 个微证书项目，其中网络安全操作项目由英国开放大学与思科网络学院（Cisco Networking Academy）共同开发，有 1 门课程，历时 12 周；实践中的全球发展：设计干预措施项目由英国开放大学开发，有 1 门课程，历时 12 周；数据科学：数据驱动的决策项目有 3 门课程，历时 12 周；教师培训：将心理健康融入课程项目由英国开放大学开发，有 1 门课程，历时 10 周；项目管理项目由昆士兰科技大学开发，有 2 门课程，历时 10 周。

学术证书项目旨在加深学习者对某一专业的理解并继续进行学术研究，同时有机会获得顶级国际大学的学术证书。FutureLearn 有 12 个学术证书项目，最短的由 3 门课组成，共需 10 周时间完成；最长的由 8 门课组成，需要 54 周时间完成。

职业证书项目旨在帮助学习者的专业发展和职业发展，并有机会从一些世界领先的机构获得专业证书。FutureLearn 有 5 个职业证书项目，大都由 2~5 门课组成，需要 14~20 周的时间完成。

基于项目的在线课程是为学习者探索其热衷的主题而设计的，并有机会获得未来学习奖，以展示学习者的学习成果。FutureLearn 有 20 个项目，由 3~6 门课组成，需要 8~24 周的时间完成。

2. 法国 FUN 平台

截至 2019 年，FUN 平台（https://www.fun-mooc.fr/）拥有 106 个合作伙伴，其中包括来自法国本土、比利时、瑞士及世界各地的一流大学和组织机构，比如国家领土公共服务中心（CNFPT）、巴黎科学通讯社、韩国 K-MOOC、中国学堂在线等[①]。FUN 已开设 574 门慕课，覆盖文理等多个学科，又细分为法律、金融、教育培训等 41 个主题分支，其中又以数字技术等为主[②]。除此之外，FUN 也设置了公司生活等在职教育课程，服务于社会人群，为其提供职业技能培训。在课程语言方面，FUN 提供法语、英语和西班牙语，其中 90% 的课程均为法语课程。实际上，鉴于法语课程的数量，FUN 平台是世界上第一个用法语教学的教育平台，吸引了全世界热爱法语的学习者。

---

① FUN, Inc. Partners of FUN[EB/OL]. [2020-01-10]. https://www.fun-mooc.fr/universities/.
② FUN, Inc. Courses on FUN[EB/OL]. [2020-01-10]. https://www.fun-mooc.fr/cours/#filter/availability/starting_soon? page=1&rpp=50.

2019年，FUN平台拥有超过600万个注册用户。其中有51%是女性用户，男性用户占49%。此外，70%的注册用户年龄在25至55岁之间。约有63%的人正在工作，其余人已退休（13%）、失业（11%）或是学生（9%）[①]。注册用户遍布全球各大洲，大部分用户在欧洲（73%），在非洲的占19%（此项比例连续三年稳定增长）。

3. 俄罗斯 Открытое образование 平台

Открытое образование（Open education）平台（https://openedu.ru/）是由俄罗斯教育科学部牵头的国家开放教育平台，于2015年9月成立。平台由国家开放式教育平台协会创建，参与该平台开发的有俄罗斯8所领军高校，包括莫斯科钢铁合金学院、莫斯科国立大学、圣彼得堡理工大学、乌拉尔联邦大学等。截至2019年，该平台合作高校共有16所，线上课程达437门，平台用户超过112万人[②]。

4. 其他

除上述慕课平台外，欧洲多个国家也推出了自己的慕课平台，例如德国、西班牙等[③]。

德国OpenHPI平台（https://open.hpi.de/）是波茨坦哈索·普拉特纳研究所（Hasso Plattner Institute）创建的教育性互联网平台，于2012年9月推出。OpenHPI的课程涵盖了信息和通信技术（ICT）的不同主题。其中部分课程面向广大学习者，介绍计算机科学和数字技术的基础知识。另外部分高级课程则为专业学习者而开设，目的是使学习者熟悉并跟进计算机科学领域的创新研究与技术，例如云计算等。平台还提供了用于学习Java或Python等编程语言的研讨会，所有这些主题都反映了哈索·普拉特纳研究所主要的研究领域，这也是OpenHPI平台的特色之处。另外，OpenHPI拥有来自商业、政治和国际组织的多个合作伙伴并提供多个主题的在线课程，例如柏林慈善剧院、世界卫生组织

---

① le figaro, The FUN platform reaches 400,000 subscribers, on Le Figaro Etudiant[EB/OL].[2019-07-30]. https://etudiant.lefigaro.fr/flash/flash-actu/detail/article/la-plate-forme-fun-atteint-les-400-000-inscrits-9654/.

② Открытое образование, Inc. Home[EB/OL].[2020-01-10]. http://npoed.ru/.

③ MOOC providers list[EB/OL].[2019-07-30]. https://www.classcentral.com/report/mooc-providers-list/.

等。课程语言包括德语和英语①。

MiríadaX 平台（https://miriadax.net/home）是第一个承诺在区域高等教育范围内促进知识开放的伊比利亚美洲慕课平台，已有 600 万学习者注册，有近 700 门西班牙语或葡萄牙语课程，并有 100 多个教育合作伙伴②。这些合作伙伴来自西班牙、阿根廷、秘鲁、哥伦比亚、墨西哥、巴西、智利以及其他讲西班牙语或葡萄牙语的国家。

三、亚洲

1. 日本 J-MOOC 平台

区别于 Coursera 等平台，J-MOOC 平台（https://www.jmooc.jp/）是一个旨在促进日本慕课教育的非营利性协会。J-MOOC 采用会员制，包含不同的会员类型③。第一类是特殊会员，包括 NTT docomo（日本三大电信运营商之一）、AFP WAA、Sumitomo Corporation、东进高中、Net Learning、富士通等。第二类是一般会员，分为高等教育机构类会员和非高等教育机构的团体类成员，高等教育机构类会员主要以私立大学为主，非高等教育机构的团体有 HITACHI、NEC、AVCC、日本教育信息化振兴会、日本国立信息学研究所等。多种方式的会员构成为课程来源的多样性提供了保证，也保障了 J-MOOC 运作的资金来源。

J-MOOC 并不是真正的慕课提供者，其课程由 Gacco、OpenLearning、OUJ-MOOC、Fisdom 四个旗下在线教学平台提供。J-MOOC 有自己的课程认证标准流程，可以评估课程质量，通过相应考试的课程将获得 J-MOOC 认证，上面列出的四个日本慕课提供者都拥有经过 J-MOOC 认证的课程。日本 J-MOOC 的课程认定委员会将慕课课程分为三个类别④，第一类是由各个大学提供并开设的大学级别的课程，第二类是由各个职业技术类院校和进修学校以及公共研究机

---

① OpenHPI, Inc. Courses on OpenHPI[EB/OL]. [2020-01-05]. https://open.hpi.de/courses.
② MiríadaX, Inc. Partners of MiríadaX[EB/OL]. [2020-01-10]. https://miriadax.net/nuestros-numeros.
③ 卢晨. 日本慕课课程以及平台建设对我国的借鉴意义[J]. 教育现代化, 2018, 5(29): 117-118.
④ 卢晨. 日本慕课课程以及平台建设对我国的借鉴意义[J]. 教育现代化, 2018, 5(29): 117-118.

构提供并认可的课程,第三类是由大学提供的特定或者是拓展类课程以及企事业单位提供的课程。依据课程类别不同,又可分为健康与医疗、计算机科学、自然科学、商业与管理等 12 个分支。截至 2019 年 5 月,获得 J-MOOC 认证的课程数量为 340 门,注册学生人数约为 660 000 人,其中大学毕业生占半数以上①。

2. 韩国 K-MOOC 平台

K-MOOC 平台(http://www.kmooc.kr/)是韩国基于 Open edX 的国家官方慕课平台,一直以来得到韩国教育部的有力支持,负责 K-MOOC 运营的办公室隶属于国家终身教育研究所。截至 2019 年,该平台已提供 1 300 门慕课课程,分为人文、社会、工程、教育、自然科学、医学与药学等 8 个类别,其重点领域包括与第四次工业革命相关的人工智能、物联网、自动驾驶、机器人、精密医学、数据科学等②。

3. 泰国 Thai-MOOC 平台

泰国将慕课项目纳入数字经济框架,Thai-MOOC 平台(https://thaimooc.org/)由泰国教育部、科技部、数字经济和社会部(原信息和通信技术部)联合推出,希望为所有泰国人提供终身受教育的机会。截至 2019 年年底,Thai-MOOC 平台和政府、高校、企业等 99 个机构开展联合协作,共开设 262 门课程,主要分为医疗与健康、数字媒体与科技、商务与管理、政治与社会、语言与宗教等 11 个类别③。Thai-MOOC 的课程注册量达到 543 970 次。同时,该平台还制定了《Thai-MOOC 建设指南》等文件,制定多种旨在提升课程质量的流程和机制④。

Thai-MOOC 平台非常注重学分认证,鼓励大学生学习平台的课程后获得选修课程学分,也鼓励社会学习者积累学分获得学位。Thai-MOOC 平台与泰国职业认证机构开展合作,采用学分互换机制,帮助政府将慕课应用到员工职业培

---

① J-MOOC, Inc. For educational organizations and corporations[EB/OL]. [2020-01-05]. https://www.jmooc.jp/institutions/.
② K-MOOC, Inc. Courses on K-MOOC[EB/OL]. [2020-01-10]. http://www.kmooc.kr/courses.
③ Thai MOOC, Inc. Home[EB/OL]. [2020-01-10]. http://mooc.thaicyberu.go.th/.
④ Thai MOOC, 2018. National Strategy for Higher Education and Lifelong Learning[R]. 2018 联合国教科文组织亚太地区高等教育慕课研讨会报告,2018-06-11.

训之中①。

4. 印度 SWAYAM 平台

SWAYAM(https://swayam.gov.in/)是印度的英文慕课平台。截至2019年春,SWAYAM已向印度近1 000万名学生提供2 000多门课程,这些课程由来自130所院校的1 250名教师讲授②。SWAYAM平台将向9~12年级的学生、大学生和研究生提供涵盖所有学科的优质课程。

SWAYAM最显著的特征是它与印度教育系统的融合,实现在线教育与传统教育的结合。印度教育部要求各高校协调学校内部的学术决策机构,认可SWAYAM平台上的课程,让学生可以选修并获得相应学分;各校通过各种媒介让学生了解SWAYAM平台上的课程;学校积极支持教师将自己的课程放在SWAYAM平台上,并协助申请相关基金支持;教师可以在教学时使用SWAYAM平台上的课程,用翻转课堂等混合式教学的方法提升教学质量③。

2018年12月,有3 800名学生在印度各地的考试中心参加印度慕课平台SWAYAM的考试④。印度的公立高等教育机构可以通过SWAYAM课程,让学生在线完成高达20%的学分。印度教育机构每年两次在学期开始前选择SWAYAM的课程,并规定学习其课程在该学期内可以获得学分。学生可以注册符合条件的在线课程,在完成学习后计入学分,并能转换至其就读大学的成绩中。每门在线课程注册考试需要花费15美元,如果学生通过考试,该费用通常会退还。

---

① 赵建华,李铭,王雷岩.抓住数字机遇,实现联合国第四个可持续发展目标——2018年联合国教科文组织亚太地区高等教育慕课研讨会综述[J].现代远程教育研究,2018(04):10.

② 慕课成为印度教育系统的一部分[EB/OL].[2019-04-02].https://www.classcentral.com/report/swayam-for-credit/.

③ India Allows Full Online Degrees For Top Universities[EB/OL].[2018-07-13].https://www.onlinestudies.com/news/india-allows-full-online-degrees-for-top-universities/-2846/.

④ 慕课成为印度教育系统的一部分[EB/OL].[2019-04-02].https://www.classcentral.com/report/swayam-for-credit/.

第3节 国际在线开放课程建设及使用模式的创新

一、国际在线开放课程建设模式创新

1. 世界一流大学理工类慕课的建设创新

（1）麻省理工学院（MITx）①的技术应用创新

麻省理工学院"定量生物学研讨课程"（Quantitative Biology Workshop）的前身是 Mandana Sassanfar 博士创建的一个为期一周的强化定量方法研讨会，专门为学生介绍生物和神经科学研究所需的定量工具和编程语言。之后其课程模式转化为数字版本，并将 MATLAB 嵌入到了 MITx（麻省理工学院推出的在线交互式课程学习平台）及 edX。学习者不用下载或购买 MATLAB，所有的 MATLAB 操作都可在 edX 平台执行。

麻省理工学院数学系 Haynes Miller 教授与其同事共同创建的 Mathlets——一套高度交互式的 Javascript 小程序，已无缝嵌入到麻省理工学院基础数学课程的在线版本中，并在麻省理工学院 MITx 下作为慕课内容使用。

麻省理工学院"系统设计与管理项目"课程将在线提问和民意调查贯穿于整个在线课堂的直播过程，每隔 20 至 60 分钟介绍一次概念性问题或发起投票，提升远程学生的课程参与感和积极性。上课期间助教会实时查看学生的在线反馈，为教授提供最新数据。

（2）斯坦福在线（Stanford Online）的教学方式创新

斯坦福大学蒂娜·西利格（Tina Seelig）开设了一门关于创造力的课程"MS&E 277：创造力与创新"，该课程在教学模式上鼓励学生团队合作，并对挑战性问题给出创造性的解决方案。举例来说，课程作业要求学生选择一个具体问题并以团队合作形式集思广益，拟定解决方案并通过演讲、视频等方式分享成果②。

---

① Massachusetts Institute of Technology, Inc. MIT Opening Learning [EB/OL]. [2019-12-20]. https://openlearning.mit.edu/.

② Stanford University, Inc. Stanford VPTL[EB/OL]. [2019-12-15]. https://vptl.stanford.edu/.

2. 世界一流大学医学类慕课的建设创新

（1）哈佛医学院

HMX[①]是哈佛医学院在线课程平台，由哈佛医学院教育工作者和专业人士组成的跨学科团队进行构思和创建。HMX课程的独特之处在于覆盖所有医学的关键领域——从基础科学到临床应用，不同背景的学习者可以根据自己需求学习知识；课程还能够帮助学习者理解科学原理及其应用，并通过临床应用将医学概念带入生活。

同时，其课程模式集成多种多媒体元素，保证教学的视觉效果，例如以动画和插图形式生动地解说医学概念，课程中插入体现患者互动的临床应用视频等。

（2）斯坦福医学院

斯坦福医学院是世界上第一个创建医学在线课程的医学院，其在线产品包括 CME（Continuing Medical Education，医学继续教育）课程、生物医学信息学硕士学位、遗传学和基因组学专业证书以及生物医疗信息学研究生证书等项目[②]。

斯坦福医学院在线课程主要由两部分构成，一部分是独立的慕课课程，另一部分是 CME 开设的系列课程。独立慕课又分免费和付费课程，付费课程的要求一般较为严格，有认证证书。付费课程设置访问期限，学员被要求在每门课程结束时完成期末考试，以保证课程的完整性；要顺利通过考试，必须达到总分85%以上的分数。考试通过后，在线课程平台将通过电子邮件向学员发送课程完成情况的数字记录。此外，学员必须在通过期末考试后完成课程评估。而免费课程的学习要求相对宽松，例如学员可自愿参加期末考试，甚至有些课程没有考试[③]。

（3）宾夕法尼亚大学医学院

宾夕法尼亚大学医学在线课程（Penn Medicine Continuing Medical Education

---

① Harvard College, Inc. Courses on Harvard Medical School HMX[EB/OL]. [2019-12-20]. https://onlinelearning.hms.harvard.edu/hmx/courses/.

② Standford Medicine, Inc. Standford Center for Continuing Medical Education[EB/OL]. [2019-12-15]. https://med.stanford.edu/cme.html.

③ Stanford University, Inc. Stanford Online[EB/OL]. [2019-12-15]. https://online.stanford.edu/.

and Interprofessional Education)主要从三方面为学习者提供线上和线下学习支持,直播课程(Live Courses)、在线课程(Online Courses)以及系列讲座(Grand Rounds)①。

每门在线课程从课程类别、项目概述、目标受众、课程结构、讲师介绍、学分认证和标准、课程学习说明等各方面进行了详细的介绍,还附有该课程讲师的视频介绍。学习者可以清晰便捷地找到适合自己的学习内容。此外,一些课程还要求学习者在进行课程学习前进行预测试(pro-test)。

3. 世界一流大学管理类慕课的建设创新

哈佛商学院在线(Harvard Business School Online)②是哈佛商学院的在线课程项目,其创新之处在于为学习者提供一种浸入式的互动体验型的学习模式,使学习者获得哈佛商学院真实课堂的学习体验。

该模式主要围绕三个关键特征构建：积极性(active)、基于案例(case-based)和社交(social)。Active,鼓励学习者参加民意测验、解决问题练习、短文写作以及著名的哈佛商学院"Cold Call"等活动,并积极陈述观点。Case-based,具体商业案例的融入使得课程变得真实而生动。Social,与来自世界各地的学习者互动交流,学习对方的经验和观点。

哈佛商学院在线通过线上课程平台(Course Platform)和实时在线课堂(Live)两种方式开展课程。线上课程平台规定学习者在期限内自主完成课程,其课程特点是高度参与式的学习(Edge-of-Your-Seat Learning)和世界一流级的内容(World-Class Content),保证学习者获得高度的学习体验。实时在线课堂需要在规定时间登录,并与学校教师和同学进行实时互动,是一个实时、交互式的在线课堂。

4. 其他③

(1) 参与高影响力的教育实践活动

高影响力的教育实践活动,如出国留学、写作强化课程和本科生研究等可

---

① The Trustees of the University of Pennsylvania, Inc. Penn Medicine Continuing Education[EB/OL]. [2019-12-20]. https://upenn.cloud-cme.com/default.aspx.

② Harvard College, Inc. Courses & Learning Platforms on Harvard Business School Online[EB/OL]. [2019-12-20]. https://online.hbs.edu/.

③ Industry Dive, Inc. Education News | Education Dive[EB/OL]. [2019-12-28]. https://www.educationdive.com/.

以大幅提高学生的学习成绩。它通常包括和社区合作伙伴共同完成现场项目等活动,例如生物专业的学生可以和当地的环保组织一起植树,以加强他们在课堂上对生物多样性的学习。

内布拉斯加州大学奥马哈分校(University of Nebraska at Omaha)数字学习主任杰西·林德伯格(Jaci Lindberg)将实践学习纳入她的在线性别和领导力课程。该课程所需的服务学习项目完全在线,学生们需要创建网页,帮助社区合作方建立一个争取两性平等的领导人的档案库。这一基于在线课程的教育实践活动受到学生的欢迎,取得了较好的完成度。

(2) 实现与远程学习者的实时互动

随着在线课程的高度普及化,哈佛大学继续教育部(Harvard's Division of Continuous Education)建立了一种新的课程形式叫做 HELIX,致力于在校园和远程学习者之间建立一个平行社区,促进实时互动。

HELIX 的课程允许学生选择在线参加或是亲自参加直播课程。课堂上安装了多个摄像头来拍摄讲座,教室的前后都有大的显示屏,在一个分屏屏幕上显示远程学生。教师可以直接看到教室后面的电视屏幕,因此他们可以看到远程学习者举手,如同与学生面对面一样与他们进行沟通交流。

二、国际在线开放课程使用模式创新

1. 使用模式:学校课程的数字化[①]

在线课程和学校课程越来越呈现共生的关系,两者相互促进,相互影响,共同发展。在线课程应用于实际课堂的主要模式是混合式教学,而不同专业不同课程的具体使用方式有所不同。

其中,麻省理工学院在开发和应用与课堂学习有关的技术方面处于世界前沿。教职员工和教师通过利用 MITx 及其他数字工具的功能,开创性地实施基于研究的教学实践活动,为学校教育带来数字化的创新。实践证明,这些举措深化和加强了在校学生的学习,以下以麻省理工学院 MITx 在生物学、材料科学

---

① Massachusetts Institute of Technology, Inc. MIT Opening Learning [EB/OL]. [2019-12-27]. https://openlearning.mit.edu/.

与工程等领域的创新为例,对在线课程的使用模式创新进行介绍。

(1) 生物学

生物学是麻省理工学院最早探索使用 MITx 的学科之一。以"生物化学:生物分子、方法和机制"在线课程为例。该课程由 MITx 生物学团队与生物学系的 Michael Yaffe 教授合作创建,遵循实证学习研究的迭代设计理念,实现在校学习课程和在线数字资源的有机结合。课程多采用视频等多媒体的形式,策略性地采用了颜色、文本和动作来减少学生的认知负担。借助 PyMOL 等 3D 可视化工具详细生动地介绍生物学概念,并将学习任务连接到实际应用程序中。通过自我评估,形成性评估等环节实现即时反馈,使学生加深对概念的理解。此外,还整合了其他数字资源,比如问题集、讲义等。

(2) 材料科学与工程

麻省理工学院材料科学与工程系(Department of Materials Science and Engineering,DMSE)在课堂教学中使用 MITx,取得了可观的成绩并提高了学生的满意度。MITx 平台使得教师快速获得学生的作业反馈,翻转课堂的实施促进学生和教师之间的面对面交流,并且使学生可以更便捷地获取学习内容和资源,这种模式也改变了教师的教学实践。例如学生须在课前观看课程视频,而在课上时间主要进行课堂教学及研讨;教师可在慕课视频中提供复杂的公式推导,以便学生能够复习或进行更慢的学习。

此外,麻省理工学院材料科学与工程系通过在校课程数字化创新的多年实践经验,总结出以下原则:一是平衡,在保持谨慎的同时,创新是可取的,创新有助于增加学生的体验,但应确保不会用视频代替教授和学生的交流时间;二是个性化,对一个教授或科目有效的方法对另一个教授或科目可能无效,即没有最好的方法;三是研究,没有一种适用于所有情况的最佳做法,但是基于研究的建议是有用的指南;四是迭代进度,所有的项目都需要时间来进行调整和更改,无论是对学生还是对教师来说,都需要花费时间去尝试哪些举措有效和哪些举措无效。

(3) 在线评估

MITx 在线评估除提供更有效的评分外,也提供支持多种考试方式的综合环境。在学生参加考试时,在线评估还提供了辅助学习的机会。西蒙娜·索克拉特博士是麻省理工学院机械工程学的一门大型导论课程的任课老师,她提供了一种新的考试方式——在线测试。测试问题的解答被分为若干步骤,学生们能够在问题的各个步骤中通过绿色或红色的指示来验证自己的答案正确与否。MITx 可以显示学生活动,让索克拉特博士看到任何一个学生的答案尝试,她可以分辨出一个学生是真的试图解决一个问题,还是仅仅猜测答案。在线评估可以促进学生的学习——学生可以利用在线问题中的有序解答步骤,评估他们的进度并进行相应地调整。正是通过这项活动,学生即使在考试时也可以学习。这些有序的步骤为学生提供了一个"脚手架",让他们在陷入问题时看到需要纠正的地方。同时,这种在线考试是安全的,可以防止作弊。通过考查学生考试的具体行为信息,也可以使教师在学期中进行课程进度或内容调整。

2. 使用模式:资源共享

处于在线课程设计和开发前沿的世界一流大学一直在不断探索与实践在线课程资源的开发和利用,期望实现教育资源的全球共享。以下以麻省理工学院为例做简要介绍。

J-WEL(Jameel Abdul Latif World Education Lab)[①]是 2017 年 5 月由麻省理工学院和 Community Jameel[②](沙特阿拉伯安利捷慈善平台)推出的一项计划,旨在将教育工作者、技术专家、政策制定者和社会领袖聚集在一起,以应对全球教育挑战。同时,J-WEL 的优先事项是为发展中国家的学习者、受教育不足的人群(如妇女和女童)以及需要不同知识和技能的劳动力提供教育支持。J-WEL 专注于教育的三个核心层面:PK-12、高等教育和劳动力学习,其组织形式是以会员为基础的协同合作。通过 J-WEL,会员可与麻省理工学院进行以下互动:探索、设计和改革课程;获取并参与新的学习研究;通过举办会员活动参与校内交流与研究;在 PK-12、高等教育和工作场所学习中,加入由志同道合的多元化背景的同龄人和教育领导者建立的社区;通过时事通讯和网络会议定期交流;通过麻省理工学院的在线课程、训练营和专业课程,以免费和低廉的价格获取麻省理工学院的学习内容和认证证书。J-WEL 为会员提供的学习资源有

---

① MIT, Inc. J-WEL | Abdul Latif Jameel World Education Lab[EB/OL].[2019-12-25]. https://jwel.mit.edu/.

② Abdul Latif Jameel IRR Company, Inc. Home[EB/OL].[2019-12-25]. https://www.alj.com/.

MITx OWC、MITx Courses、MIT xPro Courses、MIT Professional Education Courses 等。

第4节　国际在线开放课程学历学位教育情况

一、edX MicroMasters(MM,微硕士)项目

1. 项目概况

截至 2019 年 12 月,edX 共提供 56 门微硕士课程,其内容涵盖管理学、计算机科学、教育学、通讯学、工程学、法学、化学等众多学科,其主题横跨人工智能、领导力、物联网、网络安全、商业分析、UX 设计等不同维度。涉及与个人技能培养相关的科目课程数量远大于以提升个人内在涵养为导向的科目课程数量,其中商业与管理和计算机科学这两个科目类型所提供的课程数量最多。

edX 的微硕士课程皆是与分布于世界各地的众多知名院校合作进行开发设计而成的,其合作对象包括麻省理工学院、昆士兰大学、瓦格宁根大学、香港理工大学、爱丁堡大学等 30 所高校。同 2018 年 4 月份的情况相比,2019 年 edX 的微硕士课程合作对象新加入了普渡大学、纽约大学、蒙特雷科技大学等近十所高校[①](edx 平台微硕士项目与知名大学合作情况如表 3-2 所示)。微硕士项目的学位证书得到众多行业机构的广泛认可,例如沃尔玛、IBM、沃尔沃、Paychex 等[②],具有一定的含金量和公信力。

2. 项目特点

（1）逆向招生模式

edX 微硕士项目的逆向招生模式中的"逆向"主要体现在以下两个方面:第一,其招生模式与现有的高校招生模式大相径庭,未事先预设强制性的入学门槛,即无须通过相应的能力水平测试和资格审核考试,在线上进行注册报名即可参与学习;第二,学位的获取是在学习者学习完课程之后再决定是否申请,而

---

① 最新 edX 微硕士项目汇总 [EB/OL].[2018-04-21]. https://mp.weixin.qq.com/s/LcT2BO9QNjnJg3Wl7jovlw.

② edX, Inc. MicroMasters on edX[EB/OL].[2020-01-05]. https://www.edx.org/micromasters.

不同于以往的招生环节——先决定是否要获得该学位而后开始课程学习。

表 3-2　edX 平台微硕士项目与知名大学合作情况

所属国家	学校名称	课程数量（单位：门）
美国	马里兰大学大学学院分校	6
	麻省理工学院	3
	罗切斯特理工大学	3
	哥伦比亚大学	2
	加州大学圣地亚哥分校	2
	密歇根大学	2
	波士顿大学	2
	多恩大学	2
	印第安纳大学	2
	佐治亚理工学院	1
	加州大学伯克利分校	1
	纽约大学	1
	普渡大学	1
	亚利桑那州立大学	1
澳大利亚	昆士兰大学	4
	科廷大学	2
	阿德莱德大学	1
荷兰	瓦格宁根大学	3
	代尔夫特理工大学	1
德国	亚琛工业大学	2
加拿大	英属哥伦比亚大学	2
比利时	天主教鲁汶大学	2
墨西哥	蒙特雷科技大学	2
印度	印度管理学院	2

续表

所属国家	学校名称	课程数量(单位:门)
西班牙	瓦伦西亚理工大学	1
阿根廷	科尔多瓦大学	1
中国	香港理工大学	1
英国	爱丁堡大学	1
瑞典	查尔姆斯理工大学	1
危地马拉	伽利略大学	1

（2）线上线下混合模式

普通线上教育存在局限性，即学习成果认证机制存在缺陷导致其社会认可度低，无法给学习者带来实质性的效益。微硕士项目的混合模式将线上教育和线下教育进行有机结合，既使线上教育的学习成果得到有效认证，又使传统学位教育方式的发展出现了新的契机。其中，二者的衔接机制使得二者相互制约，进行线下教育的高校需保证线上教育的课程品质，线上教育为线下教育培养适合继续深造的人才。

3. edX 与其他国际教育平台在线学历教育项目对比情况

edX 并非是唯一推出在线学历教育项目的教育平台，Coursera、Udacity 和 Futurelearn 这三个知名国际教育平台也对此有所涉猎，并且部分平台不仅推出与硕士学位相关的教育项目，亦推出了与学士学位有交集的教育项目。国际主要在线教育平台学历教育项目对比情况，详见表 3-3。

每个平台的在线学历教育项目都具备其独有的优势和侧重点，为学习者的个人提升提供了多样化的选择以及更具针对性的培养方案。由表 3-3 可见，仅有 edX 平台可以免费学习全部项目课程，Coursera 平台的项目准入机制最为严苛，Udacity 平台的考核形式最为灵活，Futurelearn 平台项目证书的可推广性最高。

表 3-3　国际主要在线教育平台学历教育项目对比

平台名称	edX①	Coursera②	Futurelearn③	Udacity④
项目名称	MicroMasters	MasterTrack Certificate	Microcredentials	Nanodegree
项目数量（单位：个）	56	6	5	40
项目准入机制	有，不同课程有不同的先修要求	有，不同课程有不同的先修要求并需递交相关资料	有，不同课程有不同的先修要求	有，不同课程有不同的先修要求
项目收费模式	仅对课程证书或者微硕士学位证书申请者收费，其余环节一般不收费	预先收费，可分期支付学费，但需先支付一定金额的押金	预先收费，但可在14天内申请退款（有一定限制条件）	仅提供一部分免费试听课程，正式学习分为普通班和VIP班两种类型，收费不同
项目考核形式	各课程考核及学位证书考核，存在同伴互评、考试等考核形式（需注意全部课程考核完成并获得课程证书时才允许参与最终的学位证书考核）	各课程考核，存在测验、任务等考核形式，无额外的学位证书考核	各课程存在小练、测验、练习、任务四种考核形式	各课程均有实战项目考核（无须观看完所有课程内容视频也可参与考核）；以及一些测验，但不影响最终成绩

① edX, Inc. MicroMasters on edX[EB/OL].[2020-01-05]. https://www.edx.org/micromasters.
② Coursera, Inc. Mastertrack on Coursera[EB/OL].[2020-01-05]. https://www.coursera.org/mastertrack.
③ FutureLearn, Inc. Programs on FutureLearn[EB/OL].[2020-01-05]. https://www.futurelearn.com/programs.
④ Udacity, Inc. Nanodegree on Udacity[EB/OL].[2020-01-05]. https://cn.udacity.com/nanodegree?product-filter=all.

续表

项目认证路径	学历导向① 岗位导向②	学历导向 岗位导向	学历导向 岗位导向	岗位导向
项目证书与 完整硕士 学位获取	项目证书不能成为成功申请完整硕士学位的保障,但其可成为转换为完整硕士学位学分的依据	项目证书可成为转换为完整硕士学位学分的依据	项目证书可作为硕士等级学分的转换依据;其基于通用微凭证框架(CMF)③进行设计,可成为申请某一学位的先前学习认证(APL)或先前学习认定(RPL)的依据	无

edX 的微硕士项目在参与学习的途径上为学习者提供诸多便利——无严苛的准入机制、免费的课程学习等,并且在考核形式上亦进行了一定程度的创新,相较于其他平台,更关注学习者之间的交互,让学习者得以从不同视角发现自身的不足并进行改进,而不是仅以权威观点作为评判依据。但该项目在考核标准的设计上仍有待优化,例如,可以选用公认度较高的资历框架作为学习成果等级的评估标准,以进一步提升项目证书的公信力并为学习者日后就业或者深造提供更多选择。

---

① 学历导向是指为计划可通过继续学习获取学位的学习者提供服务。
② 岗位导向是指围绕社会上热门或者前沿的岗位设计开发课程。
③ 通用微凭证框架(CMF)是指依据欧洲资历框架(以及认可大学的其他国家资历框架)来提供可授予学术荣誉的高质量课程。欧洲资格框架(EQF)是常见的欧洲参考框架,其目的是使学术资格在不同的国家和系统之间更具可读性和可理解性。

二、学历学位项目情况

1. 美国各高校相关在线学位项目情况

除了上述知名教育平台对在线学位项目的尝试与实践,美国众多高校也纷纷将此纳入其长期发展战略之中。截至 2019 年 12 月,美国各知名院校所提供的优质的在线学位教育教学取得了不菲的成绩,详情见表 3-4 美国各高校在线学位项目情况统计。

2. Coursera 在线学位项目

2019 年,Coursera 共发布了 16 个在线学位项目(Online Degree),涵盖商业、计算机、数据科学、公共卫生等学科,课程的价格从 1.5 万美元到 2.2 万美元不等。该项目主要合作高校包括宾夕法尼亚大学、巴黎高等商学院、伊利诺伊大学香槟分校等 13 所高校。2019 年新增了 5 个学位,包括英国帝国理工学院机器学习硕士、哥伦比亚洛斯安第斯大学软件工程硕士、俄罗斯国家研究大学高等经济学院数据科学硕士、美国科罗拉多大学波尔得分校电子工程和数据科学硕士等①。

2018 年,Coursera 宣布推出自己的第一个在线本科学位项目,新的本科学位项目与伦敦大学合作,学习方向为计算机科学②。项目共设置 23 个学习模块,学生需要花费 3~4 年的时间在线完成所有的课程。Coursera 在学费上采取了更加灵活的操作方式,根据学习者所在国家的经济发展水平,收取 9 600~17 000 英镑的学费。如果学习者来自发展中国家,在学费上会做相应的减免。

3. edX 在线学位项目

2019 年,edX 与佐治亚理工学院、得克萨斯大学奥斯汀分校、加州大学圣迭戈分校、昆士兰大学、印第安纳大学、科廷大学等多所名校合作,推出 10 个完全在线的硕士学位项目③,包括:服务创新领导硕士学位、计算机科学硕士学位、分

---

① Coursera, Inc. Degrees on Coursera[EB/OL]. [2020-01-10]. https://www.coursera.org/degrees.
② Coursera, Inc. Bachelor of Computer Science[EB/OL]. [2020-01-10]. https://www.coursera.org/degrees/bachelor-of-science-computer-science-london.
③ edX, Inc. Masters of edX[EB/OL]. [2020-01-05]. https://www.edx.org/masters.

表 3-4 美国各高校在线学位项目情况统计

大学名称	在线学习者（人数）	在线课程（门数）	学历学位课程（门数）			录取率	毕业率	学习管理系统	资质认证机构
			学士学位	硕士学位	博士学位				
宾夕法尼亚州立大学世界校区（Penn State World Campus）	16 000	210	48	78	1	67%	28%	Canvas, Coursera	中州高等教育委员会（MSCHE）
佛罗里达大学（University of Florida）	52 000	256	48	109	7	68%	88%	Canvas	南部院校协会（SACS）
马萨诸塞大学（University of Massachusetts）	74 000	64	22	14	6	58%	77%	Blackboard	新英格兰学校与学院协会（NEASC）
东北大学（Northeastern University）	21 000	199	15	135	6	27%	87%	Blackboard	新英格兰学校与学院协会（NEASC）
印第安纳大学（Indiana University）	43 000	107	16	30	5	76%	77%	Canvas	高等教育委员会（HLC）
亚利桑那州立大学（Arizona State University）	51 000	177	81	72	2	84%	63%	Canvas, Coursera	高等教育委员会（HLC）
明尼苏达大学-双城大学（The University of Minnesota-Twin Cities）	51 000	57	17	14	13	50%	80%	Canvas	高等教育委员会（HLC）

续表

大学名称	在线学习者（人数）	在线课程（门数）	学历学位课程（门数） 学士学位	学历学位课程（门数） 硕士学位	学历学位课程（门数） 博士学位	录取率	毕业率	学习管理系统	资质认证机构
亚利桑那大学（University of Arizona）	43 000	100	32	30	6	84%	64%	Brightspace	高等教育委员会（HLC）
俄勒冈州立大学（Oregon State University）	30 000	84	50	21	/	79%	65%	Canvas	西北大学委员会（NWCCU）
德雷克塞尔大学（Drexel University）	24 000	257	15	143	12	75%	68%	Blackboard	中州高等教育委员会（MSCHE）
华盛顿州立大学（Washington State University）	28 000	56	17	16	/	73%	62%	Blackboard	西北大学委员会（NWCCU）
密苏里大学（University of Missouri）	30 000	105	12	48	8	78%	68%	Canvas	高等教育委员会（HLC）
佛罗里达中央大学（University of Central Florida）	66 000	102	31	37	3	50%	70%	Canvas	南方大学学院联合会委员会（SACSCOC）
阿拉巴马大学（University of Alabama）	38 000	52	12	32	2	/	/	Blackboard	南方大学学院联合会委员会（SACSCOC）

续表

大学名称	在线学习者（人数）	在线课程（门数）	学历学位课程（门数）			录取率	毕业率	学习管理系统	资质认证机构
			学士学位	硕士学位	博士学位				
科罗拉多州立大学-阿林斯堡（Colorado State University, Fort Collins）	33 000	79	13	34	2	83%	69%	Canvas	高等教育委员会（HLC）
辛辛那提大学（University of Cincinnati）	37 000	105	18	33	5	76%	69%	Blackboard	高等教育委员会（HLC）
堪萨斯州立大学（Kansas State University）	22 000	78	12	32	4	94%	70%	Canvas	高等教育委员会（HLC）
罗格斯大学（Rutgers University）	49 000	81	20	43	7	58%	80%	Canvas	中部国家高等教育委员会（MSCHE）
美国自由大学（Liberty University）	75 000	366	80	218	47	30%	47%	Blackboard	南方大学学院联合会委员会（SACSCOC）
阿拉巴马大学伯明翰分校（University of Alabama, Birmingham）	20 000	57	11	32	4	92%	53%	Canvas	南方大学学院联合会委员会（SACSCOC）

析硕士学位、数据科学硕士学位、网络安全硕士学位、市场营销硕士学位、IT 管理硕士学位、会计硕士学位等。edX 完全在线硕士学位的优势在于：与名校合作，比传统硕士学位学费更低，更灵活的学习时间，与在校就读同样严谨的高质量学习，学位证书可展现其学习路径。

4. 佐治亚理工学院计算机科学在线硕士学位项目①

2014 年 1 月，佐治亚理工学院（Georgia Institute of Technology）、Udacity 和美国电话电报公司（AT&T）联手启动了首个获得专业机构认证的计算机科学在线硕士学位课程（Online Master of Science in Computer Science，OMSCS）。该项目需要学习者学习 2~3 年，完成 10 门课程，共 30 学分，每学分约 170 美元。截至 2019 年，该项目已经吸引了 80 多个国家或地区的学习者，收到了超过 2.5 万份申请，招收了超过 1 万名学生（包括已经毕业的学生）。除了帮助在线学习者获取成绩和文凭，该项目还创建了一个由计算机专业人士组成的全球线上社区，他们不仅在课程上相互协作，而且还形成专业社会关系网络，分享工作机会，建立面对面的联系，在他们的学习和职业生涯中相互支持。

5. 耶鲁大学护理学院 D.N.P.在线学位项目②

耶鲁大学在线教育的发展始于美国在线教育发展的"成熟期"。2011 年耶鲁护理学院（Yale School of Nursing）首次推出（混合式）在线学位——护理实践博士学位（Doctor of Nursing Practice，D.N.P.），作为耶鲁大学开展的第一个在线学位项目。项目旨在为拥有护理教育和经验的在职护士提供一个继续深造的平台，将其培养成为创新型医疗保健领导者。该在线学位课程的特殊性在于，课程形式同时包含了传统学校课程和在线课程；课程内容不仅包含理论课程，还包括实战训练课程。

6. 宾夕法尼亚州立大学世界校区在线学位项目

宾夕法尼亚州立大学世界校区成立于 1998 年，截至 2019 年共有 16 000 多名在线学习者，200 多门在线课程。宾夕法尼亚州立大学的世界校区几乎在各个领域都可授予学位，包括工程、教育、医疗保健和商业等热门学位课程。可授

---

① Georgia Institute of Technology, Inc. Why OMS CS? [EB/OL]. [2020-01-10]. http://www.omscs.gatech.edu/explore-oms-cs.
② 王威. 美国高校在线教育发展研究[D]. 辽宁师范大学，2016.

予的在线学位项目包括 72 个在线课程证书、11 个在线副学士学位、48 个在线学士学位、78 个在线硕士学位、1 个在线博士学位。

7. 马萨诸塞大学在线学位项目

马萨诸塞大学在线（UMass Online）曾获得美国远程学习协会（USDLA）的"远程教学卓越奖"。其在线学位课程包括：21 门在线认证课程、1 个在线副学士学位、22 个在线学士学位、14 个在线硕士学位、6 个在线博士学位。在线学生与校内学生都由同一学院的老师指导，获得相同的学位，并参加同一毕业典礼。UMass Online 还为在线学生提供一系列支持服务，包括图书馆帮助，研究金资助和学术咨询等。

综上所述，顶尖的高等教育机构和研究生院正越来越多地将它们享有盛誉的研究生学位课程搬到网上，以使全世界的在职专业人士和学生更容易获得和负担得起。在线学位涵盖本科、硕士、博士的不同阶段，课程内容覆盖多个学科领域，且学习方式灵活多样，既包含全在线的形式，也有在线和传统课程相结合的混合形式，在满足多样化的学习需求的同时提供高质量的学习服务。同时在线学位课程学习与校内课程学习一样严格，因此能够与传统线下的校内学习获得同等的认可度。此外，在线学位课程学习所需费用仅为传统硕士学位课程的一小部分。因此，在线学位越来越成为一种可靠、热门的选择。

成 效 篇

第四章　国家精品在线开放课程认定

第 1 节　2018 年国家精品在线开放课程认定工作概况

一、开展认定的依据和目标

2017 年教育部认定了首批 490 门国家精品在线开放课程，2018 年 1 月 15 日在北京召开"在线开放课程建设与应用推进会"和"国家精品在线开放课程新闻发布会"。此后，我国在线开放课程建设工作进入了新的阶段。在线开放课程建设与应用飞速发展，成效显著，截至 2018 年年初，在国内主要平台上线的课程已达到 5 000 余门，学习人次已经超过 7 000 万，校内、校际课程共享与应用模式不断创新，应用效果良好。我国以慕课为代表的在线开放课程建设和应用已经在国际上处于领先地位，在应用规模和效果上更是遥遥领先，中国特色在线开放课程体系已逐步形成。

依据《教育部关于加强高等学校在线开放课程建设应用与管理的意见》等文件关于国家精品开放课程认定工作的任务要求，采取先建设应用、后评价认定的方式，到 2020 年，认定 3 000 门国家精品在线开放课程。根据我国当前在线开放课程飞速发展的形势，为进一步规范在线开放课程建设与应用，推动高校教育教学方法变革，提高教育质量，推进教育公平，在广泛听取有关高校、课程建设团队和课程运行平台等意见的基础上，经研究，决定开展 2018 年"国家精品在线开放课程"认定工作。通过遴选在建设及应用方面具有代表性、示范性的在线开放课程，确定课程标准，加强课程管理，提高课程质量，推动课程应用，引导高等学校结合办学特色和学科优势建设高质量在线开放课程，并通过机制创新实现更大范围的开放共享，促进教学改革，提升我国高等教育的国际影响力。

二、课程认定范围和要求

1. 认定范围和数量

2018年认定的课程范围为面向高校和社会开放的本科和专科层次大规模在线开放课程（慕课），以高校人才培养方案和教学计划中的学分课为重点，课程必须经国内外公开平台确认正式上线并完成两期及以上教学活动，且第一次上线开课时间不得晚于2017年12月31日。此外，开设平台为境外平台的课程，须在国内公开平台完成至少一期教学活动。申报2017年认定但未通过的课程须在2017年8月1日之后至少有一个完整的教学周期。

应用于非全日制学生的网络教育课程、视频公开课、资源共享课、仅对本校或少数高校学生开放的小规模专有在线课程（SPOC）等不具备大规模在线开放课程特征的课程不在认定范围内。

2018年国家精品在线开放课程认定数量为800门左右。通过2018年课程认定，进一步优化和完善课程认定流程，探索建立科学的认定系统和课程评价标准，切实为高校继续深入开展课程建设和应用提供引导和示范，为今后开展国家精品在线课程认定工作打下良好基础。

2. 课程入选原则

（1）符合高等教育人才培养的教学要求与课程定位

申报课程为高校人才培养计划中的课程，并纳入学分课程体系，不能是讲座、报告或课程片段的拼凑，而要有相对完整的知识体系与逻辑结构，能体现高校的办学特色和优势学科。思想政治类课程须符合最新的教学大纲和教学基本要求，课程内容应与新版教材一致。

（2）思想导向正确，科学性强

坚持马克思主义，弘扬社会主义核心价值观，坚持"四个自信"，无危害国家安全及其他不适合网络公开传播的内容。具有较高的学术水平，能够满足高等教育人才培养的基本需要，含涉密、敏感内容的课程不能参与此次认定。

（3）符合教育教学普遍规律，体现现代教育思想

课程注重以学生为中心的信息技术与教育教学深度融合，符合网络传播特性，结合在线学习的特点进行全新的教学设计，通过多种形式的教学活动组织

学习者开展有效的在线学习,并能结合学习者的反馈和学习行为数据分析对课程进行改进。

(4)课程团队在线教学组织高效有序,服务优良

课程团队全程参与在线教学活动,积极引导高校学生和社会学习者参与在线教学活动,开展在线的教学互动,学习者响应度高。

(5)课程应用效果好

申报高校在教学过程中能较好地应用在线课程,切实提高人才培养质量。课程在高校和社会学习者中应用范围广,应用模式多样,应用效果好。

三、认定工作程序和时间安排

2018年课程认定工作遵循明确标准、遴选优秀、推出示范、促进发展的宗旨,坚持公开、公平、公正的原则,严格执行认定质量标准,对所有课程一视同仁,以课程质量和应用客观数据进行课程应用情况评判。

1. 发布通知

教育部高等教育司制定2018年国家精品在线开放课程认定工作方案,组织专家研究制定国家精品在线开放课程认定标准,起草《关于开展2018年国家精品在线开放课程认定工作的通知》,并于2018年7月20日由教育部办公厅正式发布。

2. 完善在线开放课程工作网站

在2017年认定工作的基础上,继续委托全国高等学校教学研究中心运行、维护"国家精品在线开放课程工作网",负责接受课程网上申报、材料公示,以及认定后国家精品在线开放课程的网络展示、运行情况跟踪监控等工作。

3. 课程申报与推荐

(1)申报与推荐流程

高等学校作为在线开放课程建设的主体,应按照认定工作通知要求,在前述认定课程范围内,严格对照本次认定课程的标准和条件,对本校建设(或牵头建设)的所有大规模在线开放课程进行筛选评价,择优申报。中央部门所属高校直接向教育部申报;地方高校向省级教育行政部门申报,省级教育行政部门统筹审核,向教育部推荐。2018年9月15日前完成申报及推荐工作。

（2）申报材料及公示要求

课程申报材料主要包括课程相关信息、课程团队相关信息、课程政治审查意见、课程学术评价意见、课程应用数据等。其中，政治审查意见包括对课程团队成员的审核，以及对课程政治导向的审查，确保课程具有正确的政治方向、价值取向，由学校党委出具；学术评价意见由学校学术性组织（校教学指导委员会或学术委员会）或相关部门组织的相应学科专业领域的专家（不少于3名）组成的学术审查小组，经一定程序评价后出具；课程应用数据是指课程选用高校的数量、学习人数、课程资源数量与学习数据、互动发帖数量等，由课程运营平台提供。相关在线开放课程平台应按照认定要求，积极主动配合申报学校提供课程申报所需数据，并保证数据科学客观完整。

同时，为了充分反映推荐课程的建设和应用情况，课程推荐学校和团队可提供校外相关组织或个人对课程的学术水平、课程质量、应用效果的某一方面或综合性评价意见。此评价意见作为课程推荐的佐证性材料或补充材料，可由教育部教学指导委员会等专家组织、有关学术组织、课程联盟组织、课程平台、课程应用高校（或相应院系）等出具，也可由相应学科专业领域的校外专家学者出具。

所有申报材料将在国家精品在线开放课程工作网上公示，公开接受高校和社会的监督。公示期间，如对申报材料有异议，可向教育部高等教育司教学条件处反映。

（3）推荐受理

教育部高等教育司教学条件处负责受理课程申报推荐工作，并负责受理申报咨询。

4. 课程评议、公示及认定结果公布

（1）资格审查

教育部高等教育司委托课程及教学方面的有关专家根据课程申报材料对推荐课程进行资格审查。资格审查主要核查申报的课程是否符合国家精品在线开放课程资格，材料是否完整规范，信息是否真实有效。资格审查结果供评审专家参考。

在申报材料公示和资格审查过程中，一旦发现有课程教学数据造假等行为,将终止该课程本次认定工作,并对课程申报学校下一年度的申报进行适当限制。

（2）网络评审

组织专家进行网络评审,重点考察课程是否符合申报要求,评价课程是否符合慕课特征,教学团队的教学服务水平等。

（3）会议评议认定

召开"国家精品开放课程认定评议会议",组织专家在网络评审结果的基础上,就课程的内容质量、课程应用共享效果等进行综合评议,重点考察课程的学术水平,研究提出"2018年国家精品在线开放课程"公示名单。

（4）公示与结果公布

2018年"国家精品在线开放课程"公示名单在教育部网站和国家精品在线开放课程工作网上进行公示后,由教育部发文公布。

四、认定后课程管理

1. 建设与完善

认定为"国家精品在线开放课程"的课程,高等学校和课程教学团队须继续建设与完善,确保自认定结果公布始,面向高校或社会开放并提供教学服务不少于5年。中央部门所属高校被认定为"国家精品开放课程"的课程,应作为"十三五"期间实施中央高校教育教学改革专项的一部分,由有关高校予以支持。地方高校的课程,省级教育行政部门和有关高校应采取相应措施予以支持。

2. 共享应用

为进一步贯彻落实《教育部关于加强高等学校在线开放课程建设应用与管理的意见》,各省级教育行政部门和高校要继续加强在线开放课程建设,创新在线课程共享与应用模式,推动优质大规模在线开放课程共享、不同类型高校小规模定制在线课程应用、校内校际线上线下混合式教学,推进以学生为中心的教与学方式方法变革,适时通过校企合作、协同育人方式对课程应用示范团队予以支持。

3. 运营监管

认定为"国家精品在线开放课程"的课程,课程建设学校和课程运营平台应及时在国家精品在线开放课程工作网填报及更新每轮开课数据。教育部将对课程的持续开放服务和更新情况进行跟踪监测,评价课程的运行、应用、教学服务和维护情况,并按年度公布有关结果;对于未能达到持续更新和运行要求的课程,将取消其"国家精品在线开放课程"资格。

高校要对通过认定的课程进行监督管理,保证认定的课程持续开设 5 年,课程团队必须为学习者提供有效的教学服务,并根据实际情况和学习者反馈,及时对课程资源进行更新和完善。

课程运营平台应为通过认定的课程持续开展教学活动提供服务支持,并加强宣传推广,促进优质课程在更广的范围内应用与共享。

第 2 节 2018 年国家精品在线开放课程认定工作的变化

一、加强课程质量要求

以高校为建设主体的在线开放课程,首先应服务于高校教学,2018 年认定工作除继续强调共享范围广、应用效果好、示范性强外,对课程质量提出了更高要求,这在《关于开展 2018 年国家精品在线开放课程认定工作的通知》中有多处体现。

1. 在认定范围中明确指出,认定课程包括高校人才培养方案中的大学生文化素质教育课、公共基础课、专业课,含思想政治理论课、创新创业教育课、教师教育课程;

2. 在课程要求中明确指出,申报课程须符合 2018 年发布的《普通高等学校本科专业类教学质量国家标准》要求,由此可见,课程质量高仍然是认定标准的重中之重;

3. 课程内容要坚持立德树人,能够将思想政治教育内化为课程内容,反映学科专业最新发展成果和教改教研成果;

4. 要求课程团队充分开展在线的教学活动与指导,教师按照学校的教学计

划和要求为学习者提供测验、作业、考试、答疑、讨论等教学活动,及时开展在线指导与测评;

5. 在申报书中增加了"课程考核(试)情况"栏目,须具体填报对学习者学习的考核(试)办法,成绩评定方式等;在课程数据信息表中则相应增加了对考核(试)的数据统计。

二、引导课程发挥服务社会的作用

2018年的认定通知明确指出,我国在线开放课程应"服务学习型社会建设";在认定后的管理措施中再次强调,认定为"国家精品在线开放课程"的课程,无论是已面向社会开放的课程,还是仅向高校开放的学分课,均须继续建设与完善,自认定结果公布之日起面向社会开放并提供教学服务不少于5年。

三、对课程团队的要求更加严格

1. 课程负责人须为申报高校正式聘用的教师;
2. 课程团队主要成员须与课程平台显示人员一致;
3. 同一课程负责人只能申报一门课程;
4. 申报书中增加了"课程团队主要成员(限5人之内)"栏目,须详细填写团队成员信息,包括课程团队成员在开课平台上的用户名。

四、明确提出对课程平台的要求

针对为申报课程提供服务支持的运营平台,2018年明确对其安全性和服务标准提出了具体要求:"课程平台须按照《中国互联网管理条例》等规定,完成有关的备案和审批手续,至少获得国家信息安全等级保护二级认证。平台运行安全稳定畅通,课程在线教学支持服务高效。同时,须制定相应的管理制度和工作流程,配有专业人员进行审查管理,确保上线课程的内容规范及技术水平。"

五、评审程序更加规范严谨

1. 由教育部高等教育司牵头,教师工作司、职业教育与成人教育司、社会科学司密切配合,分别制定了本科教育、教师教育、专科高等职业教育和思想政治理论课程《2018年国家精品在线开放课程评审标准及指标体系》。

2. 增加网评环节，按照学科专业聘请了 1 400 位专家参与网评，以保障认定工作更为客观、专业、公平、公正。

第 3 节　2018 年国家精品在线开放课程认定结果分析

一、入选课程覆盖省份和高校范围明显扩大

与 2017 年相比，入选的 2018 年国家精品在线开放课程所在省份由 22 个扩大到 26 个，新增山西、海南、广西、青海 4 个省级行政区和新疆生产建设兵团；入选课程建设高校由 2017 年的 120 所高校增加至 251 所高校（其中中央所属高校 79 所，地方所属高校 172 所）；北京大学、清华大学等高水平大学仍然是入选课程的主力军，但地方高校参与度与课程入选比率明显上升，课程入选比率由 2017 年的 15.92% 上升至 40.65%；又有 8 个在线开放课程平台加入入选课程运营服务行列。

二、入选课程质量进一步提升

伴随着各省、各高校对慕课建设与应用认识水平的提升，对课程内容质量、开放共享程度和教学服务的要求更为明确，大多数省份和高校注重遴选推荐慕课特征明显、课程质量高、应用效果好的课程。

三、国家精品在线开放课程体系结构更加科学合理

2018 年的课程认定工作，注重对 2020 年将要完成认定的 3 000 门课程的类型结构进行合理布局。入选课程中，大学生文化素质教育课程占 22.57%、公共基础课占 16.33%、专业课（含专业核心课、专业基础课）占 61.10%。专业课比例的增大，有利于在线开放课程在高等教育提高质量、推进公平中发挥更大作用。

四、培训和培育了在线开放课程建设、应用和评价专家队伍

2018 年的课程认定工作新增了网评环节，并专门对网评专家进行了网络培

训,使评价更加客观、公平、公正。1 400位参与网评的专家,主要来源为教育部教学指导委员会委员、慕课建设与应用负责人以及教学管理专家,熟悉高等教育教学规律和人才培养规律,是各专业领域教育教学的高手、能手和好手。专家通过参加网评工作,进一步深入了解了慕课的典型特征及其建设与发展情况,必将成为未来积极参与以慕课为代表的一系列信息技术与教育教学深度融合的课程改革工作的生力军、顾问团。

第五章　在线开放课程典型案例

第 1 节　课程层面的案例

一、人文社科类课程案例

（一）清华大学"思想道德修养与法律基础"

1. 课程内容

为增强教学的吸引力,"思想道德修养与法律基础"慕课团队在教学设计中注重通过动画的方式来呈现案例,并通过清华师生的真实故事来阐述理论观点。比如在理想目标的讲授中,列举了施一公、尕朋、矣晓沅等生动的师生故事。除了教学视频和作业之外,每章节还提供相应的阅读材料和参考书目来延伸课上所学知识,鼓励和引导学生课下主动阅读,进行自主学习。同时,注重教学互动,授课教师和课程助教通过在讨论区主动引导话题、参与同学讨论、及时解答问题等方式加强教学的互动性。此外,该慕课还设置了习题和期末考核环节,主要目的是检测学生的学习效果,同时也便于任课教师通过后台数据了解学生对相关知识点的掌握程度,进而有针对性地进行课堂讲授。

2. 课程改革创新

课程负责人张瑜老师在教学实践中运用慕课开展混合式教学,形成了一套比较成熟、行之有效的教学模式,主要包括慕课学习、小班研讨、大班教学和课外实践四个环节。小班研讨作为混合式教学中一个极其重要的环节,其形式是以学生为主体的翻转课堂,这对于学生自主学习以及师生互动具有有效促进作用。围绕"新时代、新阶段、新目标""专业、职业与事业""新时代如何践行爱国主义精神""我身边的社会主义核心价值观"等主题,学生自主报名参加小班研讨活动,教师在大班教学时根据学生在小班讨论中反映的主要问题进行针对性讲授。大班教学是混合式教学中不可或缺的环节。在大班教学中,教师针对教学内容中的重点难点问题,结合小班研讨中的问题反馈进行专题讲授;同时,注重运用前沿和鲜活案例,抓住学生的思想热点进行讲解。

学生的课外实践包括小组实践和个人实践两个环节。选择小组实践的同学结成小组,围绕课程的相关主题开展调研,比如"清华人的价值观与成长发展之路""清华园里一位平凡劳动者的生活与梦想"等,形成调研成果并在课堂分享。个人实践的形式主要包括学生社会工作、志愿服务、集体建设、社会实践等。有同学表示,"线上慕课清晰易懂而又不失深刻;小组研讨不仅提高了同学们的互动热情,而且有助于锻炼表达能力;课外实践有利于我们深化对理想、道德、爱国主义等主题的认识,使原本对政治不感兴趣的我也不由自主地参与到课堂中来,并享受学习的过程。"

同时,课程还通过智慧教学工具雨课堂,将"课前—课上—课后"的每一个环节都赋予全新的体验,快捷地实现大数据时代的智慧教学。课前,教师推送雨课件,让同学们提前预习并完成相应作业习题;课上,教师基于雨课件开展教学互动和轻度课堂翻转;课后,教师推送雨课件来布置课后作业或组织安排调研实践活动。

3. 课程应用情况

自 2015 年清华大学四门本科生思想政治理论课全部开通在线开放课程以来,清华大学思政课在全国得以推广。"思想道德修养与法律基础"持续面向全国高校和社会提供全面、优质的学习服务,不断探索信息技术与教育教学的深度融合,提高混合式教学的质量和效果;在教学应用上继续加强与其他高校的合作,推进教师团队的交流和助教团队的培训工作,提高开展混合式教学的水平;面向社会进一步提高服务质量,通过强化课程体系建设向广大社会学习者提供不间断的学习服务。

截至 2019 年年底,"思想道德修养与法律基础"被 12 所高校或机构选用,在学堂在线慕课平台累计选课约 19.6 万人次。

(二) 东华理工大学"中国文化概况(英)"

1. 课程内容

"中国文化概况(英)"是东华理工大学建设的一门中国文化英文通识教育

类课程,内容涵盖了中国的基本国情、哲学与宗教、文学与艺术、科教体育、风土人情、服饰建筑和中国旅游等。

课程基于国家对中国传统文化对外传播和创新人才培养的需求,使学生在领略祖国灿烂文化的同时通过学习和实践全面提高用英语表达中国文化的能力,培养学生对中国文化的热爱,增强自信心和民族自豪感,并在实践中培养学生的团结合作精神,人文情怀和公益精神。

2. 课程改革创新

课程团队构建了"网络+课堂+实践"三位一体的育人课程实践新模式,解决了以下三个主要问题:

一是解决了高校中国文化类英文课程缺乏完整配套教学资源的问题。课程团队围绕中国文化英文课程研发并形成了国家级精品在线开放课程、音频资源、丰富的英文或双语图书资料以及 PPT 等相关教学资源,并在中国高校外语慕课平台和高等英语教学网共享。

二是解决了如何借助"互联网+"创建中国文化实践新模式的问题。课程团队借助"互联网+"的优势,解决了课程内容学习与实践比例不平衡的问题;实行"线上线下混合式"实践新模式,既考虑了学习者碎片化的学习需求,又为课程实践提供了更多的时间和更大的空间。

三是解决了"培养什么人"的问题。课程团队在教学实施过程中注重对学生人文情怀和公益精神的培养,将思政教育融入课程实践,倡导赏识教育理念,培养学生的合作精神和对中国文化精髓的理解、创新和实践,并积极送课下乡,丰富农村中小学和特教学校的中国文化学习资源,助力实现了学生多元化就业的局面。

3. 课程应用情况

目前该课程的线上线下学习者已经累计 60 余万人次,涵盖 91 个国家和地区。课程团队多管齐下,围绕课程实践创立了中国文化外语微视频大赛,创建中国文化对外传播英文网站和课程微信公众号,践行国际化传播实践,开拓中国文化公益类传播路径。指导学生为聋哑人研发的中国文化手语版慕课已应用到江西省十多所留守儿童学校和特教学校,并通过青年红色筑梦之旅活动与江西吉水、瑞金、兴国等县教育局签约推广到农村中小学。

(三) 安徽师范大学"大学语文"

1. 课程内容

"大学语文"课程立足"人文语文"的建设目标,旨在通过语言媒介探求文学中的文化和文化中的文学,促进文理渗透、学科融合,全面提高学习者的人文素质,帮助学习者成为具有历史感、文化感、道德感,精神文化丰富的现代人。

课程全面贯彻落实"以学生为中心"的教育理念,主动适应"互联网+"时代的教学改革要求,改革传统教学模式,全面调动学习者学习的积极性与主动性,积极发挥教师专业特长和教学个性,提高课程教学质量,着力培养和提高学习者的阅读、理解、欣赏和表达能力。

2. 课程改革创新

(1) 优化课程体系,加强课程学习管理。根据课程内容对教学单元进行微划分,融课程主旨内涵的整体性和慕课学习的碎片化为一体。要求学习者实名注册,并根据学习者的学习经历与背景组建教学班级,开展慕课教学。每班配备研究生助教辅助慕课教学实施,提前一周发布思考题并于次周讨论交流。

(2) 改进教学方式,优化教学组织与实施。慕课平台为学习者提供的测验、作业、考试、答疑、讨论等教学环节规范有序,授课教师能够定期完成在线指导与测评,保证教学活动的完整有效。将传统授课与慕课教学相结合,开展自主式与协作式学习,大力推动师生互动、生生互动,着力提高教学质量。

(3) 改革考核方式,完善课程评价体系。根据慕课特点,构建含考勤、背诵、课堂讨论、视频学习、随堂测试、写作、发帖讨论等多种形式在内的平时成绩考核方式,将通过线上测试作为期末考核的必要条件。

3. 课程应用情况

本课程已入选2018年度国家精品在线开放课程,自2017年起在安徽省网络课程学习中心平台(e会学)上线,已运行6个完整的教学周期。本课程应用覆盖面广,本校15个师范专业将本课程设为必修课,实现了师范专业全覆盖,本校注册学习用户累计达4 000多人。除安徽师范大学外,共有其他100余所高校的2 000余名学生学习该课程,如中国科学技术大学、合肥工业大学等;共有社会学习者1 200余名。

（四）中南大学"管理素质与能力的五项修炼——跟我学管理学"

1. 课程内容

本课程以管理学基本原理与方法作为主线，融合课程团队 30 多年从事管理学教学、咨询与科研的丰富经验，全程采用"案例教学"的授课方式，每一个知识点都由"想一想""学一学""用一用"三个环节构成，将现实管理问题"案例化"、管理原理与知识"通俗化"、学习过程与方式"互动化"。采用真实、生动的故事诠释理论，促进管理理论学习的情景化。课程由六大模块构成，系统介绍管理学基本概念、管理学科的发展历史、管理基本职能及方法和全面提升管理素质与能力的五项修炼等知识。

2. 课程改革创新

本课程适用于全日制高校在校本科、专科学生，在职管理人员，MBA、MPA 等专业学位研究生。为契合不同学习群体的多样化学习需求，采用了"自主学习+混合教学"并重的教学方式。

针对校外教学班级和社会学习群体采取以下措施：一是提供丰富的线上学习资源，构建"基础理论、前沿动态、创新探索"三位一体的知识体系。在重要知识点处嵌入交互式问题，启发学生思考，做到基础知识教学、现实问题思考、科学问题探索三者并重。二是支持全方位的教学活动，通过平台的通知、随堂测试、讨论、单元测试等功能完成课程导入、知识巩固、问题探讨等教学环节。三是提供全过程的教学督学，借助平台强大的统计功能安排教师、助教密切关注学生在线学习时间、答题正确率、提问情况等，给学生及时提供针对性的辅导和互动交流。

针对校内教学班级，应用翻转课堂的模式进行混合式教学。课前学生自主学习完成线上课程内容，课中主要进行知识的深入讲解和探讨，借助辅助教学工具"学习通"实现教学方式多样化、教学反馈客观化、活动记录实时化。

3. 课程应用情况

（1）本校应用情况：本课程已应用于校内经济管理类专业"管理学原理"课程教学。2018 年 10 月至 2019 年 2 月，本课程在中南大学经济管理类 2018 级本科生、2018 级 MBA 研究生的"管理学原理"教学中进行了线上线下混合式教学改革试点，选课人数约 1 000 人。课程已列入中南大学公共选修课目录，从

2019年下半年起面向全校所有专业学生开设选修课。

（2）其他高校应用情况：本课程独具特色的"六大模块+三个环节"内容构建范式受到了同行的广泛认可，自上线学银在线平台以来，本课程的学习者来自南开大学、厦门大学、中山大学、吉林大学、国防科技大学等492所高校，其中河南工程学院、湖南商务职业技术学院等数十所高校将本课程列入重点推荐课程。

（3）社会学习者应用情况：本课程已被鲁西化工集团股份有限公司、广州电力机车有限公司、新疆众和股份有限公司等企业指定为管理素质与能力提升培训的必修课程。

（五）北京师范大学"英语诗歌"

1. 课程内容

"英语诗歌"是为英语专业学生开设的专业选修课程，内容包括英语诗歌的基本知识（如韵律、韵式、诗体、语言特征等），英语诗歌的主要流派，各个时期的经典英诗作品，以及优秀的英诗汉译作品。

本课程基于英语专业人才培养的需求及中西优秀文化交流与沟通的需要而开设。通过本课程的学习，学生能够更好地理解、掌握英语诗歌的基本知识，认识、了解优秀英语诗歌作品的艺术魅力，扩展学生对中西文学和文化的认知，提升学生对英语诗歌的理解力、领悟力，提高学生对诗歌朗诵、诗歌翻译和诗歌创意写作的兴趣，并能有效提高学生对英语诗歌的分析能力。

2. 课程改革创新

（1）丰富并完善了课程教学模式：传统"英语诗歌"课程以线下课堂教学为主要教学模式。本课程充分发挥了音频和视频的特点和优势，将英语诗歌的音乐美、视觉美和形象美融入慕课这一教学形式中，激发了学生的学习兴趣。配合线上课程的学习，教师在课堂教学中采用了更为灵活多样的教学模式，如增加教学中的互动环节，适当补充、扩展教学内容，增加课程的文化和思想内涵，强化批判性思维的训练，适度与学生进行翻转课堂的实践等。同时，线上课程的学习被纳入课堂教学的评价体系之中，实现了两种教学模式的结合，使课程的教学和评价考核方式更为完善、科学、合理，极大地调动了学生学习的积极性和主动性，提升了学生的学习、分析能力。

（2）丰富了课程培养目标的实现方式：学生通过线上课程的学习，可直接感悟到英语诗歌在声音和视觉效果方面的艺术魅力。在课堂教学的平时训练中增加诗歌表演及朗诵、诗歌翻译、诗歌创作以及诗歌评论方面的内容，并将这些实践性的活动纳入培养目标和评价体系之中，使学生可以通过多种学习和实践的方式进一步加强对英语诗歌的认识和理解。

（3）推进了美育教育：通过该课程的学习，有效提升了学员对英语诗歌艺术的感悟力和理解力，使他们认识、了解了诗歌这一中西文化的优秀成果，推进了诗歌教育和美育教育。

3. 课程应用情况

"英语诗歌"慕课上线以来吸引了大批学员，在社会上产生了良好反响。基于该课程的线上线下混合式教学也进行了有效尝试，取得了积极效果。从混合式教学的效果来看，学生对学习的积极性较高。由于课程评价形式的灵活多样，学习内容的深化扩展，本课程受到学生的广泛欢迎，有着积极的应用和推广前景。

二、理工农医类课程案例

（一）北京大学"人工智能与信息社会"

1. 课程内容

本课程是 2017 年教育部-微软产学合作协同育人项目成果，结合社会热点介绍人工智能技术的基本概念、发展历史、经典算法、应用领域和对人类社会的深远影响，展示信息社会各领域中人工智能的应用发展前景，为大学生和社会公众打开学习人工智能的大门，为他们今后在人工智能相关领域进行深入研究奠定基础。

2. 课程改革创新

本课程发挥北京大学跨学科的综合优势，将人工智能技术的原理、应用和前景融入各门基础自然科学和人文社会科学中，通过鲜活生动的案例加深学习者对人工智能技术的理解。

本课程邀请了微软亚洲研究院的人工智能研究专家，通过访谈形式，展现科学、技术、工程和商业等领域的专家对人工智能的理解和体会。课程注重算法实践,通过5个相对独立的人工智能典型应用项目,介绍微软及其他开源项目提供的人工智能开发基础设施,结合丰富的应用数据,让学生经过一段时间的学习,能够学习到生动有趣的人工智能算法知识。

本课程在课程体系建设上,将专业教育与通识教育相结合,在学习算法的基础上,进行人工智能各应用领域的介绍,还介绍了人工智能与人类社会的未来,引发学生对于人工智能技术革命的思考。在教学实施上注重按照课程进度逐步推进,教师和助教积极参与答疑和学生讨论,鼓励学生利用课程所学知识去发现和理解人工智能技术的最新进展。本课程注重动手实践,课程中的每个算法都有配套实例,通过下载虚拟机镜像的方式,让学生安装到自己的计算机上进行练习和体验,巩固所学算法知识。

3. 课程应用情况

(1) 在本校的应用情况

本课程在北京大学2019年暑期课程"人工智能创新实践"中以SPOC的形式为课堂教学提供内容,同时也是中国高校学生人工智能训练营的学分课程。

(2) 面向其他高校学生和社会学习者的应用情况

本课程同时面向社会学习者和高校开放。已面向社会学习者开放两个学期,选课总人数为29 450人,有356人拿到课程证书,在爱课程(中国大学MOOC)上评价得分为4.9分(总分5分),许多社会学习者表达了对本课程的喜爱以及对课程内容和教学方式的认可。有3所高校采用其为SPOC课程。

本课程被微软亚洲研究院人工智能教育团队创立的人工智能教育与学习共建社区选用,并荣获2019年微软新一代人工智能开放科研教育平台合作论坛"最具影响力课程"称号。

本课程还入选中国科协青少年科技中心2019年青少年人工智能科普活动指导课程,在科技学堂网的科技辅导员在线学习中心开课,共培训科技辅导员1 366人。本课程还入选中国大学先修课(CAP)栏目,在2019年暑期开课,选课人数16 215人。

(二) 上海交通大学"微生物学实验"

1. 课程内容

"微生物学实验"是生命科学相关专业的必修基础实验课程,教学对象是生命科学相关专业二年级本科生。在线教学对象包括高校大学生、研究生、科研工作者及社会人员。课程以掌握微生物学操作技术、能够设计实验并分析解决问题、多角度分析评价实验结果为认知领域的教学目标;同时让学生感受微生物之美,培养学生热爱生命的情怀。

本课程内容涵盖微生物学技术和科研一线研究热点,具体分为四个模块:(1) 基础技术模块:包括培养基配制、灭菌、接种、微生物培养和显微镜使用等;(2) 观察模块:包括各类典型微生物的制片、染色、显微形态观察等;(3) 分离培养鉴定模块:包括各种类型的微生物学测定技术;(4) 分子遗传模块:包括经典和现代的微生物遗传学实验。

2. 课程改革创新

(1) 设置实验讨论课:本课程的每个实验内容都包括教师讲解微课、实验操作视频、结果展示、讨论评价等内容。其中针对实验课的特点,设计了由本校学生参与的实验结果讨论分析课。在四个模块内容的学习后,由学生总结分析线下的实验结果,使在线学习者能够看到实验室、实验者和实验结果,拉近在线学习者与课堂学习者的距离。同时,讨论分析以某一实验技术为主线,将实验课程学习的广度和深度都大幅扩展,有效地提升课程品质。让学习者在明白实验原理的基础上,掌握操作技术细节,提高分析解决实际问题的能力,完成"原理—技术—实战"的全过程训练。

(2) 紧跟科研实践:课程在第一模块微生物学基础技术后,后面三个模块都加入了科研一线研究热点内容,例如:极端微生物、微生物信号、荧光细胞转化等内容,将经典技术与科学前沿相结合,使得教学内容从基础技术走向实用和科研一线。

(3) 运行混合式教学:教学设计包括课前在线自学和自测、动脑与动手相结合的课堂实践、线上线下混合的课后升华三个部分,推动实验课程的深度学习。通过连续四年的教学实践发现,学生具有很强的主动自学能力,实验课程效果大幅提升,学习者在各种评价指标中都表现优秀。

3. 课程应用情况

本课程自 2016 年起,利用好大学在线平台在上海交通大学校内针对生命学院生物技术、生物工程专业二年级本科生开展混合式教学,并在 2019 年全国高校混合式教学设计创新大赛中荣获一等奖。

(三) 清华大学"住宅精细化设计"

1. 课程内容

本课程从我国住宅设计经历了哪几个发展阶段,室内装修中有哪些常犯的错误,怎样才能使住宅更加舒适、实用,户型优化设计该从哪里入手,住宅的规划与设计中有哪些人性化设计要点,国外住宅设计有哪些值得借鉴的理念与做法,住宅的未来发展趋势是什么等问题出发,深入浅出地带领大家了解住宅精细化设计的各个方面。

2. 课程改革创新

主讲教师在教育教学方面不断做出新的尝试,采用互动式的线上线下混合式教学模式。对于本校的学生,教师让学生先自主学习慕课视频,然后穿插安排线下课程,对课程的重点难点进行深入讲解,补充讲授最新的研究成果,带领学生进行参观调研,组织学生交流讨论,指导学生完成专业的设计作业,使学生加深对所学知识的理解和认识。

3. 课程应用情况

截至 2019 年年底,课程被 12 所高校及机构选用,在学堂在线累计选课约 7.8 万人次。

对于社会学习者,教师更注重利用网络平台,提高教学的互动性。教师和助教经常在线上浏览学员的留言,并耐心回答各种各样的问题。这种线上交流的模式一方面提高了学员的学习效率,另一方面也使在线课程变得更贴近生活。

(四) 北京邮电大学"电路分析基础"

1. 课程内容

"电路分析基础"是电子信息类专业非常重要的学科基础课之一。北京邮电大学的在线开放课程"电路分析基础"侧重讲解电路的基本概念、基本理论和基本分析方法。在课程教学中坚持"教书育人,立德树人"的理念,注重传播正能量。

2. 课程改革创新

课程团队通过线上与线下、课外与课内、个人与团队相结合的教学模式,培养学生的自学能力、思考能力、表达能力、团队协作能力和创新能力,达到知识学习与能力培养并重的目的。

（1）线上与线下相结合：学生线上完成知识学习，教师线下进行学习情况检查和知识点梳理，学生线上自测，完成知识巩固。

（2）课外与课内相结合：学生通过在课外阅读资料和做作业，完成知识学习；教师在课内组织综合练习、讨论；学生通过课外的章节测试、实验和课程论文等完成知识的巩固；通过课内的讨论及展示进一步实现能力的培养和提高。

（3）个人与团队相结合：个人独立完成作业，实现知识内化；团队成员相互交流、共同查找资料、完成综合题目和实验并进行课上展示，实现知识巩固、能力提高。

3. 课程应用情况

通过将试点班（实施线上线下混合式教学）与普通班的考试成绩进行比较发现：试点班的平均分高于两种班级的总平均分，优秀率高于普通班，不及格率低于普通班。调查问卷结果显示：绝大部分学生非常喜欢这种教学方式。学生说："这种上课方式成功激发了我们探讨知识的兴趣，真的很感谢北邮能够进行这样的创新，希望能保持下去！"另外，授课老师本身的感受是：学时不再紧张，课堂上有充分的讨论和练习时间。

（五）北京理工大学"Python 语言系列"在线开放课程

1. 课程内容

北京理工大学从 2013 年开始在校内改革程序设计课程，在全国率先采用 Python 语言作为程序设计入门语言，并结合 Python 语言进行专业纵深内容教学，支撑大数据及人工智能教育教学。为了进一步推动教学改革并展示信息技术与各学科融合的教学模式，从 2015 年起，北京理工大学嵩天团队开始建设"Python 语言系列"在线开放课程，先后在爱课程（中国大学 MOOC）平台推出 8 门课程，覆盖从大学先修到专业纵深实践的多条学习路径。

2. 课程改革创新

在"Python 语言系列"课程建设过程中，北京理工大学提出了"在线专题课"概念，与传统"在线开放课程"不同，在线专题课围绕一个特定应用主题、采用 4~6 周较短时间组织课程内容，采用"短平快"方式培养学生纵深方面的技术能力，并通过组合形成纵深路径。实践证明，在线专题课能够较好地帮助学生学完较为专业的学习内容,结课率比在线开放课程平均高 2~3 倍。由于模块更小,在线专题课能够作为课程内容的补充模块应用到校内课程中,使用灵活且教学效果显著。

受限于培养计划制定周期,"Python 语言系列"在线课程在北京理工大学校内落地开设也经历了从无到有、从选修到必修、从线上反馈线下的发展过程。从教学管理角度来看,该系列课程开创了由在线开放课程促进培养方案改革的新模式,为课程体系设计开辟了新思路。在教学方法改革上,"Python 语言系列"在线课程不仅适用于在校内开展基于 MOOC/SPOC 的翻转课堂教学探索,也适合围绕"在线专题课"进行 10~16 学时模块级别的混合式教学探索。目前,北京理工大学及全国多所兄弟院校已经在大数据、人工智能、计算机、信息技术等多个专业的不同课程中尝试围绕"Python 语言系列"在线课程进行教学改革探索。

3. 课程应用情况

"Python 语言系列"在线课程上线后,得到了学习者的一致好评,累计选课人数超过 70 万。其中,系列专题课累计选课人数超过 30 万,"Python 语言程序设计"入选首批国家精品在线开放课程。

(六)北京大学"身边的营养学"

1. 课程内容

该课程以人类必需营养素的基础知识和应用技能为主要内容,面向社会完全开放。采用"随堂模式"开课,课程视频分为"基础课程视频"和"拓展视频"两部分,所有学习者必须学习基础课程视频,拓展视频供学有余力的学习者拓展学习。课程 PPT 为中英双语,讲授语言为汉语,重点词汇有双语讲解。

2. 课程改革创新

该课程在课程体系、教学内容和教学方法等方面的改革实践有:

(1)对于课程体系的改革

本课程从学习者学习兴趣和逻辑思维的角度出发,针对各种营养素重新编写教学大纲,以生活中常见的饮食习惯、误区等"小故事"或者营养相关案例导入,引发学习者兴趣和思考,再分析为什么,继而探讨怎么做,中间将知识点贯穿进去。每节课后均设有针对课程内容的案例分析,并在讨论区带动学习者讨论,培养学习者理论联系实际,解决问题的能力。

(2) 对于教学内容的改革

本课程的所有教学内容都在传统教学内容的基础上根据学科发展有所更新,并且融入课程团队的科研成果。同时从学习者能力水平出发,尽量满足不同知识层次和背景的学习者需求。在拓展视频中引入了国外的优质视频资源,课程开发小组成员对此进行翻译并添加了中文字幕方便学习者学习。

(3) 对于教学方法的改革

在线课程中,由于教师不能与学习者实际见面,对于学习过程的了解和管理相对困难。为了增强学习者学习的主动性,课程团队采取了如下措施:

① 采取定期提醒模式,通过课程公告和邮件的形式,双重提醒学习者学习过程中的重要时间节点:如新课开放、习题开放、期末考试开放、结课提醒等;

② 课程视频设置无限打开次数,方便学习者反复学习和复习。章节作业设置两次提交机会,学习者如果第一次的错误率较高,可以通过回看课程视频或者查阅相关资料,巩固所学知识,提高第二次测评成绩,增强学习信心;

③ 定期查看学习者作业和期末考试情况,进行试题解答和情况分析,了解学习者知识技能掌握的薄弱环节,从而进行针对性地调整或强化;

④ 多媒体动画是学习者喜闻乐见的形式,本课程应用了大量动画,每一章节的PPT首页都是由课程开发小组成员手绘而成,课件内容中大量的动画视频也是由其制作而成的,具有独立的版权,受到学习者的好评;

⑤ 设立"最新文献分享"专栏,分享学科领域最新的相关文献和政策,不仅可以促进学习者主动学习意识和良好学习习惯的养成,还可以让学习者更好地掌握课程内容,了解学科进展;

⑥ 形成学习竞争和激励机制:为激励学习者坚持学习,积极讨论和分享,课程开发小组建立了学习竞争机制,设立每周"营养王者榜"模块,用以表扬学习认真,作业完成好,积极参与课程讨论的学习者,形成榜样效应。上榜次数多的学习者结课成绩有一定加分。

(4) 不断优化、更新课程资料和习题库

每期课程结束后收集学习者反馈信息,有针对性地更新完善教学内容,逐渐丰富和优化习题库,增加主观题数量,增强课程内容的现实意义。

（5）重视思政教育，重视综合素养培养

在授课过程中注意唤起学习者对公共卫生和预防医学工作的重视。每章均以身边发生的案例导入，引导学习者脚踏实地从身边的"小事"关注起；重视格局引领，在课程中鼓励学习者利用知识造福身边的人；引导学习者关注国家营养健康政策，例如和学习者讨论《"健康中国2030"规划纲要》；分享《国民营养计划（2017—2030年）》国家蓝图，引导学习者感受到责任，关注国家营养的大政方针，努力学以致用。

3. 课程应用情况

自2015年开始，本课程教学视频在本校内主要应用于预防医学专业本科4年级"营养与食品卫生学"课程教学，以及在校内专门开设的本科生通选课"身边的营养学"课程教学。课程采用慕课+翻转课堂的教学形式，见面课除了讨论问题外，也给教师和同学们更多实践的机会。例如，教师和学生一起到附近的超市去发现"隐藏的糖"和"反式脂肪酸"，到学校食堂去评价营养素最均衡的前十佳菜肴，到学校附属幼儿园和小学去做平衡膳食的科普讲座，到附近大学评价大学食堂的饮食结构、进行大学生营养科普活动等，活动丰富多彩，学生的实践能力得到显著提升。每学期均进行学习情况反馈，学生对教学评价很高，对于翻转课堂的教学形式增加了课堂实践的机会尤为满意。

第2节　学校层面的案例

一、西安交通大学

（一）基本情况

西安交通大学高度重视在线开放课程的建设与应用，自2013年起开展在线开放课程建设。截至2019年12月，学校已在国内外各大慕课平台上线课程157门，其中有31门课程入选2017年和2018年国家精品在线开放课程。在推动优质课程资源共享的同时，学校还出台政策鼓励、规范应用在线开放课程在校内开展线上线下结合的混合式教学。自2015年秋季学期至今，平均每学年开展200门次左右的线上线下混合式教学。

(二) 相关政策与服务举措

1. 建立专职机构，保障日常工作

学校教务处成立信息与资源建设办公室，设置专人专岗负责在线开放课程建设与应用、教学信息化平台建设与应用、信息化教学技术应用与推广服务等工作。为持续深入推进学校的在线课程建设与应用，又由教务处牵头联合校内有关单位成立了"西安交通大学在线课程推进工作办公室"（简称"在线办"）。在线办设置主任一名，由校内积极参与在校课程建设应用的一线教师担任；副主任两名，分别由教务处信息与资源建设办公室负责人和学院青年教师担任；根据学校学科特色设立10名左右的常驻专家团队，由国家级教学名师担任专家组组长。在线办挂靠教务处，主要负责学校在线课程的规划、开发与质量控制，本校课程的对外推广应用，校外优质课程资源引进，课程应用与研究，以及课程运行的过程跟踪与效果评价等工作。在线办定期召开专家会议，对在线开放课程建设应用相关工作进行常态化指导和规范。

2. 出台规章制度，规范课程管理

学校根据《教育部关于加强高等学校在线开放课程建设应用与管理的意见》（教高〔2015〕3号）制定了《西安交通大学在线课程建设应用与管理办法》（西交教〔2016〕119号）（以下简称"管理办法"）。管理办法分总则、课程规划与建设、课程管理与运行、课程应用与评价、支持与保障五个方面，对学校的在线课程建设、应用、管理、评价以及持续改进等工作进行规范。

3. 协调各方资源，合力推进课程建设

在线开放课程立项后，教务处组织召开课程建设启动会，根据《西安交通大学在线开放课程建设及应用规范》文件要求为课程负责人及团队成员解读在线开放课程建设流程、规范要求及支持措施，允许课程负责人在学校招标入围的课程制作单位中选择合适的制作单位。在课程正式启动建设前，课程团队填写《西安交通大学在线开放课程制作协议》，明确课程建设内容与方式、完善课程教学设计、制定课程建设计划。该协议经在线办审核通过后，由教务处、课程所在学院、课程负责人、制作单位四方共同签署。教务处根据课程建设计划，定期检查课程建设进展及建设质量，督促课程团队及制作单位保质保量完成建设任务。

此外,教务处协同学校继续教育学院共同推动优质课程资源共建共享。继续教育学院结合网络教育的课程资源需求,利用自身经费和技术优势,支持学校本科在线课程建设。课程建成后,在教务处推动其上线面向校内外学习者开展应用的同时,由继续教育学院根据成人在职教育特点,对课程内容、难度和实践应用重点等进行适当调整后用于继续教育的网络教学。

4. 加强平台合作,推动课程共享

根据管理办法相关规定,建成的在线课程应至少在一个校外课程平台面向社会学习者和其他高校运行推广,每学年在校外课程平台至少开课一个轮次。为此,学校加强与爱课程(中国大学 MOOC)、学堂在线、智慧树、好大学在线、Coursera 等平台的合作,将优质课程推向平台进行应用共享。学校持续关注课程在线上运行的质量,保证线上教学过程完整,及时为学习者提供互动交流服务。对于应用效果较好的课程,鼓励其改造后在国际慕课平台上线,面向世界各国宣扬中华文化和传播专业知识,提升学校的国际影响力。

5. 强化校内应用,推进教学改革

学校每学期期中发布"西安交通大学混合式教学计划申报"通知,鼓励教师利用在线课程资源开展混合式教学。在课程资源引用方面,除了本校资源外,学校也允许教师借鉴校外优质资源应用于本校教学;在课程开展形式方面,鼓励课程团队所有成员开展混合式教学改革。教师可根据课程教学设计需要填写《西安交通大学混合式教学课程教学计划申报表》,经在线办专家会议审议通过后实施。教务处根据课程线下实际授课学时安排调整教务系统课程安排,并在具体教学过程中为课程教师提供平台技术支持和课程资源支持。

6. 规范助教管理,助力课程应用

学校支持课程负责人通过学校"三助一辅"体系为在线课程聘请具备课程相关专业知识的研究生助教,在课程负责人指导助教协助进行课程线上运行的同时,教务处协同教师教学发展中心对课程助教进行统一培训、管理、考核。在线办对新聘助教进行上岗培训,培训内容一方面是教师教学发展中心规定的助教基础知识,另一方面则是针对课程线上运行质量控制的专项内容,助教通过培训考核后方可正式上岗。在学期中间,助教定期汇报课程运行情况,并在课程一轮次运行结束后提交总结报告;在学期末,教务处根据课程运行质量监测结果、学生评价结果以及助教日常表现评选出"在线课程优秀助教"并予以表彰奖励。助教团队建设为课程面向校内外持续进行良好教学服务提供了有力保障。

7. 持续监测课程质量，提高应用效果

为持续监测上线课程质量，保证运行效果，学校定期从各主要合作平台获取课程运行数据，通过分析这些数据了解课程运行基本情况。教务处每学期面向校内公开发布课程运行质量检查通报，将已上线的课程根据检查情况分为"优秀""正常""警示"三类，"优秀"课程应继续保持课程开放服务；"正常"课程应在保证现有开放服务质量的情况下，弥补服务弱项，努力向优秀课程靠拢；"警示"课程须根据警示内容提交整改报告，教务处后续将持续重点关注课程整改情况。通过定期对课程进行质量监测和反馈改进，提高了课程的服务质量。

此外，学校发布《西安交通大学在线课程建设与应用情况评价要求》（以下简称"评价要求"），分7个子表涵盖由课程建设到课程校内外应用的各个层面，从专家、学生、管理人员等角度，针对课程在不同建设和运行时期的情况进行评价。教务处根据评价要求细则，定期对本校课程、引进课程进行质量评价，并根据评价反馈结果督促相关课程进行整改，进一步提高课程建设及应用效果。

8. 注重培训研讨，实现教学相长

"思源教学沙龙"是由西安交通大学教务处推出的教育教学改革培训交流活动。活动开展的目的是为现代信息技术与教育教学改革深度融合提供支持服务。教务处设置专人专岗，同时也邀请校内外专家讲授在线开放课程建设及应用、混合式教学课程设计，"雨课堂""慕课堂"等课堂教学工具操作，常用教学软件功能及操作等内容，活动内容根据教师需求反馈不断更新，教师自愿报名参加。活动自2017年以来已累计举办117场，参与教师1 000多人次，为保障学校在线开放课程建设质量和应用效果提供了有力支持。

二、北京外国语大学

作为中国高校外语慕课联盟的倡议发起者和理事长单位，北京外国语大学从2017年开始积极探索慕课建设，2018年11月出台《北京外国语大学在线开放课程建设与应用管理办法（试行）》，将课程建设应用、质量监控、运行保障和

效果评价纳入本科教学质量监控与保障体系；同时，持续完善教师培训与激励体系，鼓励教师通过研修提升自身素养，通过经费支持、工作量认定等措施，最终形成以"保障质量"为核心的慕课教学管理机制。

（一）组织管理

学校设在线开放课程建设领导小组，由校长担任组长，主管教学的副校长任常务副组长，教务处、人事处（包括教师发展中心）、财务处、信息技术中心、网络与继续教育学院、孔子学院工作处和外研社等相关部门负责人担任领导小组成员，领导小组办公室设在教务处，负责以下几方面工作：制定学校在线开放课程的总体规划与建设计划；组织教师培训，提高教师技术水平与信息化素养；组织在线开放课程的申报、遴选、建设、监管、验收、经费管理；管理在线开放课程的使用授权许可及应用；推动人工智能技术在在线开放课程建设中的应用。

（二）建设目标

学校制定了在线开放课程建设指导性目录，重点支持体现学校特色、优势的课程建设在线开放课程。秉持"立足优势，推动公平"的思路，坚持"公平、质量、改革"的初心，优先建设非通用语课程、"一带一路"语言文化课程。

国家"一带一路"倡议的提出需要高校具备培养多种语言人才的能力，而我国外语教育资源在高校和地区间分布极不均衡，目前，北京外国语大学开设了经教育部批准允许开设的101个语种课程，并将建设成果通过中国高校外语慕课平台辐射更多学校，努力改善资源分布不平衡的现象。北京外国语大学已上线和建设中的课程共覆盖9个语种，未来计划覆盖所有与我国建交国家的官方语言，推动教育公平，助力新型国际化人才培养。

（三）课程建设与验收

教务处要求在线开放课程负责人每两个月向学校提交一次课程进度表。各学院对课程建设提供相应支持并加强监管，学校也不定期抽查各课程组视频拍摄制作情况。在线开放课程建设周期为1年，课程制作完成后，由学校组织专家进行验收结项。验收结果分优秀、合格、不合格三种，验收结果优秀的课程，授予"校级精品在线开放课程"称号，验收不合格的课程限期整改。

（四）课程应用

校级在线开放课程通过验收后，课程负责人须在校内教学实践中积极应用并持续完善课程，开展线上线下相结合的混合式教学。使用在线开放课程实施校内 SPOC 教学的课程负责人，所开课程的教学计划须向教务处报备。课程大纲中应明确线上学时和线下学时的分配方案、学生线上考核与线下考核的成绩比重。首次以在线开放课程形式在校内开设的课程，教学计划须经教务处组织专家进行审核，通过后方可开课。在校内教学中，在线开放课程负责人须向学生明确说明课程主要内容、学习要求、在线学习方法及考核方式、考核要求等。学校将认定的在线开放课程纳入培养方案，对课程学分进行统一认定。

（五）课程评价

学校将在线开放课程建设应用、质量监控、运行保障和效果评价纳入本科教学质量监控与保障体系，并将在线开放课程的学生评教工作纳入本科生课程评教体系。学校组织教学督导、教学专家对在线开放课程教学进行检查与指导，及时发现课程存在的问题并督促课程负责人予以解决，保障教学质量。

（六）保障措施

为有效调动教师的积极性，保障课程质量，学校规定，申请采用在线开放课程实施教学模式改革的课程负责人，经申报校级教学改革立项并获批后，学校给予专项经费支持，包括课程设计、资料收集、课程制作、教师经费等费用。验收结果为优秀及合格的在线开放课程，额外给予运行资助经费。同时，学校从校级精品在线开放课程中择优遴选，推荐申报国家精品在线开放课程，入选国家精品在线开放课程的课程，学校给予经费奖励。

在线开放课程通过验收后，须在教务处指定的平台开课，开课后在线指导学时不低于总学时的 30%。首轮开课，教师工作量按普通课程教学时数的 3 倍计算，第 2 轮开课按 2 倍计算，第 3 轮及以后开课按 1 倍计算。在校内进行授课的 SPOC，教师课堂讲授学时不低于 50%。首轮开课，教师工作量按普通课程教学时数的 3 倍计算，第 2 轮及以后的工作量按 1.5 倍计算。工作量课酬按学校标准从专项经费中支付。工作量及折合标准在教师职称评审、晋级等考核中视同有效。

三、首都师范大学

(一)政策规划

根据教育部和北京市教委相关文件的精神,学校制定了《首都师范大学2016—2020年事业发展规划》《首都师范大学关于积极推进在线开放课程建设的意见》(校发〔2014〕40号)、《首都师范大学"十三五"期间本科教学信息化建设方案》(校发〔2016〕107号)和《首都师范大学落实〈北京教育信息化三年行动计划(2018—2020年)〉实施方案》等文件,探究本科教学信息化发展规律,促进信息技术与教育教学深度融合,推进线上与线下相结合的混合式教学模式改革,推动教学范式转型,即由以教师教为中心向以学生学为中心转变,进而探索人才培养的新思路、新举措。

(二)保障体系

建设在线课程,推动在线课程应用于教学,关键在于保障体系的建设。由此,学校建立起由组织保障、制度建设、经费投入和在线教学平台等多个方面构成的保障体系。

1. 学校成立本科教学信息化工作小组,由本科教学主管校长担任组长,教务处等主要部门的人员作为组员,凝神聚力、统筹发展。教务处成立信息科,推动在线课程建设与应用,促进教学范式转型。

2. 研究和借鉴国内知名高校相关规章制度,建立在线课程建设与应用标准体系,通过《首都师范大学在线课程建设标准(试行)》《首都师范大学在线课程建设与运行管理办法》和《首都师范大学在线课程服务社会管理规定(试行)》等文件指导在线课程建设与应用,通过《首都师范大学本科课程教学质量评估标准与实施办法》引导自主学习与混合式教学的发展,实现了立项统筹化、建设专业化、验收标准化、教学革新化、评价制度化。

3. 确定"十三五"期间建设1 000门SPOC、50门慕课的目标,学校将教学经费倾力投入在线课程建设,每门课程按照8万元的标准进行支持,并引导一流学科、一流专业支持在线课程发展。

4. 学校建立起多层次的在线教学平台体系:本科教学以"师星学堂"(校内在线教学平台)为主,支持利用SPOC开展混合式教学及在线自主学习;以BB

网络学堂为辅,支持教师开展信息化辅助教学;以数字资源云平台为拓展,服务师生;以爱课程(中国大学 MOOC)平台和北京高校优质课程研究会平台为引领,推动优质慕课共享,服务社会。

(三)在线课程建设与应用

1. SPOC 建设与应用

围绕在线课程建设与教学应用,学校建立起立项、建设、验收、遴选、培训、应用与研讨的一体化管理体系,支持在线课程发展。目前,通过验收的 SPOC 课程近 300 门,每学期开课 150 门,历年建设及在建的 SPOC 课程共计 600 门。

遵从质量优先、持续改进的原则,优化通识教育体系、结构,学校从通识教育改革入手开展在线自主学习改革:学校美育研究中心统一建设美育 SPOC 课程(11 门),并纳入 2016 年本科人才培养方案的通识选修课组,提倡学生在线自主学习。美育课程得到了学生的广泛认可,选课人数从初期 1 000 人/学期增长到如今 2 000 人/学期,合格率达到 95%,优秀率达到 45%。

2. 慕课建设与应用

学校建立起慕课遴选与持续建设工作机制,由校内与校外专家组成专家组,联合在线开放课程专家,共同对每年建成的 SPOC 进行审核,将优质 SPOC 推荐到在线开放课程平台,并且学校给予经费支持。

目前,学校开设慕课合计 53 门。其中,在爱课程(中国大学 MOOC)平台开设 43 门,北京高校优质课程研究会平台开设 16 门,教育学、心理学、艺术学、文学等慕课课程群逐渐形成,学习者对课程给予了高度评价。

学校还引入 90 门优质慕课,纳入到 2018 年本科人才培养方案的通识课组,并且每门课授予 2 学分。学生对慕课学习适应良好,以 2018—2019 年的一个学期为例,学生慕课成绩的优秀率达到 50% 以上。

3. 教育信息化环境建设

学校通过规划和建设在线教学平台项目、综合教务系统项目、智慧型教室项目、本科教学质量监测平台项目等,提高教学管理能力,构建支撑混合式教学及在线自主学习开展的信息化环境,推动教学范式转型。

2018 年,学校建成智慧型教室 20 间,包括智慧教室、精品录播教室、研讨式教室、微课多功能教室、创客教室、会议型教室,服务在线课程录制,鼓励与支持探究式教学和混合式教学的开展。同年,学校引入"一平三端"、雨课堂等智慧教学工具。

4. 辅助体系建设

学校推动"现代教育技术及应用""信息技术教育学科教学法""信息化教学资源设计与制作"等通识类信息素养课程建设,支持"数字资源的设计与制作""小学信息技术教学设计与实施""教育技术学研究方法"等专业课程建成在线课程,鼓励教师开展混合式教学,提升学生的信息化素养与能力。

学校建立支撑混合式教学及在线自主学习开展的培训体系:引入高水平校外培训,建立校级、院系级二级培训与研讨机制;利用教改项目支持教学改革,培育校内混合式教学名师;整合信息资源,为教师、学生提供全程指导;鼓励教师利用在线平台和智慧教学工具开展教学改革。

四、青海大学

(一) 课程建设

青海大学在慕课建设中本着重应用的原则,自建"电工基础与电子设计""丝路南线民间文学"两门课程,并筹备建设"三江源生态"课程。2017年8月"电工基础与电子设计"慕课在学堂在线上线,为省内首门上线慕课。目前该课程在学堂在线已完整运行三轮,选课人数超过 15 000 名。基于"电工基础与电子设计"慕课和雨课堂教学工具的应用而进行的混合式教学实践探索入选教育部产学合作协同育人项目。该项目在全校 32 个班级近 1 500 名学生的电工电子课程开展线上线下相结合的混合式教学实践,取得了良好的教改效果。2018年 4 月,"丝路南线民间文学"慕课在学堂在线上线,共有来自 34 个省级行政区的学习者选课,选课人数达 11 000 人,省外人数比例占 84.3%,同时该课程在"首届中国大学慕课精彩 100 评选活动"中脱颖而出,荣获"中国最美 MOOC"一等奖。

(二) 制度建设

学校制定出台了《青海大学混合式教学改革试点工作方案》,全面多维推动课堂教学、评价体系改革,将混合式教学引向深入。重点支持 8 项在线教育和混合式教学改革研究,2017 年教务处牵头开展了"在线教育及混合式教学发展保障制度研究",探索构建具有地方高校特色和优势的在线教育及混合式教学发展模式。

(三) SPOC 平台使用

学堂在线免费为学校提供 SPOC 平台,先后搭建 30 余门课程,为学校推动在线教育改革提供了平台和条件,目前学习门次达 39 门次;同时开设了 4 门教师网络培训课程,选课人次达 5 587 人次。

五、昆明理工大学

2014 年,昆明理工大学开始立项建设在线课程,并以此为基础开展混合式教学。在教学创新探索中,学校选用学堂在线平台上的"计算机文化基础""生活英语听说""通用学术英语"等课程,并充分利用雨课堂等工具开展线上线下混合式教学实践。目前,学校建设慕课 52 门,每门课程投入建设经费 15 万元,课程建设数量和质量均居云南省首位。已有 28 门课程上线学堂在线等平台,省外选课学校超过 250 所,选课学生超过 14 万人。其中,"C 君带你玩编程"是云南省首门上线学堂在线的课程,已被深圳大学、贵州大学等学校认证为学分课,获"首届大中华区优秀慕课选拔赛"团体奖铜奖,入选 2018 年国家精品在线开放课程。同时,学校与学堂在线合作,启动"智慧教学"教育教学改革与研究项目,并建设了 70 门"雨课件"。此外,学校还入选教育部在线教育研究中心 2017 年"混合式教学试点单位",荣获 2018 年"智慧教学示范项目""在线课程建设与应用示范案例""慕课+教学实践奖"。

六、贵州理工学院

贵州理工学院自 2013 年建校伊始,便积极推进混合式教学模式改革。学校坚持以学生学习成果为导向,全面构建和实施 CI-CDIO-OBE 工程教育模式,以点带面,启动了以慕课、翻转课堂等为代表的混合式教学模式改革。学校于 2015 年启动在线开放课程建设工程,通过选派课程团队负责人和主讲教师到清华大学、汕头大学等高校进修培训,带动了大批教师投身于线上教学事业。2016 年 6 月,开始实施基于雨课堂的混合式教学模式改革。

为进一步深化教学改革力度,不断提高教师信息化水平,实现信息技术与教育教学深度融合，2018年6月8日，学校下发《贵州理工学院关于进一步加强课堂教学信息化应用实施方案》，提出了"雨课堂+"的建设思路，明确了考核标准和奖惩措施。

通过实施混合式教学改革，提升了教师信息化环境下的执教能力，创新教学模式，构建多元化、多维度的人才培养质量评价体系，推动了课程建设。目前，全校近800名专任教师在220个班级全部实施了基于慕课的混合式教学模式改革与实践，参与学生已达14 400余人。利用云平台与学生进行线上线下互动学习交流，提高了学生的学习积极性和学习质量。截至2018年4月底，贵州理工学院雨课堂注册用户数已达20 360人次，在全省排名第一。

第3节　在线开放课程平台推动课程建设及应用的案例

一、爱课程（中国大学MOOC）"教师教学能力提升MOOC"项目

慕课的出现，为教师培训的开展提供了一种新的解决方案。2014年7月，北京大学汪琼教授在爱课程（中国大学MOOC）平台先后开设"翻转课堂教学法"等3门教师教学能力提升慕课，获得广大一线教师的热烈欢迎。在总结3门慕课课程开发及在线培训经验的基础上，结合对国际教师培训慕课的调研情况，爱课程（中国大学MOOC）于2015年启动"教师教学能力提升MOOC"项目，旨在通过立项的方式邀请全国优秀专家、学者自主研发教师教学能力提升的专题慕课，并逐步构建相对系统的教师教学能力提升课程群，在国内首创性地以慕课课程群的形式进行教师培训课程的建设与运营，为广大一线教师教学能力的提升提供便捷、有效的解决方案。

自2015年10月起，该项目组织包括北京大学、浙江大学、华东师范大学、南京师范大学、华南师范大学、西北师范大学、广州大学、南宁师范大学等多所学校教育技术学和教育学领域的优秀团队，共计200余位专家、教授和一线教师参与课程建设。5年多时间内，先后开展4期项目建设，逐步构建了相对系统的教师教学能力提升慕课课程群。目前已建设并上线运营46门课程，涵盖教学方法、教学能力、信息化教学、职业素养等方面的内容。截至2019年年底，其

中的 15 门课程入选"国家精品在线开放课程"。

该项目系列课程在建设与运营过程中,形成了鲜明的特点。该项目系列课程不同于师范教育课程,而是专门为一线教师量身设计开发,每门课程持续 5~8 周,每周需要 4~6 小时的学习时间;课程内容聚焦教师教学能力的某一专题或热点问题,突出问题导向和行动导向;课程设计重在对实践案例的分析和成功经验的提炼,能帮助一线教师更好地理解和应用相关理论、原则和方法,推动教学反思,解决教学困惑;课程任务量适度,理论讲解和教学实践相结合,强调实用性;充分重视讨论和交流活动,鼓励学员提出问题和分享案例。

截至 2019 年年底,该项目 46 门课程累计学习人次接近 200 万,通过课程考核的学员超过 10 万人次,学员遍布全国。据问卷调查显示,学员对课程质量的评价打分平均值为 4.5 分(满分 5 分)以上,有近 9 成的学员认为课程对自己有较大或者非常大的提升,有 99% 的学员愿意将本课程推荐给自己的同事和同学。

二、爱课程(中国大学 MOOC)推动多样化课程应用

爱课程(中国大学 MOOC)整合平台上运营的 8 000 多门全学科全类型优质课程资源(含 1 000 余门国家精品在线开放课程),结合学校云、慕课堂的服务,推出高校在线教学解决方案,助力全国高校教师科学、有序、高效地用好在线课程,循序渐进地开展在线教学。在高校在线教学解决方案中,将慕课课程资源与 SPOC、慕课堂等教学服务配置为"慕课+慕课堂""慕课+认证学习""SPOC+慕课堂"等不同的应用方案,每种方案适合不同的教学场景,供高校和教师根据校情、学情自主灵活选择。

案例 1:慕课+慕课堂

大连理工大学"无机化学"课程教学团队,基于本校所建设的国家精品在线开放课程"无机化学(上、下)",结合慕课堂开展校内混合式教学。

在 90 分钟的课堂教学中,教师首先回顾上次课的内容,并在前测部分,使用慕课堂检验学生线上学习成效。根据学生反馈,帮助学生发现并解决学业问题。在学习部分,则将教师讲授与案例教学、参与式教学相融合,让课堂教学"活起来、火起来";并适当安排后测,检验当堂学习效果。最后教师对课程内容

进行总结,并布置课下学习任务。课后,学生进行自主学习,完成作业,阅读参考书,思考、绘制知识点框架结构图。教师则利用慕课堂的数据视图对学生的线上、线下学习数据进行汇总分析,对学习有困难的学生进行个性化辅导,为学有余力的学生提供大学生创新实验项目等实践拓展项目。

考核采用慕课堂测试 10%+课后作业 10%+期中(闭卷统考)30%+期末(闭卷统考)50%的形式。学生线上学习的效果通过慕课堂进行测试,以掌握、理解知识为目标,以"参与率"作为给分标准,以"正确率"作为主讲教师了解学生学习情况,对学生进行个性化培养的依据。此外,教学团队在期中考试和慕课堂测试中,还增设了大量的不定项选择题,提升考核的难度,让学生"跳一跳"才能学得好。经过两年的教学改革实践,针对学生的知识传授和能力培养均取得了很好的效果。采用混合式教学之后,课程考核通过率远超过传统教学方式的通过率。

案例 2:异步 SPOC+慕课堂

浙江工商大学引进了国家精品在线开放课程——重庆大学"电子商务",以"SPOC+慕课堂"的形式开展混合式教学改革,充分利用国家精品在线开放课程的优质资源,结合本校特点重构教学流程和评价机制,学生学习积极性和学习效果显著提高。以异步 SPOC 的方式引进优质课程资源后,课程团队根据本校教学实际情况进行了课程内容重构,设计了认识电子商务、解密电商支付、加速电商物流、透视网络交易 4 个单元,安排学生在线完成理论学习,包括视频学习、随堂测验和单元测验。

线下学习则安排了 8 学时的实验课、6 学时的研讨课、4 学时的课程导引和结束、18 学时的课堂授课。将理论学习与商业实践相结合,引入世界 500 强企业案例,研讨物流解决方案,提升学生的综合能力。建立学习小组,完成实验项目,促进理论与实践结合,进一步内化所学知识和技能。课堂中使用慕课堂完成签到、点名、讨论、练习和测试等内容。在慕课堂的支持下,课堂教学手段形式多样,有国际物流案例研讨、流程模拟和物流解决方案开发等,增加了课堂互动环节,活跃了课堂气氛,很受学生的欢迎。课后通过线上 SPOC 课程提供拓展资料,引导学生课外自主学习;利用 SPOC 讨论区,将互动从课堂延伸到课外,引导学生进一步总结和深入思考。

考核采用过程性评价机制,课程考核标准设置为:线上学习 30%(观看视频、自测、参与讨论等),线下学习 40%(其中课内实验和考试 40%,平时到课率 10%,依托慕课堂的讨论、测验和互动 30%,小组作业 20%),期末考试 30%。

开展混合式教学之后,教学质量显著提升。95%~100%的学生获得课程学分;学生积极参与校内物流大赛、电子商务比赛,40%~50%的学生在比赛中获奖或是获得创新学分;10%~20%的学生在省赛、国赛中获奖;5%左右的学生进行电子商务创业。

三、学堂在线"训练营"项目

"训练营"项目的开设基于学堂在线对新的教学模式的探索,致力于解决在线学习"难坚持、难学会"的难题。项目强调学习过程把控,在形式上侧重于实战,让学员在动手和实践中理解理论并掌握学科核心技能。

目前学堂在线已上线 5 个"训练营"项目,包括:与清华大学合作的"CS 精英挑战营",涉及 CS 中程序设计、数学思维、算法与数据结构三大核心领域,该项目于 2019 年 5 月首期开设,已开设 2 期,参与学员 300 余名;"算法训练营",面向计算机、人工智能等相关专业的学习者,理论和实践并重,注重培养算法思维和解决实际问题的能力,从 2018 年 6 月至今,已经开设 6 期,参与学员近千人;"C++训练营",面向 C++入门学习者,自 2018 年 8 月份以来,已开设 4 期,学员近 400 人;"高级机器学习训练营",旨在培养面向未来的 AI 人才,于 2019 年 12 月底首期开课;"社会网络分析训练营",主要介绍社会网络研究的基本概念、原则和理论,通过大量的经典研究和最新案例,传授如何收集、测量社会网络数据,以及社会网络分析软件 Ucinet 和 Netdraw 的运用,于 2020 年 2 月开课。

学堂在线还和清华大学、北京邮电大学分别合作开设了"清华大学数据科学认证证书""清华大学公共管理认证证书""北京邮电大学人工智能能力认证证书"等证书项目。证书项目需要学习者在按照课程要求完成项目中课程的学习和习题、通过期末在线考试后,再完成实践课题,即可申请相应高校的认证证书。

四、智慧树助力"慕课西行"

2018 年 10 月,由华东理工大学化学与分子工程学院徐志珍教授主讲的

"无机化学"课程作为国内率先试点的同步课程正式开讲。该课程依托智慧树捐赠的沉浸式远程直播互动教室得以展开。由此,华东理工大学的"无机化学"课程原汁原味地被"搬"到喀什大学,西部学生可以与华东理工大学学生在祖国的不同地点、同一时间同上一门课,学习东部优秀的专业基础课程。

"无机化学"是难度较大的一门课程,在试点初期进行的一次两校摸底测试中,喀什大学只有 7 名学生及格。由此,徐志珍老师增加了习题课,为喀什大学学生讲解重点难点。同时,该课程还以"无机化学"慕课的形式,依托智慧树课程平台与喀什大学实现共享,让学生不仅可以在课堂上学习,还可以充分利用课后的时间在线上自主学习,对所学知识进行巩固。除此之外,徐志珍老师挑选了 10 名优秀的华东理工大学学生对喀什大学学生进行帮扶,从学习、生活和人生规划等方面与喀什大学同学进行交流。期末测试时,喀什大学学生的成绩合格率为 67%,良好率为 27%,有 15 名学生得分在 90 分以上,成绩优于往届。同时,华东理工大学上该课学生的期末成绩,优秀率为 24%、合格率为 87%;学生们还从帮扶中提高了社会责任感和民族责任心。

迄今为止,"无机化学"同步课堂已运行三个学期,直播 87 次,实施了 174 个学时的教学。从 2019 年 9 月开始,该课程还辐射到了新疆石河子大学,形成了华东理工大学、喀什大学、石河子大学三校联动同步上课的模式,进一步扩大了该课程的影响。国内多家主流媒体,如解放日报、新闻晨报、光明网、央广网、东方卫视等对同步课堂进行报道。

五、超星集团与复旦大学合作打造"复旦通识"在线课程

复旦大学与超星集团于 2017 年起开展深度战略合作,共同打造"复旦通识"在线课程。截至 2019 年 12 月,已建设 50 余门在线课程,全国共有 1 000 余所高校 350 多万人次修读。由此,复旦大学通识教育的优质资源和实践经验向校外广泛传播,惠及全国广大高校师生。

双方围绕高水平在线课程建设、运行和研究,以及基于移动的教学活动设计和学习评价、新形态智慧空间建设、教师教学发展平台应用和教师教学研修培训资源建设等问题,通过共享推广渠道、整合双方资源等途径,实现构建复旦大学高水平在线通识课程、完善通识课课程形态、提升通识课品牌价值等目标。

双方以复旦通识教育核心课程为基础,综合考虑师资力量、教师意愿、助教团队、课程形态、推广价值,共同策划及推进高水平在线通识课建设,确保课程质量;制定相关激励政策与管理制度,组建研究团队,对国内外主流在线通识课的课程形态及应用形式进行研究,制定符合国内实际需求的在线通识课程建设标准、运行标准与评价体系,并对课程运行数据进行分析。

复旦大学和超星集团计划建设 80 门高质量的在线通识课程,实现复旦通识课程建设成果惠及更多高校师生。预计到 2025 年,双方将建设完成体系完整、内涵丰富的"复旦通识"在线课程体系,助力中国大学通识教育的深入开展。

六、中国高校外语慕课平台(UMOOCs)课程体系建设

中国高校外语慕课平台(UMOOCs)是依托中国高校外语慕课联盟的慕课平台,也是高校专属的外语在线课程平台。平台有注册用户 130 万人,课程使用院校 520 余所,上线优质语言文化类课程 122 门,其中有 10 门课程被认定为学分课,支持近百所院校进行线上线下混合式教学。平台还与"学习强国"学习平台、美国教育考试服务中心(ETS)以及职场社交平台 LinkedIn(领英)达成战略合作,在课程建设、应用等方面取得长足进步。

课程体系建设体现了该平台的学科视野与专业特色。平台本着服务国家战略、服务本科教育、服务人才培养的宗旨,依据《外国语言文学类教学质量国家标准》《大学英语教学指南》等重要文件,并广泛征求专家意见,逐步确定了在线开放课程体系,包括:

- 8 个语种板块:英、日、俄、德、法、西、阿、其他语种;
- 12 个课程方向:语言技能、语言学、文学文化、翻译、商务外语、国别区域、专门用途、语言测试、通识教育、研究生外语、职业教育、教师发展;
- 6 个特色专题:"一带一路"语言文化、外语话中国、汉语国际教育、国际人才、国际名校精品课程、国家精品在线开放课程。

这一课程体系为培养学生正确的价值观,提升学生语言能力、思辨能力和创新能力提供了丰富资源,为培养具有国际视野和中国情怀的新时代复合型复语型国际化人才提供了有力支撑,同时也为高校外语在线开放课程建设提供了选题引导。

同时,作为国内唯一一个外语语言与文化专业慕课平台,为打造一流外语课程,平台的运行单位北京外研在线数字科技有限公司发挥多语种编辑力量,深度参与到多语种、专业性较强或影响力较大的课程建设中,从课程内容、课程大纲、教学方法、视频形式、文本设计等方面与教师共同探讨,保证课程质量。同时,先后确定了在线开放课程选题申报和评选上线流程。注重课程的思想性,遵守三审、三校和质检流程,以及重大选题送专家评审的相关流程;鼓励同类课程开发各具特色避免重复建设;严把线上课程出口关,逐步成为汇聚和打造外语慕课"一流课程"的重要基地。

七、文华在线"课研工坊"产学合作模式

2016年9月,东莞理工学院与北京文华在线教育科技股份有限公司(简称"文华在线")正式签署战略合作协议,共建"东莞理工学院—文华数字化课程中心",建设提供课程数字化技术和全流程服务、推动学校教育教学改革的数字化课程中心和混合式教学实验基地,共同探索适合校内本土教育教学的改革模式。

(一)构建教师"创课"空间,打造混合式教学实验基地

1. 构建教师"创课"空间

校企共建支撑课程研发的"创课"空间,为教师提供"将优质教学内容转化为数字化课程"的技术、平台和人员服务。教学设计团队协助教师对原有课程进行解构,依据课程内容、特点和教学需求设计制作微课教学视频,满足新时代学生碎片化、移动化、泛在化的学习需求。东莞理工学院—文华数字化课程中心有序推进学校2018年校级质量工程项目、"翻转课堂"示范课程、专业核心课程群、全英文教学示范课程、通识公共选修重点课程等项目的建设工作。截至2019年年底,已承接106门课程的立项建设工作,已完成建设40门,正在建设28门,筹建38门。

教师"创课"空间出品的在线课程涉及工程、计算机、教育、经济管理、法学、外语、文学历史、思想政治8大类专业重点课程,全面带动校内课程数字化改革。

2. 打造混合式教学实验基地

东莞理工学院将教学改革的研究重点放在混合式教学设计上，基于在线课程（校内 SPOC）、优学院教学云平台与传统课堂进行融合创新，进一步推动在线课程在学校的应用。数字化课程中心提供的教学云平台支持教师自主建课、设置课程考核方案与教学计划、布置作业、发布测试等，实现对教学过程的全过程管理，配套的优学院 App 可以实现点名、问答、投票、分组、打分等课堂教学信息化支持。

东莞理工学院用于混合式教学实践的在线课程资源主要有两种，第一种是学校通过数字化课程中心链接企业和外校资源，将优质在线课程资源引入校内，以 SPOC 形式落地。例如，由文华在线与武汉工程大学共同推出的"创业基础"课程，该课程入选教育部 2018 年度国家精品在线开放课程。第二种是在线课程由本校教师自主建设，结合本校人才培养方案和课程目标建设完成，此类课程目前有 162 门。以"中国近现代史纲要"课程为例，该课程已应用了 6 个学期，学习次数共计 128 106 次。

（二）混合式教学模式初步取得成效

经过长期实践，学校探索总结出了三种适合不同课程类型的混合式教学模式。第一种是掌握学习模式，适合公共基础课；第二种是技能训练应用模式，适合实验实践类课程；第三种是研究探索模式，适合专业课。总而言之，东莞理工学院的混合式教学实践就是结合课程特点与教师教学风格，将随堂练习、技能实操、案例研讨与在线课程按照不同比例进行混合，以实现最佳教学效果。

（三）"课研工坊"模式优势渐显

2018 年，在"教育部产学合作协同育人项目对接会"上，东莞理工学院—文华数字化课程中心由于其在在线课程建设与混合式教学应用实践中的突出表现，入选"产学合作协同育人项目优秀案例"。目前，数字化课程中心创建了 20 多个师生沟通群，为全校 562 名教师、14 719 名学生提供及时、有效的运营支持服务。

第4节　在线开放课程相关组织推动课程建设及应用的案例

一、中国高校计算机教育 MOOC 联盟

（一）联盟简介

2014 年,教育部高等学校计算机类专业教学指导委员会、软件工程专业教学指导委员会、大学计算机课程教学指导委员会联合我国多所高校发起成立了"中国高校计算机教育 MOOC 联盟"（以下简称"CMOOC 联盟"）,随后高等学校动画与数字媒体专业教学指导委员会也加入了联盟。CMOOC 联盟致力于积极倡导、引领和推进慕课建设,促进计算机教育的创新改革,提高计算机教育的质量,推动教育公平;在全国范围内开展慕课的建设与应用,形成了具有中国特色的慕课教育教学模式,推动了我国高校计算机类慕课的建设与教学改革创新,为更多专业开展慕课教学起到了示范带头作用。

CMOOC 联盟现有成员高校 500 余所,联盟的省级工作委员会已覆盖全国 25 个省（自治区、直辖市）,每年培训教师超过 50 000 人次,1 000 余名教师参与联盟各类活动的组织工作,为我国 600 余所高校的 10 余万名教师提供优质慕课资源。

（二）CMOOC 联盟推动计算机类慕课建设取得显著成绩

联盟通过发布建课指南、遴选"联盟建设课程"的方式,对慕课资源进行整体规划,突出课程体系的概念,不断提高课程质量、扩大课程影响力。对于遴选出来的"联盟建设课程",联盟从以下方面全力培育:为课程的拍摄与制作提供资金和人力支持,为上线课程提供技术支持;借助会议、培训等多种方式传播课程建设与应用经验;支持课程主讲教师组建"课程工作组",开展线上线下的教学交流活动。

从 2016 年开始,联盟在"联盟建设课程"范围内评选"联盟优秀课程"。其遴选标准包括:课程内容先进,符合教学指导委员会制定的教学规范,体现国内计算机教学改革的新动向;教学方法得当,具有推广价值;社会影响显著,课程

在多所高校得到应用,有效支撑了高校课程教学改革工作。

(三) CMOOC 联盟多层次推进慕课应用取得积极成效

联盟通过试点学院建设、西部行、优秀案例评选等多种方式,推进计算机类慕课的广泛应用。

自 2015 年起,CMOOC 联盟与大学计算机课程教学指导委员会联合实施了"中西部高校 MOOC 课程改革试点项目",分别在 30 多所中西部高校推广慕课教学应用,以优质慕课资源帮扶中西部高校,致力于解决教育资源不充分和发展不均衡问题,取得了可喜成就。在单门课程试点的基础上,CMOOC 联盟启动了计算机类专业教学改革试点工作,开展慕课试点学院建设。2016 年,联盟在成员高校中遴选了 13 个试点学院,首批支持 12 个"计算机相关专业慕课教学试点学院"(以下简称"试点学院")建设,2019 年启动第二批试点学院建设,探究以"MOOC+SPOC+翻转课堂"为核心的教学改革和教学管理服务在不同类型高校的共性与差异性。

在"联盟建设课程""联盟优秀课程"评选的基础上,联盟于 2017 年适时启动了"联盟优秀翻转案例"评选。"联盟优秀翻转案例"源自联盟 500 余所高校大量一线教师在实际应用慕课于教学过程中自创的案例,重在对线上线下混合式教学实践的探索,特别是对翻转课堂教学案例的挖掘。

二、浙江省高等学校在线开放课程共享联盟

(一) 联盟简介

2016 年 12 月,在浙江省教育厅的指导下,浙江大学、浙江广播电视大学、浙江省教育技术中心等高校和单位发起成立了"浙江省高等学校在线开放课程共享联盟",联盟以面向"互联网+"时代高校人才培养需要,促进联盟成员间优质课程资源共建共享,提高课程教学质量,创新人才培养模式,探索建立质量优良、投入多元、权责清晰、利益共享、开放包容、充满活力的浙江线上大学为宗旨。主要职责是:① 组织开展优质在线开放课程建设;② 建设互联互通的在线开放课程平台;③ 制定保障联盟持续运行的规章制度;④ 推动优质在线开放课程的跨校选用、学分互认;⑤ 推动联盟内高校的课堂教学改革;⑥ 为社会公众推荐可免费使用的优质在线开放课程。

（二）稳步推进在线开放课程建设与应用

1. 完善联盟的运行管理机制

联盟成立以来，依据《浙江省高等学校在线开放课程共享联盟章程》定期召开联盟理事、常务理事、理事长会议，聚联盟各方之力对课程建设、管理机制、共享应用、学分互认等工作统筹谋划，先后出台了《浙江省高等学校在线开放课程共享平台共享管理办法（征求意见稿）》《浙江省高等学校在线开放课程共享平台运行管理办法（试行）》《学分银行在线开放课程学习档案库建设说明》等文件。

2. 稳步开展在线开放课程建设与应用

联盟按照"先建设，后应用，再认定"的方式开展在线开放课程建设工作，着力提高课程质量，推动课程资源的跨校共享应用。在线开放课程建设周期要求为两年，一年为学校课程建设周期，一年为上线应用周期，之后再对课程进行认定。由此，浙江省高校在线课程分为三类，如表5-1所示。

表5-1　浙江省高校在线课程类型

课程类型	定义
在线课程	指各高校遵循"课程建设保障机制"发布到平台的在建课程，仅适用于校内SPOC教学。
在线开放课程	指前述在线课程在立项后，遵循"课程运行保障机制"在课程共享联盟范围内面向学习者，进行课程共享、学分互认的在线课程。
精品在线开放课程	指通过对前述在线开放课程进行课程质量评价，遴选出的面向全社会开放的优质在线开放课程。

相应地，在线课程质量保障体系由以下三个环节构成：

第一个环节，课程建设保障机制：制定在线课程建设标准及管理办法，所有建课教师和建课学校都应遵守此标准及管理办法，确保在线课程科学规范。

第二个环节，课程运行保障机制：制定在线开放课程运行管理办法，所有选用在线开放课程的学校必须保证教学条件，按照教学运行标准组织教学过程，保障课程教学有序运行。

第三个环节,课程质量评价体系:制定在线开放课程评审管理办法,组织开展在线开放课程质量评价,遴选优质在线开放课程。同时,对课程建设与运行起到指导性的作用。

根据浙江省教育厅的要求,联盟组织开展了多次省级精品在线开放课程遴选工作。分层分类推进优势特色学科专业的在线开放课程群建设与应用,鼓励跨校共建优质公共基础课、专业基础课和创新创业类课程,切实提高浙江省高等学校在线开放课程的建设水平。

三、粤港澳大湾区高校在线开放课程联盟

(一)联盟简介

2018年11月,中山大学、华南理工大学、暨南大学、华南师范大学等11所高校联合发起成立粤港澳大湾区高校在线开放课程联盟的倡议。2018年11月24日,在广东省教育厅的指导下,联盟正式成立。联盟现有成员高校63所,其中有港澳高校5所。联盟成立以来,积极整合粤港澳优质课程资源,助力粤港澳大湾区高等教育集群发展。

粤港澳大湾区高校在线开放课程联盟秉承"开放·共享·创新"的理念,在联盟的平台建设上采用多平台合作方式,得到国内主流慕课平台的大力支持,联盟门户系统实现了跨平台统一认证、多维度课程搜索、全方位数据分析的课程选、学、用一站式服务。目前,联盟上线课程达1 500多门,集聚了爱课程(中国大学MOOC)、学堂在线、智慧树等慕课平台的优质资源,课程面向联盟高校免费开放、共享,形成兼收并蓄、共赢多赢的生态体系。

(二)推动粤港澳高校联络融通,促进在线开放课程交流合作

粤港澳三地高校各有所长、合作空间广阔,以慕课为切入点,能够跨越地域、时空限制,逐次带动三地高校课程建设、课程互选、学分认定、师资互通、模式互鉴等各层次合作,构架教学理念、教学方法、教学模式融通的桥梁,促进学生、师资、教学和学术的交流融合。

联盟开展了多种形式的交流活动,促进三地高校的沟通互动。例如,组织召开广东省在线开放课程建设与应用研讨会、粤港澳高校智慧教学与"金课"建设研讨会等多场大型会议,通过培训、交流、研讨的方式提高成员高校管理部门

和广大教师的建课、用课和管课水平。

(三) 在线课程建设多措并举,取得积极成效

联盟在课程建设方面采取标准先行、政府规划、多校共建、建改并举、建引结合的举措,建设体系化、结构化的专业慕课群和具有湾区特色的优质通识慕课。

1. 标准先行。联盟致力于建立健全三地在线开放课程对接机制,制定在线开放课程建设标准、上线标准,规范粤港澳大湾区高校在线开放课程建设与应用;鼓励粤港澳大湾区高校发挥各自学科专业优势,共建共享优质在线课程。例如,制定了《粤港澳大湾区高校在线开放课程联盟课程建设、上线与运行管理办法(试行)》《粤港澳大湾区高校在线开放课程学分认定实施办法(征求意见稿)》等。

2. 规划共建。广东省教育厅主动规划,牵头组织相关高校共建体系化、结构化的在线开放课程,列入省级质量工程项目。目前已经立项建设包括新工科、新师范、新农科、卓越医生、卓越法治、卓越新闻人才培养等10余大系列85门课程,不仅汇聚了各校优质资源,共建系列化的优质专业主干课程,也避免高校各自为政,减少资金的重复投入,还便于专业课教师获得共享资源。

3. 建改并举。积极开展培训工作,鼓励教师对原有精品课程进行改造,对达到在线开放课程上线标准的课程予以奖补;对共享需求大的课程进行前期投入,支持课程建设与上线。同时,以上课程在湾区高校实行免费共享。

4. 建引结合。联盟在组织会员积极共建和自建课程以外,还积极发挥加盟平台的作用,引入各平台的优质课程,供联盟成员选用,现已引入各加盟平台的优质课程487门,涵盖12个学科门类。

(四) 多校试点跨校选课,探索在线课程共享机制

为了让粤港澳大湾区的学生获益,联盟汇聚了许多优质课程,如香港中文大学的"昆曲之美"课程以昆曲为核心主题,通过学者与表演艺术家的解说示范,提升学生对中国传统文化、古典文学与表演艺术的鉴赏能力;中山大学的"创新思维训练"课程全国总选课人数超过75万人次;华南农业大学的"食品原料学"在全国使用学校有200所,总选课人数26 000多人,课程浏览量超过639万次;澳门大学的"创意"课程注重通过实践活动来提高学习的趣味性,还提供

了英文、简体中文、繁体中文三种字幕,以便于各地区的学习者学习。

经过实践探索,联盟建立和完善了包括高校供课、学校选课、学生选学、联合授课、学习过程管理、学习数据反馈的一整套流程和机制,为湾区成员高校大规模开展多校互选共享联盟课程积累了经验,创造了条件。

四、福建省高校在线教育联盟

福建省高校在线教育联盟(以下简称"福课联盟")成立于 2016 年 5 月 25 日。联盟在福建省高教处的指导下,主要负责指导和管理全省高校在线课程的建设、开展在线教育相关人员培训、组织在线教育合作交流等事宜。联盟组织制定并实施了《福建省高校精品在线开放课程建设标准(试行)》等一系列规范标准,在课程建设、跨校互选、学分互认和对外交流方面取得了可喜的成就。各成员高校也制定了相应的教学质量保障机制,学习评价机制和在线课程学分认定机制。

截至 2019 年 12 月,福课联盟一共立项建设了 459 门省级精品在线开放课程、270 门省级精品线上线下混合式课程和 30 个省级慕课应用型本科教学团队,组织认定了 293 门省级精品在线开放课程;组织开展了 7 个学期的省内 38 所本科高校间的课程跨校互选、学分互认,选修学生达 37 万人次,其中有 24 万人次获得学分,省外高校和社会人员选修数超过 300 万人次;共有 54 门课程入选国家级精品在线开放课程。

联盟指导各高校出台了推进线上课程、线上线下混合式课程等一流本科课程建设与应用的政策措施,促进教师更新教学理念、提升信息技术应用能力,激发广大教师的积极性、创新性,大胆开展线上线下混合式教学实践,实施精准化、个性化、多样化的新型教学组织形式。加强高校与企业、课程平台的合作,以在线开放课程的建设应用为重要手段,推动信息技术与教育教学的深度融合、传统课堂与在线课程的有机融合,助推以学生为中心的课程改革、教学方式与学习方式改革,形成高水平人才培养体系。

五、北京高校优质课程研究会

2015 年,北京高校优质课程研究会(以下简称"研究会")在北京市教育委员会的指导下成立。研究会常务理事成员单位包括：中国人民大学（理事长单位）、北京理工大学（秘书长单位）、北京大学、北京师范大学、北京航空航天大学、北京交通大学、中国农业大学、北京邮电大学、北京工商大学、首都师范大学、北京语言大学、北京赢科天地电子有限公司（副秘书单位）。

北京高校优质课程研究会作为高校优质课程共建共享平台，以"开展优质教学资源共建共享研究，推动高校人才培养模式改革，提升教育教学质量"为宗旨，以"课程共享、学分互认、提升教学质量、深化教学改革"为目标，构建平台、课程、机制、研究"四位一体"的建设体系。研究会现有成员高校 30 余所，个人会员百余人，汇聚国内名校课程三百余门，吸引了近 46 万余名高校在校生、教师、社会人员学习，帮助上万名学子获得了慕课课程学分。

北京高校优质课程研究会依托北京高校丰富的教育资源，以课程研究会的组织形式开展精品在线课程建设与共享的探索与实践，促进学校和教师更新教育理念、改进教学方式与手段；以"一校一课""课程群"建设为龙头，推进在线课程建设和应用，推动优势特色专业课程的共建共享；全面规划、系统建设优质通识课程，实现优势互补，帮助高校完善育人体系，提升育人质量；以"一带一路"倡议为切入点，推进体现中国元素的全英文课程建设；通过线上学习实现跨校辅修，逐渐建成学科专业齐全，优质资源汇聚的大学型组织。通过一大批优质在线开放课程的建设与共享推进课程内容与教学方法的改革，促进以学生为本的课程体系与教学体系的重塑。

北京高校优质课程研究会通过工作会、专项研讨会等方式，持续改进平台和课程质量，在此基础上，形成了优质课程建设标准、工作流程等，并积极与其他课程联盟联合搭建区域共建平台，实现优质课程"共建共享共赢"。

六、东西部高校课程共享联盟

截至 2019 年年底，东西部高校课程共享联盟成立近七年，累计有 2 200 多所高校的 4 600 万人次大学生修读联盟课程并获得学分，其中有西部地区高校约 600 所，开展各种规模、形式的教师培训活动共计 25 000 多场次，参与培训的教师超过 120 000 人次。

（一）质量建设

2019年，联盟的各成员单位与运营单位智慧树密切合作，建设了大量优质学分课，涉及帮助当代大学生树立正确价值观的"红船精神""大庆精神""西南联大与现代中国"等内容，以及培养思辨能力的"批判性思维""商业伦理与企业社会责任"等主题，还有涵盖中华优秀传统文化、大学生身心健康、新技术与职业发展等方面的各类通识课与专业课。

建以致用、用以促学，课程质量不断提高，应用规模不断扩大，是联盟始终坚持的发展方向。截至2019年秋季学期，联盟已经上线共享学分课程2 500余门，全年校均选课45门，其中单学期选课超过50门的有481校次，超过200门的有43校次。2019年，智慧树上线"AI慕课管家"。随着联盟学分慕课新课标的实行与新技术的有效应用，用课学校线下考核的比例显著增加，推动了课程质量稳步提升。

（二）慕课西行

联盟持续开展面向西部高校的课程建设、共享及教学环境搭建等支援活动。联盟在石河子大学专门建设了课栈，服务学校教改；在喀什大学、塔里木大学、新疆财经大学等高校建设了沉浸式远程直播互动教室，实现课堂共享。联盟通过西部工作的实践证明了部分专业课程利用现代教育技术进行"柔性援助"模式的可行性，探索出了从教案设计、制度激励、条件保障到教法改革、过程考核的完整经验。

（三）微专业创新

联盟在2018年建设并推出了首个微专业项目，即北京大学国际关系学院的"国际组织与全球治理"项目，迄今已经运行了三期，有10余所高校组班学习。中国海洋大学管理学院的"创新创业"，iCAN国际创新创业大赛的"创新工程"，复旦大学上海医学院的"医学与健康"等微专业项目也陆续建设完成，在2020年春季学期上线运行。四川大学、天津大学、同济大学、哈尔滨工业大学、华南理工大学等越来越多的高校也开展了微专业的重构与建设，与联盟合作，为培养卓越人才服务。

七、山东省高等学校课程联盟

（一）联盟简介

2013 年,在山东省教育厅的指导下,山东科技大学牵头成立了山东省高等学校课程联盟。联盟由省内 71 所本科院校组成,分为四个分联盟:工科教育联盟、师范教育联盟、新建本科高校联盟和医科教育联盟。联盟致力于推动省内高校人才培养模式创新,加强课程资源建设与共享。以自愿、平等、合作、发展为原则,以课程共建共享为基础,充分发挥成员高校课程优势和特色,建立课程学分互认和学生校际交流互访等机制,为学生多样化发展创造良好条件。

（二）推动在线课程建设与应用的举措

1. 依托联盟推进省内高校在线课程建设

山东省高等学校课程联盟在省教育厅指导下成立了山东省高等学校在线开放课程管理服务中心,指导全省高校建设在线课程,加强上线课程的规划和遴选,避免重复建设。鼓励高校之间、高校与企业之间通过协同创新、集成创新方式联合建设在线课程,推动在线开放课程群建设,实现在线开放课程多种形式的应用与共享。

根据课程应用和共享范围,山东省在线开放课程分为 A 类和 B 类课程。A 类课程面向全省高校共建共享,B 类课程面向不同区域、不同学科、不同类型高校共建共享。联盟内成员高校都认可学分的课程列入 A 类课,以通识课、专业基础课为主;分联盟成员高校认可的课程列入 B 类课程,以专业课为主。联盟按学期出具《山东省高等学校在线开放课程平台运行报告》,并针对相关课程进行数据分析。

2. 制定联盟课程建设管理文件和规范标准

为加强联盟课程建设和管理,促进优质课程资源共建共享,联盟先后制定了《山东省高等学校课程联盟章程(试行)》《山东省高等学校在线开放课程建设实施方案》及《山东省高等学校在线开放课程指导性建设要求》《山东省高等学校优质在线开放课程认定指导标准》;起草了《山东省高等学校课程联盟课程共享管理暂行办法》《山东省高等学校课程联盟在线开放课程建设质量标准》

《山东省高等学校在线开放课程平台课程上线管理办法》《山东省线上线下混合式优质课程建设实施方案》等管理文件,并将出台《山东省高等学校在线开放课程平台课程上线审核办法》《山东省高等学校在线开放课程共享管理实施细则》。通过强化制度建设,规范在线开放课程建设、应用、引进和对外推广流程,加强对在线开放课程的质量审查。

3. 搭建山东省高等学校在线开放课程平台

为推进在线课程建设和应用,山东省高等学校课程联盟依托智慧树搭建了山东省高等学校在线开放课程平台,开展全省高校在线开放课程建设与应用的培训及技术服务等工作。省级在线开放课程通过上线山东省高等学校在线开放课程平台进行共享,在省内高校间免费开放互选互用。2018年,首批37所高校的397门课程在山东省高校在线开放课程平台上线运行;2019年,第二批两轮次共45所高校的680门课程上线运行。联盟成员高校将适应本校人才培养需求的A类课程和相应分联盟认可的B类课程列入学期教学(开课)计划和教务管理系统,供学生自主选课。通过在线自主学习、在线测试考核、在线质量监控、线下深度学习等方式推动在线开放课程的广泛应用,促进教学改革。截至2019年12月,联盟内共有65所高校学生参与选课,选课学生达到910 932人次。

八、湖北高校课程共享联盟

(一)联盟简介

湖北高校课程共享联盟简称"楚课联盟",是在湖北省教育厅的领导和支持下,由湖北大学牵头并联合省内高校共同组建的湖北省省级课程共享联盟,理事长单位由湖北大学担任,中南民族大学、武汉科技大学等8所高校为理事单位,秘书处设在湖北大学教务处,联盟目前已有34所成员高校。

(二)推动湖北省慕课建设与应用取得显著成绩

1. 楚课联盟统筹规划联盟高校共建量大面广的通识课、优质专业课、荆楚文化特色课程。对接湖北"一芯两带三区"的建设要求,通过校企共建课程、共建微专业项目等方式,应用在线课程服务企事业人员职后发展,为行业、产业培养高新技术人才,服务地方经济社会发展。

2. 为带动湖北省在线开放课程建设与应用深入发展，联盟通过遴选审查，前后共上线 21 所高校的 115 门优质在线开放课程，供联盟学校课程互选。包括湖北大学、武汉工程大学、武汉轻工大学在内的多所高校积极组织学生开展跨校互选。

3. 联盟组织跨校学生课程互选共 2 万余人次，覆盖 22 所省内高校，教师团队基于联盟平台积极探索开展课堂教学改革，推进了教学组织形式、学习方式和管理模式的变革创新。

4. 联盟组织了"优秀教学改革案例征集"活动，共有包括武汉大学、华中师范大学、湖北大学、武汉科技大学等在内的 37 所高校提交了 94 个教学改革案例，经专家评审有 70 个案例获得认定。联盟还于 2019 年 5 月启动"线上线下混合式金课"教学大赛，共有 32 所高校 293 名教师参加比赛。

5. 联盟开展"名师进校园行动计划"，举办名师进校园活动 13 次，通过线上同步课堂、线下见面课的方式促进课程资源的共享以及教师教学能力提升。

6. 2019 年，联盟举办教师培训 146 场、省内工作推进会 3 次、教师"金课"教学研讨会 2 场，通过共享教研数据、教师跨校协同备课，培养了一批慕课教学名师，形成了一系列教学改革案例。建设了在线课程评审平台，通过数据分析、用户画像等方法协助教育厅开展课程评审以及评审后课程教学数据、应用状态的监测工作，推动省内一流课程在教学中的应用。

九、卓越农林在线课程联盟

（一）联盟简介

卓越农林在线课程联盟成立于 2018 年 7 月，是在教育部、农业农村部、全国高等学校教学研究中心的支持和指导下，由西北农林科技大学、华中农业大学、中国农业大学、南京农业大学、福建农林大学等国内高等农林院校和相关企业共同发起成立的在线开放课程联盟。联盟宗旨：充分发挥高等农林院校学科专业优势，本着共建、共享、共赢的理念，积极推进在线开放课程的建设和应用，促进高等农林院校教育改革创新，提高教育质量，提升高等农林院校在国内外的地位与影响。

联盟主要工作内容：

1. 打造合作交流平台，研讨农林高校在线开放课程建设的热点难点，开展在线开放课程建设战略研究。

2. 整合联盟各高校的优质教学资源，协同打造一批特色鲜明的一流在线开放课程。

3. 促进校际在线开放课程共享与应用，推动跨校选课及学分互认，建立优质课程共享应用机制。

4. 开展基于在线开放课程的教学研究与交流，分享新形势下的教学改革经验，推进信息技术与教育教学深度融合。

（二）主要开展的工作

联盟成立以来，建设了"卓越农林在线开放课程"门户网站，打造了一批特色鲜明的在线开放课程，促进了校际在线开放课程共享与应用，推进了信息技术与教育教学深度融合。

2019年11月，为全面贯彻落实习近平"三农"思想和习近平生态文明思想，深入贯彻落实《中共中央国务院关于实施乡村振兴战略的意见》，根据《教育部 农业农村部 国家林业和草原局关于加强农科教结合实施卓越农林人才教育培养计划2.0的意见》，联盟制定了包含37门"大国三农"精品通识教育课程的首批课程建设规划，全面启动课程建设。"大国三农"精品通识教育课程建设以立德树人为根本任务，紧紧围绕中华农耕历史与文明、农业生产与生活、农业生产与粮食安全、农村社会发展等"三农"主题，充分发挥联盟成员优势，合作开发建设一批全方位展现中华民族农业、农村、农民的伟大发展历程与璀璨文化以及未来农业发展趋势的系列精品通识教育在线开放课程和教材，弘扬和传播中华农耕文明，探讨与交流未来农业走向，培养"三农"情怀，增强民族文化自信，服务乡村振兴战略、生态文明和美丽中国建设。

联盟力争经过3~5年的努力，全面建立"大国三农"精品通识教育课程体系，建成50门左右在线开放课程，出版一批新形态教材，增强学生服务"三农"和农业农村现代化的使命感和责任感。

第 5 节　在线开放课程对教学改革的推动作用

网络技术的进步使得随时随地的信息交互、知识分享和数据整合成为可能。泛在、移动、灵活的学习方式正在突破传统教育的局限,在线开放课程对教学改革的推动作用日益凸显。从微观上看,在线开放课程通过构建优质课程资源共享平台,为学习者提供优质教育资源,形成更加丰富更加系统化的资源空间;从中观上看,在线开放课程推动教学模式创新,"三阶式"翻转课堂教学、"1+N"混合课堂教学等模式打破了传统讲授的局限,打造了师生互动、生生互动的教学场景;从宏观上看,在线开放课程形成跨区域的学习共同体和学习社区,促进区域内教育水平的高位均衡。

随着个性化学习、混合式教学、多元评价等创新实践受到高度关注,全国涌现出大批以在线开放课程为依托的教学改革案例,在 2018 年的国家教学成果奖获奖项目中,明确涉及在线课程的案例有 39 个,其中包括 10 个职业教育案例。本节将结合获奖案例,从三个层面介绍在线开放课程对教学改革的推动作用。

一、在线开放课程扩大优质教育资源覆盖面

在线开放课程资源库初具规模,推动优质资源的覆盖面持续扩大。目前,我国针对不同阶段的教育需求形成了具有一定规模的精品教育资源,并从国家层面推动优质资源的共享。例如在基础教育方面,由教育部主办的"国家基础教育资源网"面向全国中小学校免费提供包括课程教学、教学素材、主题探究、学习指导、专题教育、教师培训、教育管理和少数民族语言教育等方面的多种资源和服务。农村中小学远程教育资源应用普及到中西部地区 23 个省(市、自治区)和新疆生产建设兵团的 38.4 万个农村中小学和教学点[①]。在高等教育方面,教育部、各级教育行政部门、企业和高校积极推动资源开发和使用,结合一

---

① 农村中小学远程教育工程[EB/OL].[2020-04-17].https://baike.baidu.com/item/农村中小学远程教育工程/1155247.

流课程"双万计划"的实施,推动省级、校级配套政策出台,扩大优质教育资源覆盖面。

在线开放课程促进教学资源从专用向通用迈进,资源组织方式也随之改变。从资源供给主体来看,当前国内教育资源大致可分为三类:一是由企业开发,由学校或地方教育行政部门购买的个性化资源;二是由学校开发,并由学校教师自行建设的校本资源;三是由政府投资建设,学校免费使用的开放性资源。从资源购买主体来看,主要包括教育行政部门、学校、教师和学生等。以前学校强调资源要"为我所有",现在更强调"为我所用",从买资源向买服务转型,通过学校之间的共建共享、学分互认,形成优质资源联盟,共享可定制的系统化通用资源。

本章节选取 2018 年国家教学成果奖获奖项目中的"全国地方高校优课联盟在线开放课程建设与应用"和"基于全国教师网联公共服务平台的教师教育课程共享创新与实践"两个项目的相关内容对此加以说明。

(一) 典型案例:全国地方高校优课联盟在线开放课程建设与应用

全国地方高校 UOOC(优课)联盟(以下简称"优课联盟")成立于 2014 年 5 月,由深圳大学首倡并牵头主导,苏州大学、湖北大学、黑龙江大学等 133 所地方高校自愿参加[①],通过整合地方高校优质教学资源,开展大规模在线开放课程建设,实现课程共建共享和学分互认,为联盟高校学生及社会学员提供优质课程与学习服务。优课联盟以"联盟共建、学校投建、教师自建"相结合的方式,立足学校特色和学生实际,建设系列优质在线开放课程,覆盖师生人数 300 万,累计选课人次近 60 万[②];制定了《全国地方高校 UOOC(优课)联盟章程》《全国地方高校 UOOC(优课)联盟建设与运行管理办法》《全国地方高校 UOOC(优课)联盟在线课程质量与学分互认管理办法》等规章制度,不断规范和完善联盟的各项管理制度;实现了地方高校间优质课程资源的共建共享以及学分互认,开展了在线教育的理论研究,形成了较大的社会影响力。优课联盟创建联盟、学校和企业三方合作的可持续发展运行模式,以及"线上线下一体化"的跨校教务

---

① 优课在线官网 [EB/OL]. [2020-04-17]. http://www.uooc.net.cn/league/union/org.

② 我校受邀加入全国地方高校 UOOC(优课)联盟 [EB/OL]. [2020-04-17]. https://www.hbut.edu.cn/info/1044/6632.htm.

管理协同机制,形成由供课学校、用课学校、跨校教师、跨校学生、平台技术、助教服务等多主体多要素组成的教务管理系统,实现了联盟平台与成员高校教学管理的无缝衔接。

(二) 典型案例:基于全国教师网联公共服务平台的教师教育课程共享创新与实践

全国教师教育网络联盟(以下简称"网络联盟")是2003年在教育部支持下,由北京师范大学牵头,联合华中师范大学、西南大学等相关高校和机构组成的教师学习型协作组织。网络联盟建设了全国首个教师教育云平台"全国教师网联公共服务平台",平台业务系统包括门户及办公系统、网络学习与管理系统、免费师范生培养支持系统等六个子系统,实现了北京师范大学、华中师范大学、西南大学等九所高校的跨校课程互选和学分互认。网络联盟课程互选和学分互认工作流程,如图5-1所示。

网络联盟研制了同步课堂的建设标准,组织成员高校按照统一的技术标准建设各自的直播教室和听课教室,通过"实时视频直播教学系统"把分布在各所大学的"智能型"多媒体教室连接在一起。依托全国教师网联成员高校,分期建设针对在校本科生(主要为师范生)、公费师范生教育硕士以及在职教师等的共享课程,基于公共服务平台的共享课程累计开设357门次,积累课程资源目录近1 400条。2012年至2016年学生跨校选课人数达到2.7万人次[①],其中包括以免费师范生为主的本科生选课1.2万人次。

二、在线开放课程促进课堂教学模式创新

在线开放课程创建个性化的课程学习方案和内容,支持学习者开展移动学习和泛在学习。在线开放课程具有实时交互、访问灵活、自由开放等特征,能根据学习者的不同需求从海量学习资源中提取和推荐符合学习者认知需求的学习资源,提供课堂讲解、随堂测试、分组协作、成绩测评等教学内容。支持学习者自定学习步调,根据学习兴趣确定学习的路径,引导学习者在个性化的情境

---

① 我院张为群教授等获得国家教学成果二等奖[EB/OL].(2019-11-14)[2020-04-14]. http://computer.swu.edu.cn/s/computer/index1/20191114/3905688.html.

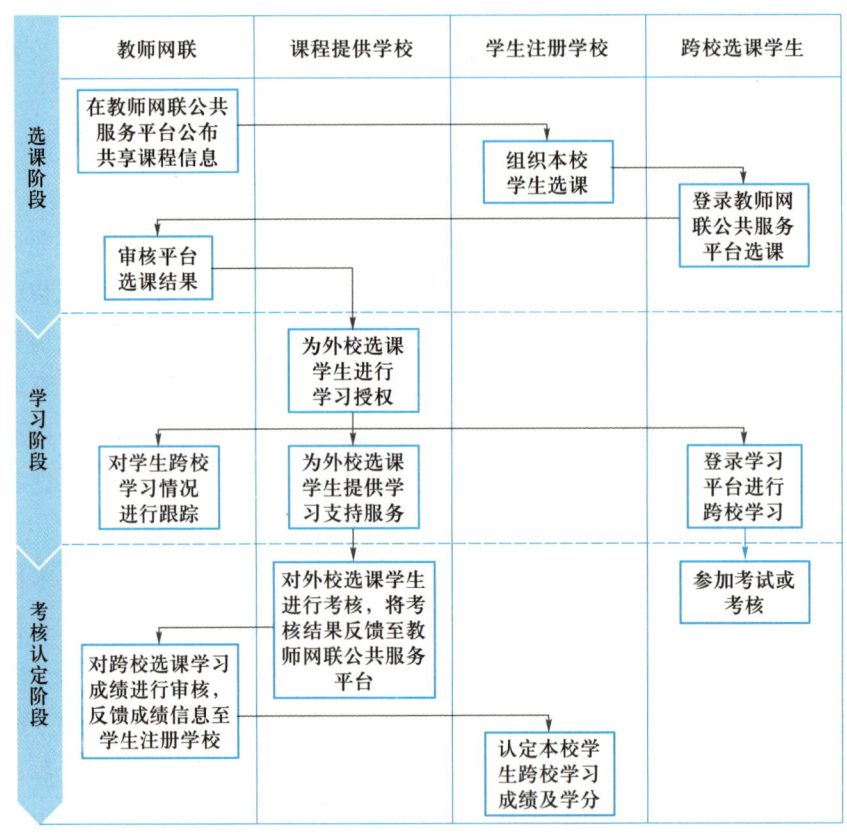

图 5-1　网络联盟课程互选和学分互认工作流程

中进行自主探究。移动学习端为学习者提供方便快捷的交互方式,学习者的个体体验受到重视,教师不再是课程学习中的权威,师生之间、同伴之间可以自由地展开互动与交流,促进"时时可学"和"处处可学"的实现。

在线开放课程为课堂教学创新提供支持,使在线教育与传统学校教育的界线不断模糊和重叠。通过在线开放课程的运用,可以实现在线教学、翻转课堂、混合式教学等教学模式创新,引导学习者进行互动讨论,促进师生之间的协作和互动,增强学习的主动性和自我管理意识。在线开放课程与大数据、物联网等技术的结合,能够记录并保存学习者的学习行为,利用行为分析算法挖掘学习大数据背后的规律,改进教学策略和方法,为学习者提供个性化的学习指导。

线上学习获得的学分可以转化为学历教育的学分,在线教育跟学历教育的对接引发了教学方式、人才培养模式等方面的深刻变化。

本章节选取 2018 年国家教学成果奖获奖项目中的"深度融合信息技术的高校人才培养体系重构与探索实践""以课堂教学改革为突破口的一流本科教育川大实践"和"以学为中心的高校课程质量持续提升机制的构建与实施"三个项目的相关内容,对此加以说明。

(一) 典型案例:基于在线课程的混合课堂教学(选自"深度融合信息技术的高校人才培养体系重构与探索实践"项目)

华中师范大学贯彻以教育信息化带动教育现代化的总体思路,构建了深度融合信息技术的人才培养体系。通过确立以学生发展为中心的人才培养理念,形成以学为主、能力为先、更加开放和个性化的教育支撑体系。修订人才培养方案,实现"四个转变":教学方式从以教为主向以学为主转变,教学资源供给从以教定学向以学定教转变,教学空间从以课堂为主向线上线下结合转变,教学评价从以结果评价为主向以数据驱动的过程评价为主转变。推进信息技术与教育教学深度融合,提出"物理·资源·社交"三空间融合的信息化教学理论和"学术·技术·艺术"三结合的教师专业发展理论,制定一系列支撑信息化教改的技术、内容、能力、管理等标准规范。研制出台 A、B、C 三类数字课程资源规范,采用自建、共享、购置三种方式汇聚优质资源,完成 800 余门必修课数字化建设,引进 220 余门境内外高校优质专业课和通识教育网络课程。从培养方案、教学环境、教师能力、教学资源、教学方法、评价方式、管理服务、教学文化八个方面系统推进改革,构建信息时代的人才培养新体系。

学校为了构建以学生为中心的人才培养模式,调整通识教育、专业主干、个性发展三类课程比重,压缩课内学时,把时间还给学生。依托自主研发的云端一体化教学平台完成必修课网上开课,汇聚大量外部优质资源,实现师生一人一空间,全面开展线上线下打通、课内课外结合、实体虚拟一体的混合课堂教学。一大批优秀教师积极开展卓有成效的信息化教学创新实践,形成了信息化环境下的"三阶式"翻转课堂教学、"1+N"(一师多课堂)和"1+M+N"(一师多校多课堂)混合课堂教学等成熟模式,实现基于大数据的精确学情诊断、学习过程跟踪、学习效果评价和个性化资源推送,探索规模化前提下的个性化教学,显著促进了优质教学资源共享。

(二) 典型案例:"大规模""小班化"的在线课程(选自"以课堂教学改革为突破口的一流本科教育川大实践"项目)

2007年,四川大学开展"全要素课堂教学改革、全过程非标学业评价、全方式推进个性化培养、全师资强化教书育人、全方位加大教学投入"系统改革,抓住"45分钟课堂"主战场,以课堂教学改革为突破口,打造"高阶学习"课堂。针对目前国内大学的课程体系大都以学术型课程为主,缺少对学生创新创业知识和能力培养的问题,四川大学率先提出了万门课程建设计划,形成包括学术研究型课程5 000门、创新创业型课程1 000门、实践应用型课程1 000门,行业专家课程1 000门、跨学科交叉复合型及感知未来课程300余门的多元课程体系,为每个学生提供个性化教育;学校有14门课程入选首批国家精品在线开放课程,在线开放课程修读人数超过128万人次。

学校致力于建设具有较高影响力、体现学科特色的在线开放课程和项目制课程。依托国际国内一流慕课平台,形成课上课下、线上线下、MOOC与SPOC相结合的学习环境和机制,实现国内外名校优质课程资源共享,倡导学生参与社区、企业或政府项目,提升团队协作精神和担当能力。在全校课程中,实施"小班化、探究式"课程的比例达到70.5%,开展非标准答案考试课程930门,邀请哈佛大学、牛津大学等著名大学的570名外籍专家开设全英文课程754门,年均受益学生超过3万人次。

(三) 典型案例:"微专业"和"课堂+在线"课堂教学(选自"以学为中心的高校课程质量持续提升机制的构建与实施"项目)

西南交通大学紧密围绕课程教学,凸显以"学"为中心的教学理念,构建以学生为中心的课程教学改革与创新机制。针对"新工科""工程+"复合型国际人才培养的发展性、实效性需求,在全国范围内率先推进"微专业"项目建设,首批精心打造土木工程、电气工程、会计学三个微专业项目。学习者通过5~10门左右核心在线课程的学习,能快速达到某一领域的工作技能要求。社会学习者若修完所有课程,可获得相关"微专业"在线学习结业证书;辅修第二专业的在校学生,修完所有微专业课程后,可获得辅修专业证书①。

西南交通大学从"总体设计""在线学习""课堂学习""教学研究"四方面发布改革指导意见,全面推广基于综合教学设计的"课堂+在线"深度融合的混合式教学模式改革,促进理论教学、慕课教学、专业竞赛"三堂互融"。建立科学的全过程评价体系并大规模开展教学改革实践,打造国家级精品在线开放课程、视频公开课、资源共享课近 50 门,慕课上线 40 余门,累计选课 80 余万人次②。构建"全方位、立体式、智慧型"信息化教学服务平台,开发授课助手、教学 App、微信小程序等创新应用,实现精细化教学管理。

三、在线开放课程助力教育水平高位均衡

在线开放课程有助于提高教育资源质量和应用水平,促进教育公平的实现。利用信息化手段实现优质教育资源共享是缩小区域、城乡、校际差距的重要途径。在线开放课程打破了"以教师和课堂为中心"的封闭性传统教学,提供平等的教育机会,主要体现在入学机会均等、享有教育资源机会均等、教育结果均等以及为学生提供更多的自由选择机会等多方面。其影响不仅涉及学校教育,还逐步影响到企业培训、医学研究、军事训练等方面。

在线开放课程有助于实现精准扶智,尤其是为偏远农村地区提供支持。在线开放课程的出现为推进教育高位均衡发展提供了重要契机。随着开放教育资源逐渐结构化、系统化,通过将在线开放课程提供给偏远农村地区,实现了优质教育资源的共享,缓解了偏远农村地区优质教育资源缺乏的现实困难,提高了教学质量。

本章节选取 2018 年国家教学成果奖获奖项目中"共建共享共营——'京学网'服务北京终身学习的创新实践""和"跨区域跨校在线开放课程'1+M+N'协同教学模式创新与实践"两个项目的相关内容,对此加以说明。

---

① 西南交通大学微专业"爱课程"平台上线[EB/OL].[2020-04-15]. http://www.sc.gov.cn/10462/10778/10876/2018/8/22/10457438.shtml.
② 西南交通大学积极构建以学生为中心的课程教学改革与创新机制[EB/OL].(2018-10-21)[2020-04-17]. http://www.moe.gov.cn/jyb_xwfb/s6192/s133/s210/201810/t20181012_351224.html.

（一）典型案例：市区两级联动的终身学习服务机制（选自"共建共享共营——'京学网'服务北京终身学习的创新实践"项目）

2013年年底，北京开放大学在北京市教委支持下开始建设运营"京学网"，面向北京市民提供终身学习和社区教育服务。"京学网"充分调动市区两级政府资源，与北京市教委、北京市妇联、北京市老干部大学、北京市科协等单位紧密合作，并与多个区级学习网进行资源、用户、信息的共建共享，从而实现了横向内容汇聚、纵向渠道打通，推动北京终身学习服务的共享式集约化发展，成为北京学习型城市建设工作的重要网络支撑。

"京学网"通过自建、共享、购买、互换、整合等方式，汇聚了大量贴近市民学习需要的优质资源，形成涉及养生保健、科学技术、文化艺术、语言学习、居家生活等多个专题，共计5 100多集、10万余分钟的终身学习资源。针对女性、老年人等大规模受众群体，采取视频资源推送、网络直播和公众平台推广等方式扩大资源受益面，提升市民素质。针对职业群体，承担了北京市教委的小学数学教师研修，幼儿园新入职教师研修以及新型职业农民学历教育等项目；2017年将幼儿园教师培训的优质教育资源输送到河北大名（国家级贫困县），为当地幼儿园教师培训提供支持，服务了京津冀协同发展战略和教育扶贫的国家战略。

（二）典型案例：跨区域跨校在线开放课程"1+M+N"协同教学模式创新与实践

为推动慕课与高校教学深度融合、提升教育质量、促进教育公平，中国高校计算机教育MOOC联盟在全国范围内跨区域跨校开展了大规模协同教改实践，提出跨区域多校在线开放课程"1+M+N"协同教学新模式，即以1组名师引领建课，跨区域协同M所高校，使N多个学生受益。多校教师基于慕课建设本地化SPOC，形成分层次在线课程群，解决了"大规模教学"与"分层次差异化教学"的矛盾，开创了优质教育资源共享与协同教学新形态。将传统慕课的在线开放学习模式同教师指导下的有组织课堂学习及学生线下自主学习相结合，既有助于以名校名师名课带动我国不同地区不同类型高校教学质量的内涵式提高，又有助于解决我国地方高校特别是西部高校高水平师资短缺的问题。联盟建设了享誉全国的计算机类慕课群及在线开放实验平台，应用范围覆盖全国300余所高校,为我国以慕课推动高校教学改革起到了引领示范作用。①

第6节　在线开放课程对学习型社会的推动作用

一、在线开放课程助力继续教育、服务终身学习

（一）清华大学依托慕课创新培训形式

由清华大学社会科学学院主办的积极心理学培训班(混合教学课程),旨在为社会各界培养既有较强理论分析能力,又有较强社会实际工作能力的高层次、复合式、应用型积极心理学专业人才。通过系统地学习,学员能够掌握积极心理学的理论与方法,了解当今国际和国内积极心理学应用的成功经验,具有积极心理学工作领域所必需的理论素养、问题分析能力和较强的专业工作能力。

积极心理学培训班(混合教学课程)总共有48学时的课程,其中面授课程为2天共16学时,网络课程共16章节共32学时,网络课程部分使用学堂在线慕课平台。该项目是清华大学的第一个线上+线下的证书培训项目,这种培训方式既保留了面授部分,又可以让更多人在不同的地方学习到积极心理学知识;既保证了学习内容的系统与严谨,又方便学员灵活安排学习时间,是非常适合继续教育人员的培训方式。

从2018年9月至2019年10月,积极心理学培训班(混合教学课程)已经先后举办了4期课程,共有730名学员参加学习,这些学员来自全国各地、各行各业。

（二）湖南人才市场公共教育网助力专业技术人员继续教育

由湖南人才市场有限公司主办的公共教育网是湖南省专业技术人员继续教育基地,全面实现专业技术人员网络远程在线授课。

公共教育网紧跟教育新理论、新知识、新技术、新规范、新标准,针对继续教

---

① 跨区域跨校在线开放课程"1+M+N"协同教学模式创新与实践[EB/OL].(2018-04-26)[2020-04-17].http://cs.hit.edu.cn/_s176/2018/0426/c10031a206407/page.psp.

育学习需求的个性化、多样化特点,建成了以公需科目、专业科目以及选修科目为主的课程资源体系。学员可以自主安排时间,通过网上注册、学习、考试、证书打印,足不出户即可轻松完成继续教育学习培训任务。

公共教育网具有实、活、细、严、精等特点,课程建设与知识服务实现深度对接,变以往线下分散式培训为网络在线集中培训,实现了单位组织参训、个人主动报名、自主学习考试、自动生成记录、完整呈现学习过程与学习成果的一体化。网站提供国学系列、党政系列、个人软技能系列等名师课程,可供专业技术人员自主选择学习,课程资源丰富。

同时,网站自主开发在线课程,累计建设并上线课程 580 门,涉及土建工程、水利水电、文化艺术等 36 个行业类别。

自 2017 年起,湖南人才市场公共教育网由北京文华在线教育科技股份有限公司开发并负责运维。截至 2019 年 12 月 23 日,2019 年度培训人数为 128 620 人,人均培训量为 35 学时,合计培训时间为 4 501 700 学时,累计发放继续教育合格证 292 082 张。

(三)清华大学在线认证证书项目服务终身学习

相较于传统的单门慕课,认证证书项目是由一系列的相关课程组成,学习者可以在系列课程的学习中获得综合性、体系化的训练和培养。清华大学于 2018 年 6 月发布了首批在线认证证书项目,即数据科学认证证书项目和公共管理认证证书项目;2019 年 1 月,发布信息化教学胜任力证书项目。

数据科学认证证书项目旨在提升学习者的大数据分析能力、数据管理能力及创新应用等方面的能力,对其从事数据分析及管理等工作起到积极促进作用,该项目包含 6 门课程,自 2018 年 6 月开设以来,共计有学习者 400 余人。

公共管理认证证书项目为学习者系统介绍现代公共管理的理论、知识与技能。通过学习,学习者可以掌握公共管理的新理论、新方法,增强解决实际公共管理问题的能力与技巧。该项目包含 6 门课程,自 2018 年 6 月份开设以来,共有学习者 100 多人。

二、携手学习平台覆盖更广群体

（一）中国高校外语慕课联盟携手"学习强国"平台

中国高校外语慕课联盟理事长单位北京外国语大学、联盟平台运营方北京外研在线数字科技有限公司与中央宣传部宣传舆情研究中心达成战略合作，以平台上线课程为基础，在"学习强国"学习平台的"看慕课"栏目中，开设中国高校外语慕课联盟专属运营子栏目"高校外语联盟"。"高校外语联盟"栏目包括"一带一路语言文化""专门用途""语言文学""教师发展"4 大板块。首批 19 门课程于 2019 年 5 月 18 日正式上线"学习强国"。运行近 7 个月，共计获得近万点赞量。第二批共 5 门课程，于 2019 年 11 月 19 日报送"学习强国"，目前已经上线 2 门，在一个月内获得了 2.3 万点赞量。

（二）基层党员在线教育平台"人民云党建"

1. 建设背景

为进一步创新党员教育方式，增强党员教育工作的活力和吸引力，人民网旗下北京文华在线教育科技股份有限公司充分利用"互联网+"的优势，精心打造了一款基于云计算技术的新型"互联网+党建"平台——人民云党建。

2. 平台特点及功能介绍

目前，平台上共有党的十九大、两学一做、党员发展、全面从严治党、时事教育等十余个专题共 200 多门课程，内容紧贴当前时政话题，时效性与权威性兼具。

除了拥有丰富的党课资源之外，人民云党建平台还具备学习统计、学习管理、通知公告、在线考试、调查评估、报表导出等多项功能，可以满足管理者掌握学员学习情况、进行学员管理、组织考试、监督指导等需求。

3. 典型应用案例：苏州国际教育园云党建联盟

苏州国际教育园地跨苏州高新和吴中两大国家级经济开发区，在校师生十余万人，党员人数七千多人，青年团员人数近七万人。由于各院校层次和管理体制存在诸多不同，各院校党组织之间的交流与合作较少，区域党建工作面临着"组织活动难、发挥作用难、考核激励难"等困难。2017 年 9 月，园区正式引入人民云党建学习平台，搭建苏州国际教育园云党建联盟。利用"互联网+党建"模式开展党员学习,既解决了人员分散、组织起来费时费力的问题,同时也能对学员学习效果做到整体考核、动态检测。平台提供了180门党课、181份学习资料,辖区内各院校学生党员可以更加方便、灵活地进行党内学习,更加高效地进行交流反馈。园区党支部明确要求全体党员在平台上每年至少要完成20学分的课程学习。

  截至2018年9月,平台服务覆盖了园区13所院校及机构:江苏省外国语学校、江苏邮政职工教育培训中心、苏州卫生职业技术学院、苏州大学文正学院、苏州工业职业技术学院、苏州工艺美术职业技术学院、苏州市职业大学、苏州建设交通高等职业技术学校、苏州技师学院、苏州旅游与财经高等职业技术学校、苏州科技大学、苏州经贸职业技术学院、西交利物浦大学附属学校。

第六章 慕课标准与规范体系建设

自 2013 年以来，我国慕课在政府、高校和社会机构的推动下健康有序发展。教育部在 2015 年发布《关于加强高等学校在线开放课程建设应用与管理的意见》（教高〔2015〕3 号），要求高校要建立在线开放课程教学与学习的管理、激励和评价机制，文件指出："省级教育行政部门、高校要结合本区域、本校实际，对在线开放课程的建设、应用与管理制订实施办法"。

在教育部国家精品在线开放课程认定和一流课程建设的推动下，各高校、联盟、平台纷纷行动起来。高校出台了慕课建设应用与实施管理办法，联盟组织出台了联盟层面的慕课评价标准，慕课平台制定了慕课建设与上线开放标准。各高校教师不断深入探索建设和应用慕课的新模式，尤其是线上线下混合式教学新模式，通过多种类型的慕课与混合式教学培训会、慕课与混合式教学竞赛等活动，形成了慕课与混合式教学改革的新场景、新浪潮，既应用慕课改进教学，也对慕课标准的制定产生重要影响。

2019 年 4 月，教育部高教司委托教育部高等学校教学信息化与教学方法创新指导委员会（以下简称"教指委"）启动慕课标准与规范的研制工作，目前相关工作已取得较大进展。

第 1 节 慕课标准与规范建设工作的背景

一、慕课标准与规范建设的作用及意义

近年来，慕课建设与应用得到了持续快速发展，同时也出现了一系列亟待解决的问题。由此，制定慕课标准与规范的必要性凸显出来。

1. 制定标准规范，有助于营造良好的慕课生态环境。慕课建设与应用涉及课程本身、课程平台、课程开放与服务、课程监管等，涉及教师、学生、学校、平台

方、课程制作方、教学工具提供方等诸多角色。制定统一的标准规范有助于凝聚共识，共同营造良好的慕课生态环境。

2. 制定标准规范，有助于提高慕课质量。制定精品慕课标准，可以引导教师建设精品慕课，以精品慕课带动广大高校提高课程质量，进而提升高校教育教学水平。

3. 制定标准规范，有助于引导更多的教师会用慕课、善用慕课。慕课是新生事物，如何将其运用于教学中是需要探索的。制定慕课标准规范有助于更多的教师了解慕课建设与应用方法，了解慕课对教学改革的深刻影响，了解用慕课创新教学方法和增强教学效果的方法。

4. 制定标准规范，有助于学生选择与学习慕课。高等学校学生不同于社会学习者，是需要获得规定的学分才能完成学业的。慕课标准规范，对于制定慕课学分认定标准是非常重要的，制定统一的标准规范有助于学生选择学分慕课来完成学业。

5. 制定标准规范，有助于慕课的监管与评价。评价标准的一致性，将为国家、省级教育行政部门、第三方机构依法依规管理慕课及慕课平台，开展在线开放课程分级评价与认定工作，提供必要的依据。

二、教育部关于慕课标准与规范的相关要求

2015 年，教育部印发《关于加强高等学校在线开放课程建设应用与管理的意见》（教高〔2015〕3 号），提出："规范在线开放课程建设、应用、引进和对外推广的工作程序。完善课程内容审查制度，加强教学过程和平台运行监管，防范和制止有害信息传播，保障平台运行稳定和用户、资源等信息安全。""鼓励高校制订在线开放课程教学质量认定标准，将通过本校认定的在线课程纳入培养方案和教学计划，并制订在线课程的教学效果评价办法和学生修读在线课程的学分认定办法"。

2017 年，教育部办公厅下达《关于开展 2017 年国家精品在线开放课程认定工作的通知》，从课程团队、课程教学设计、课程内容、教学活动与教师指导、教学效果与影响五个方面对申报课程提出了要求。2018 年，教育部办公厅下达《关于开展 2018 年国家精品在线开放课程认定工作的通知》，与上一年相比增加了"课

程平台支持服务"的要求。2019 年,教育部高等教育司下达《关于开展 2019 年国家精品在线开放课程认定工作的通知》,又进一步细化了对申报课程的要求,更加重视教学设计,在课程内容方面强调要坚持立德树人,在教学活动方面更关注应用效果。

2018 年 1 月,时任教育部副部长林蕙青在在线开放课程建设与应用推进会上提出:"研究制定我国在线开放课程的相关标准,在慕课建设的模式、推广应用和标准制定等方面掌握国际话语权。"

2019 年 4 月,教育部副部长钟登华在中国慕课大会上提出:"大力推进慕课的建、用、学、管,促进中国高等教育的变轨超车""质量是慕课的生命线。高校要加强质量管理,建立慕课建设、质量审查、课程运行和效果测评等制度"。

2019 年 10 月,教育部发布《关于一流本科课程建设的实施意见》,同时提出了《"双万计划"国家级一流本科课程推荐认定办法》,从教学理念的先进性、课程设计的创新性、课程内容与资源的科学性和时代性、教学效果的显著性等多方面对课程的"两性一度"(即高阶性、创新性、挑战度)进行评价。

第 2 节　慕课标准与规范建设工作的进展

一、省级教育行政部门的工作进展

近年来,全国 30 余个省级教育行政部门纷纷出台关于本科高校省级在线开放课程建设与应用的实施方案,以及慕课学分认定等方面的相关政策。福建省教育厅 2016 年发布《关于申报 2016 年省级精品在线开放课程的通知》〔闽教办高(2016)9 号〕,确定在线开放课程建设标准和遴选指标,包括课程团队、课程内容与资源、教学设计、学习支持与学习效果、建设措施及效果 5 个一级指标和 23 个二级指标。黑龙江省教育厅出台了《黑龙江省高等学校(本科)在线开放课程建设方案(试行)》。山西省教育厅推出了《山西省高等学校精品共享课程立项建设与认定办法(试行)》。浙江省教育厅推出《关于组织开展省级精品在线开放课程建设工作的通知》《关于推进高等学校精品在线开放课程学分认定和转换工作的实施意见》。江苏省教育厅推出《"十三五"江苏省高等学校在线开放课程建设实施方案》。广东省教育厅推出《关于加强本科高校在线开放课程建设和应用的意见》。

二、联盟类组织的工作进展

全国地方高校UOOC（优课）联盟于2014年推出《全国地方高校UOOC（优课）联盟MOOC课程建设与运行管理办法》，提出了教师团队、课程内容的完整性、课程内容的科学性和课程内容的技巧性四个方面的课程遴选标准，并对课程制作、课程上线流程、课程教学要求和课程评价等方面进行规范；同时，从供课、用课和联盟的角度，综合推出了《MOOC课程质量与学分互认管理办法》。

中国高校计算机教育慕课联盟（CMOOC联盟）于2015年成立慕课质量规范工作委员会，制定慕课与混合式课程标准规范，围绕慕课的建设、上线开放与服务、MOOC+SPOC及混合式教学等全过程制定指南与规范。同时，起草《在线开放课程分级评价认证标准》，将在线开放课程分为联盟建设课程、联盟优秀课程、联盟校本专属课程和联盟优秀案例课程等，并提出了相应的评价指标体系。2018年，CMOOC联盟将系列标准规范汇集成《CMOOC联盟质量规范汇编》，并在联盟年会上正式发布。

黑龙江省高校优质课程联盟于2017年6月推出《在线开放课程分级评价认证标准》，于2018年12月推出《黑龙江省精品线上线下课程评审方案》，从定性和定量两个方面对线上线下课程进行评价。

福建省高校在线教育联盟于2017年推出《福建省高校在线教育联盟课程建设与共享应用管理暂行办法》，从供课、选课、教学组织、成绩发布和激励措施方面对慕课建设和应用过程予以规范。

此外，中国高校外语慕课联盟发布了《中国高校外语慕课平台UMOOCs课程建设规范》，山东省高等学校课程联盟发布了《山东省在线开放课程共享管理实施细则（试行）》，广西漓江学堂发布了《广西漓江学堂课程建设规范与标准》，湖北高校课程共享联盟发布了《高校课程联盟在线开放课程建设标准（试行）》，中国高校财经慕课联盟发布了《中国高校财经慕课联盟微专业建设管理办法（试行）》《中国高校财经慕课（E-MOOC）联盟在线开放课程管理办法（试行）》《中国高校财经慕课联盟跨校选课与学分互认管理办法（试行）》，林业高校特色网络课程联盟发布了《林业高校特色网络课程联盟课程建设指导意见》。中国高校电工电子在线开放课程联盟、中国大学物理教育 MOOC 联盟、陕西高等教育慕课(MOOC)中心、全国电子商务数字教育发展联盟、北京高校优质课程研究会等也从联盟层面针对课程建设规范做了许多工作。

三、教指委的工作进展

教指委于 2019 年 4 月启动了慕课标准规范的起草工作,并于 2019 年 11 月形成了《高等学校慕课建设与应用实施指南(征求意见稿)》。该指南的宗旨是明晰慕课的概念,为慕课及精品慕课确立标准,为国家及省级教育行政部门加强慕课和慕课平台管理,开展慕课分级评价与认定工作提供参考。其主要内容包括:一、术语;二、慕课基本标准;三、基于慕课的线上线下混合式课程基本标准;四、慕课平台标准;五、精品慕课标准;六、基于慕课的精品线上线下混合式课程标准。

四、高校的工作进展

北京大学于 2015 年 11 月发布了《北京大学慕课运行管理条例(暂行)》,从慕课课程建设、上线审查、课程上线、课程运行以及教学工作量认定等方面予以规范。清华大学从 2015 年起,联合慕课平台及大学等 14 家单位开始研制《在线课程标准》,并于 2018 年 9 月发布国家标准《信息技术 学习、教育和培训 在线课程》(GB/T 36642—2018),主要从在线课程信息模型、在线课程评价方案信息模型和在线课程运营平台需要具备的基本要求等方面进行规范。哈尔滨工业大学先后发布了《哈尔滨工业大学在线开放课程建设应用与管理办法》《MOOC/SPOC 建设规范》《混合式教学实施管理细则》等系列文件。复旦大学不断追踪国际高等教育在线课程设计标准,形成 FD-QM 高等教育在线课程质量标准,强调课程设计的一致性原则。上海交通大学、西安交通大学、华中师范大学、武汉大学、西安电子科技大学等高校也推出了慕课建设与评价标准。

五、其他

除此以外,还有一些研究者针对在线开放课程的评价进行理论研究。例如慕课质量保证体系(李青等,2015),慕课评价指标体系(冯雪松等,2015),慕课质量评价指标体系(邱均平等,2015),慕课综合评价指标体系(姚凯等,2017),慕课质量评价体系(童小素等,2017)。

国内的各种在线开放课程教学设计大赛、教学创新大赛等也纷纷推出各自的评价标准。各在线教育企业及慕课平台也为慕课标准规范的制定做了大量工作。

第3节 慕课标准与规范体系的主要内容

一、慕课标准与规范体系的基本框架

慕课标准与规范体系分为指南、规范和标准三个方面。指南用于指导教师利用在线开放课程做课程改革,规范用于对在线开放课程的开放与服务行为和线上线下结合的教学行为进行约束,标准是对课程进行评优的依据,三者相辅相成。

1. 慕课建设与应用实施指南。围绕慕课建设与应用过程制定实施指南,用于引领和指导广大教师建设慕课和应用慕课。具体可分为慕课建设实施指南、慕课开放与服务实施指南、SPOC与MOOC+SPOC实施指南、混合式教学实施指南。

2. 慕课建设与应用实施规范。围绕慕课开放、服务、教学制定实施规范,用于约束慕课开放服务和混合式教学的基本行为,避免不良行为对慕课生态环境造成影响。具体可分为慕课开放与服务实施规范和混合式教学实施规范,前者规范慕课的开放和服务行为,后者规范利用慕课进行课堂教学的行为。

3. 慕课建设与应用分级评价标准。围绕慕课评优制定分级评价标准,引导各级教学行政部门、第三方组织开展课程评比、教学竞赛等。采用一致的标准,可以避免混淆,以及对教师正常教学的干扰。

二、慕课标准与规范体系的主要内容

教指委制定的慕课标准与规范体系包括如下内容:"慕课基本标准"规范了慕课的基本要素、基本的开放与服务行为;"精品慕课标准"则是对慕课的高标准要求,旨在引领教师实施课程创新,建设优质慕课;"基于慕课的线上线下混合式课程基本标准"从慕课与课堂教学结合的角度,规范了线上教学、线下教

学、线上线下混合式教学的基本要素及行为，旨在引领广大教师更好地运用慕课，提升本校课程的内涵、提高课堂教学的质量；"基于慕课的精品线上线下混合式课程标准"是对线上线下混合式课程的高标准要求，旨在引导高校教师高质量地开展混合式课程教学，深入钻研教育教学规律，提升本校课程的创新性、高阶性和挑战度；"慕课平台标准"对各平台的基本功能与技术、管理和服务进行规范要求，同时对各平台不断发展、扩展或延伸的功能提出建议，引导各平台在提供规范且一致的课程服务的基础上开发各自特色化的功能。

1. 慕课基本标准

从课程要素和开放运行两个方面进行规范，以保证慕课符合互联网学习规律以及高等学校课程的基本要求。

课程要素包括形式要素和内容要素。形式要素是指慕课最基本的构成部分，通常包括课程介绍、课程大纲、教学视频、导学资源、讨论话题、作业与测试题等。内容要素强调要遵循教育教学规律，体现现代教育思想，价值导向正确，无危害性信息传播等。

开放运行主要从课程运行的方式，如学期制、开放时长、学分标准等容易导致理解差异、影响学分互认的问题等方面进行规范。

2. 精品慕课标准

从课程内容的科学性、系统性、先进性、示范性和引领性，以及教学设计（包括教学方法与考核方法）的先进性等方面提出要求。从高校角度来看，慕课最重要的作用一是实现课程创新并快速传播，二是将其与实体课堂结合，推动实体课堂教学改革。慕课标准规范正是要引导慕课建设和应用以实现此目标。

3. 基于慕课的线上线下混合式课程基本标准

线上线下相结合的混合式课程，是指将慕课（线上）与实体课堂（线下）有机结合起来面向高校学生开展教学的课程。混合式课程基本标准主要从慕课应用方式、混合式教学设计原则、线上线下教学手段的正确运用、混合式教学实施要求等方面进行规范，引导教师利用慕课解决传统实体课堂难以解决的问题。

混合式课程的基本要素（课程大纲、教学内容、教学设计、教学活动、学习评价等），均要体现线上线下相结合的特征。由于涉及多手段、多渠道混合式学习，对于必要的说明文件、线上线下学时的分配、线上线下教学活动的组织、线上线下成绩构成等都有必要进行规范,以此来确保教育教学质量。

4. 基于慕课的精品线上线下混合式课程标准

精品混合式课程标准的研制目的是引导教师按照体现多元融合、产出导向等先进理念,完善混合式教学设计,更新教学内容,探索先进的教学方法,加大课程教学投入,建设具有创新性、高阶性和挑战度的课程,按照教学设计规范实施混合式课程教学,提高课程的教学效率,改善教学效果。

5. 慕课平台标准

主要从管理要求、技术要求、功能要求、服务要求等方面进行规范,目标是使慕课平台能更好更安全地为课程开放服务,同时支持各教育行政部门对课程进行监督和管理。

第 4 节　慕课标准与规范体系的应用与实践

目前,在教育部高等教育司的指导下,具有特色的中国高校慕课标准与规范体系已初步形成。教育部高等学校教学信息化与教学方法创新指导委员会负责慕课标准与规范体系的研制,高校在线开放课程联盟联席会承担标准规范的宣传贯彻工作。借助各学科慕课联盟、区域慕课联盟的推动,更大范围内的高校和课程教师得以了解和应用慕课标准与规范。该慕课标准与规范体系,既能够贯彻国家层面、省域层面对标准规范的政策需求,又能结合课程建设与教学改革实际情况有针对性地进行落实,同时还能够指导课程评优等工作。

在联盟层面,例如 CMOOC 联盟已带动 500 余所成员高校制定了慕课分级评价认定标准,评选了 4 批共 107 门联盟优秀课程、174 门联盟建设课程、273 门联盟翻转课堂优秀案例课程。

在高校层面,例如哈尔滨工业大学制定了慕课实施指南、开放服务与实施规范和管理办法,截至 2019 年年底,共立项建设了 6 批 190 门慕课(其中上线开放 112 门,入选国家精品在线开放课程 39 门),4 批 59 项混合式教学改革项目。

目前,慕课标准与规范体系建设取得了长足的进展,但是仍旧需要慕课实践者、研究者、服务者齐心协力,不断实践,不断总结,早日形成中国标准与中国方案并推广到更多国家,引领世界慕课的发展浪潮,扩大国际影响力。

政 策 篇

第七章　建设及管理政策

第1节　总体战略要求

在政府大力推动下,我国在线教育以立德树人为根本任务,立足科技发展前沿,主动适应第四次工业革命的发展趋势,积极求变,推进教育现代化变革。各高校、课程平台和课程联盟加速行动,聚焦信息技术与教育教学的深度融合,推动教育理念、教学模式和教育管理体制的深刻变革。目前,已形成慕课数量高速发展,规模覆盖全国,建用并重、建以致用的局面,进入了全新的高质量发展时期。

2018年9月10日,习近平总书记在全国教育大会发表重要讲话。他强调,在党的坚强领导下,全面贯彻党的教育方针,坚持马克思主义指导地位,坚持中国特色社会主义教育发展道路,坚持社会主义办学方向,立足基本国情,遵循教育规律,坚持改革创新,以凝聚人心、完善人格、开发人力、培育人才、造福人民为工作目标,培养德智体美劳全面发展的社会主义建设者和接班人,加快推进教育现代化、建设教育强国、办好人民满意的教育。

2019年10月,党的十九届四中全会审议通过的《中共中央关于坚持和完善中国特色社会主义制度、推进国家治理体系和治理能力现代化若干重大问题的决定》提出,构建服务全民终身学习的教育体系。发挥网络教育和人工智能优势,创新教育和学习方式,加快发展面向每个人、适合每个人、更加开放灵活的教育体系,建设学习型社会。

一、教育信息化推动教育现代化

教育信息化是推动教育现代化的有效手段,而慕课在促进信息技术与教育教学的深度融合、优质教育资源共享等方面发挥着举足轻重的作用。2015年5

月,国家主席习近平在致国际教育信息化大会的贺信中强调,要因应信息技术的发展,推动教育变革和创新,构建网络化、数字化、个性化、终身化的教育体系,建设"人人皆学、处处能学、时时可学"的学习型社会,培养大批创新人才。

2016年6月,教育部研究制定了《教育信息化"十三五"规划》,文件指出,"继续推动高校建设并向社会开放在线课程,促进中央部门高校支援西部高校开展在线开放课程线上线下混合式教学改革"。2017年1月,国务院印发《国家教育事业发展"十三五"规划》,强调要全力推动信息技术与教育教学深度融合,建设课程教学与应用服务有机结合的优质在线开放课程和资源库。

2018年4月,教育部发布《教育信息化2.0行动计划》,提出要汇聚高校、企业等各方力量,提供精品大规模在线开放课程。

2019年2月,中共中央、国务院印发《中国教育现代化2035》,提出推进教育现代化的八大基本理念:更加注重以德为先,更加注重全面发展,更加注重面向人人,更加注重终身学习,更加注重因材施教,更加注重知行合一,更加注重融合发展,更加注重共建共享;重点部署了面向教育现代化的十大战略任务,其中包括加快信息化时代教育变革,强调要创新教育服务业态,建立数字教育资源共建共享机制。

二、教育部推进在线开放课程的重要举措

1. 召开在线开放课程建设与应用推进会,认定首批"国家精品在线开放课程"

为实现高等教育内涵式发展,进一步促进信息技术与教育教学深度融合,实现高等教育教学质量的"变轨超车",2017年,教育部首次启动国家精品在线开放课程的认定工作,来自全国435所院校的1 383门在线开放课程参加了评选,最终有120所高校的490门课程入选首批"国家精品在线开放课程"。

2018年1月,教育部组织召开在线开放课程建设与应用推进会。会上,教育部高等教育司吴岩司长宣布了首批国家精品在线开放课程的认定结果。时任教育部党组成员、副部长林蕙青为入选课程团队负责人代表颁发证书并发表重要讲话。林蕙青副部长全面肯定了此次认定工作的重大意义,对入选课程团队表示热烈祝贺,并指出,面对新时代信息技术与教育教学深度融合的形势与

任务,要进一步提高认识,把建设和应用在线开放课程作为深化教学改革、提高教学质量的重要抓手,形成推进发展的良好政策环境。

2. 召开新时代全国高等学校本科教育工作会议,推动实现高等教育质量的"变轨超车"

2018年6月,教育部在成都召开新时代全国高等学校本科教育工作会议。教育部党组书记、部长陈宝生在会议上强调,高教大计、本科为本,本科不牢、地动山摇,要坚持"以本为本",推进"四个回归",加快建设高水平本科教育,全面提高人才培养能力。

陈宝生部长强调,"变轨超车"要更坚定一些。要推动优质资源开放共享,重塑教育教学形态,紧紧抓住信息技术变革带来的历史性机遇,推动实现高等教育质量的"变轨超车"。他还指出,要持续保持中国慕课的国际先进水平,制定慕课标准体系,打造更多精品慕课。加大慕课平台开放力度,建立慕课学分认定制度,推动教师用好慕课和各种数字化资源,着力破解区域之间以及校际优质教学资源分布不均衡的突出问题。

此次会上提出了"金课"的概念。随后,"金课"被写入《教育部关于狠抓新时代全国高等学校本科教育工作会议精神落实的通知》(教高函〔2018〕8号),文件要求各高校要全面梳理各门课程的教学内容,淘汰"水课"、打造"金课",合理提升学业挑战度、增加课程难度、拓展课程深度,切实提高课程教学质量。

2018年11月,教育部高等教育司司长吴岩在第十一届"中国大学教学论坛"作题为"建设中国'金课'"的主旨报告,强调课程是人才培养的核心要素,是教育最微观的问题,解决的却是教育中最根本的问题。课程是落实"立德树人"根本任务的具体化、操作化和目标化。报告中诠释了"金课"的"两性一度"(即高阶性、创新性和挑战度),并提出建设五大类型"金课"的目标和建设"金课"的五大保障。

3. 召开中国慕课大会,发布《中国慕课行动宣言》

2019年4月9日,中国慕课大会召开,大会围绕"识变、应变、求变"的主题,聚焦信息技术、智能技术与教育教学的深度融合,深入推进教育理念、教学内容、教育教学模式与方法的深刻变革。会上,教育部公布了2018年国家精品在线开放课程认定结果,来自全国的801门课程入选第二批国家精品在线开放课程。会上发布了《中国慕课行动宣言》，为中国慕课发展绘就了蓝图。《中国慕课行动宣言》提出三点共识：超前识变、积极应变、主动求变；介绍了自 2013 年我国慕课建设起步以来的行动与发展成果，总结了慕课发展的经验；描绘了中国慕课发展的五大愿景：建设公平、共享、服务、创新、合作之路。

三、教育部关于在线开放课程的相关政策及指导性文件

为加快推进在线开放课程和平台建设，促进课程应用，加强组织管理，2015 年 4 月，教育部发布了《关于加强高等学校在线开放课程建设应用与管理的意见》（教高〔2015〕3 号），明确我国在线开放课程建设的三项基本原则、七大重点任务以及组织管理责任。

2016 年 6 月，教育部发布《关于中央部门所属高校深化教育教学改革的指导意见》（教高〔2016〕2 号），强调要着力推进信息技术与教育教学深度融合，建设一批以大规模在线开放课程为代表、课程应用与教学服务相融通的优质在线开放课程。2016 年 9 月，教育部发布《教育部关于推进高等教育学分认定和转换工作的意见》（教改〔2016〕3 号），强调要推动各类高等学校之间学分认定和转换，促进优质教育资源开放共享，建立具有中国特色的学习成果认定和转换体系，推动建设全民学习、终身学习的学习型社会。

2018 年 9 月，教育部发布《关于加快建设高水平本科教育 全面提高人才培养能力的意见》（教高〔2018〕2 号）（简称"新时代高教 40 条"），强调要推进现代信息技术与教育教学深度融合，重塑教育教学形态，大力推进慕课和虚拟仿真实验建设，共享优质教育资源；要发挥慕课在提高质量、促进公平方面的重大作用，制定慕课标准体系，规范慕课建设管理，规划建设一批高质量慕课，示范带动课程建设水平的整体提升。

2019 年 10 月，教育部发布《关于一流本科课程建设的实施意见》（教高〔2019〕8 号），启动一流本科课程"双万计划"：计划经过三年左右时间，建成万门左右国家级和万门左右省级一流本科课程，建设五大"金课"，即线上一流课程、线下一流课程、线上线下混合式一流课程、虚拟仿真实验教学一流课程、社会实践一流课程。各高校纷纷响应，加快步伐建设五大"金课"，开启了中国慕课发展的新阶段。

第 2 节　地方教育行政部门的管理办法与监督机制

为深化教育教学改革,推动信息技术与教育教学深度融合,促进优质课程资源共建共享,各地方教育行政部门响应国家号召,制定相应的政策、办法推动在线开放课程建设,保证在线开放课程的健康发展。

一、重庆市

(一) 总体思路

根据教育部《关于加强高等学校在线开放课程建设应用与管理的意见》等文件要求,重庆市教育委员会出台了《关于开展市级精品在线开放课程建设工作的通知》(渝教高〔2015〕76 号)等文件,明确了在线开放课程建设的总体要求与目标任务。

1. 立项建设一批在线开放课程

鼓励在渝高校发挥学科专业优势,以适合网络传播和教学为基础,以利于激发学生兴趣和提高学习成效为目标,以大学生文化素质教育课、受众面广量大的公共课、通识课、学科基础课及专业核心课程为重点,从 2016 年开始,计划用 3 年时间立项建设 600 门市级在线开放课程,其中公共课、通识课、学科基础课及专业核心课程约占三分之二。

2. 认定一批市级精品在线开放课程

通过综合考察课程的教学内容与资源、教学设计与方法、教学活动与评价、教学效果与影响、团队支持与服务等要素,从 2017 年开始,经学校申报,对已上线应用的在线开放课程组织评估,将使用效益好、师生评价高的 500 门课程认定为市级精品在线开放课程,并择优推荐参加国家精品在线开放课程认定。

3. 积极探索有效的教学方法和机制

通过在线开放课程的广泛应用,鼓励高校跨校、跨专业通过协同创新和集成创新的方式建设满足不同教学需要、不同学习需求的在线开放课程或课程群。鼓励高校从"需求侧"出发,研究在课堂教学中有效利用在线资源,创新教学方法的案例,切实提高学生学习实效。

4. 完善健全监控制度

初步建立全市高校课程共享、学分互认机制；规范资源建设与教学组织管理，完善经费与政策支持保障制度，健全学习效果质量监控体系，促进课程持续改进。

（二）建设原则

1. 立足自主建设

采取"政府推动、高校为主、社会参与"的方式，集聚优势力量和优质资源，引入竞争机制，逐步建立在线开放课程和平台可持续发展的长效机制。

2. 注重应用共享

坚持应用驱动、建以致用，整合优质教育资源和技术资源，注重教学设计和学习效果，实现课程和平台的多种形式应用与共享，促进教育教学改革和教育制度创新，提高教育教学质量。

3. 加强规范管理

坚持依法管理，明确学校和课程平台运行机构的主体责任，强化建设主体的自我管理机制，规范在线开放课程建设工作程序。完善课程内容审查制度，加强教学过程和平台运行监管，防范和制止有害信息传播，保障课程平台运行稳定和用户、资源等信息安全。

（三）建设模式

1. 高校建设

重庆市在线开放课程建设以高校为主体，各在渝高校立足本校优势课程进行在线课程的立项、开发、应用及推广，依托重庆市高校在线开放课程平台等公共课程服务平台，按照"本校先用，渐次开放"的原则，优先向本校学生开放使用，逐步向其他院校或社会学习者推广。引导高校制定与课程建设配套的激励保障措施，建立课程质量保障机制，将参与建设、使用在线开放课程纳入教师的教学工作量核算或业绩考核。

2. 市级认定

为提升在线课程建设应用质量，重庆市积极开展市级精品在线开放课程的推荐认定工作，按照"先用后评，以评促建"的方式，学校先建设应用再申报市级认定。重庆市教委每年组织专家对已上线应用的课程进行评审，将使用效益好、师生评价高的课程认定为"市级精品在线开放课程",对参与课程建设应用的教学团队给予奖补,并优先推荐参加国家精品在线开放课程认定。

3. 应用监测

对在渝各高校建设的在线开放课程,重庆市教委通过网络监管、使用评价、年度检查等方式对课程的教学内容与资源、教学设计与方法、教学活动与评价、教学效果与影响、团队支持与服务等情况进行跟踪监测和综合评价,委托第三方专业机构开展课程应用监测评价服务,监督和管理课程的运行、维护和更新,实现在线课程常态化、安全化运行,促进课程建设质量和使用效益不断提高。

(四)具体措施及成效

1. 政策支持

2014年9月,重庆市教委等9部门召开全市教育信息化工作会议,发布《关于加快推进教育信息化的意见》(渝教科〔2014〕30号),将建设市级统筹高校在线开放课程平台纳入全市教育信息化工作的重点。近年来,重庆市又陆续下发了《关于开展市级精品在线开放课程建设工作的通知》(渝教高〔2015〕76号)、《关于做好高校在线开放课程平台推广应用工作的通知》(渝教高发〔2016〕48号)、《关于印发重庆市智慧教育五年工作方案(2018—2022年)的通知》(渝府办发〔2019〕27号)等文件,从政策上有力保障了全市高校在线开放课程建设工作的有序推进。

2. 搭建平台

按照"政府支持、企业投入、学校使用"的原则,委托高等教育出版社搭建了"重庆高校在线开放课程平台"。平台于2016年10月正式上线,经过3年多的运营,截至2019年12月底,访问量已突破1.8亿人次,上线课程763门,在建课程921门,选课人次超过112万人次,注册师生超过135万人。

3. 组建联盟

为积极引导在线开放课程建设与应用,重庆市教育委员会组织部分在渝本科院校和高职院校分别牵头成立重庆市本科、高职(专科)院校重点培育在线开放课程工作联盟,制定《联盟章程》及《联盟共享课程质量管理办法》,对联盟单位课程共建共享、跨校学习、学分互认等进行规范管理,努力推动联盟单位统一依托重庆高校在线开放课程平台开展课程资源的建设、应用与推广。重庆市教育委员会还先后发布了《重庆高校数字课程建设标准》《重庆市高校精品在线开放课程评审标准》等多个课程建设和认定标准,积极推动教学改革,促进课程建设质量和使用效益不断提高。

4. 设立机构

为进一步加强重庆市高校在线开放课程资源和平台建设,促进优质课程应用,推动课堂教学改革,不断提升高等教育教学质量,助推高校"双一流"建设,重庆市教育委员会依托直属单位挂牌设立"重庆市高校在线课程资源中心",其主要职责是贯彻落实重庆市教育委员会有关在线课程建设要求;研究制定课程资源共享推进办法,制定课程建设计划和遴选、评价标准;组织课程建设及运行质量评价,推进校际、校企间课程的协作开发和共建;开展课程建设应用培训、指导和技术支撑;建设和管理重庆高校在线开放课程平台,统一归口发布平台共享数据等。

5. 推广应用

组织各类在线开放课程建设应用工作会、研讨会;邀请专家学者、国家级和市级精品在线开放课程负责人进行学术交流;组织课程建设服务团队,深入高校开展课程建设服务;连续 5 年举办全市高校微课教学比赛,组织在线名课评选、课堂教学创新大赛、在线课程示范应用案例评选等活动。通过开展培训服务和信息化教学活动,提升重庆高等教育线上及线上线下混合式一流课程建设与应用水平。

6. 经费保障

鼓励各高校设立在线课程建设与应用专项经费,将在线开放课程建设纳入高校教改项目予以支持。同时,重庆市教委通过向市级财政部门申报立项在线课程建设与应用引导专项资金,重点支持重庆市的国家级、市级精品在线开放课程持续开展资源开发更新、课程服务团队教师培训、课程跨校应用及互认,促进课程建设质量和使用效益不断提高。近两年来,在线开放课程引导性资金市级投入超过 1 200 万元,各高校开展课程建设与应用投入超过 1.1 亿元。

二、湖北省

（一）总体要求与建设原则

1. 质量为先

在线开放课程建设要在课程团队、课程教学设计、课程内容、教学活动与教师指导、应用效果与影响、课程平台支持服务 6 个方面具有示范性和创新性。

2. 突出重点

主要建设方向是大学生文化素质教育课、公共基础课、专业课,含思想政治理论课、创新创业教育课、教师教育课程,重点支持体现多学科交叉融合、产业技术与学科理论融合等的新工科、新医科、新农科、新文科类高水平课程,双语课程和一流本科专业"双万计划"建设点所属课程。

3. 强化导向

促进教育教学观念转变,坚持应用驱动,整合优质教育资源和技术资源,实现课程和平台的多种形式应用与共享;促进信息技术与教育教学深度融合,推进教育教学改革和创新创业教育,提高教育教学质量。

（二）建设模式

湖北省教育厅制定相关政策,引导各高校建设和应用在线开放课程,通过学校主导共建模式、校企合作协同模式、高新企业主导高校参与模式建设课程。

（三）主要特点

1. 建设优质课程,完善在线课程体系,解决优质资源不足的问题

由省教育厅统筹规划,省内高校共建量大面广的通识课、优质专业课、荆楚文化特色课程,通过省内自建为主、少量引入为辅的工作路径,完善湖北省在线课程体系,实现优质教学资源覆盖省内高校 80% 以上的课堂,引导基于在线课程的教育教学改革落实到每一所高校。

2. 通过教研活动提高教研水平,促进教师发展,解决传统课程建设中重建设轻应用的问题

将教师培训、教研交流、教学能力竞赛、教学改革案例征集等活动形成工作常态,共享教研数据、协同开展备课活动,通过资源共享、案例打造等模式,培养一批慕课教学名师、形成一系列教学改革案例群、协同培育多项优质教学成果。

3. 形成省内高校智慧教务管理体系,解决课程建设与应用过程中数据监测与改进难的问题

借助省级联盟平台建立覆盖学生学习、教师教学、学校管理的数据中心,实现省内教学管理数据共享,通过数据分析、用户画像、横向对比等方式,提高省内高校的教学管理水平。

4. 服务区域经济发展,解决课程建设与区域人才培养需求对接的问题

服务"一芯两带三区"建设要求,为湖北高新技术产业发展培养人才,通过校企共建课程、共建微专业项目、共同颁发微学位、在线课程服务企业人员职后发展等工作路径,将高校的最新学术研究成果对接区域经济发展的需求,将湖北省高新技术发展过程中亟待解决的核心问题作为前沿课程建设发展的方向,充分发挥高校服务学习型社会建设的作用。

三、山东省

山东省教育厅根据《教育部关于加强高等学校在线开放课程建设应用与管理的意见》(教高〔2015〕3号)精神和《山东省委办公厅、省政府办公厅关于推进高等教育综合改革的意见》(鲁办发〔2016〕19号)等文件要求,结合本省实际,制定了《山东省高等学校在线开放课程建设实施方案》,全面、系统地推进在线开放课程的建设与应用。

(一)总体目标和要求

力争到2020年,在山东省布点较多的学科专业的主要课程中,基本实现省级在线开放课程全覆盖,基本满足高等教育不同层次人才培养的需求,建成基本适应学生、教师和社会学习者学习需要的在线开放课程体系。

1. 更新教学观念

鼓励高校发挥学科专业优势和现代教育技术优势,建设内容质量高、教学效果好、适合网络教学的在线开放课程,促进形成线上自主学习和线下师生合作研讨的教学模式,实现以教为主向以学为主、以课堂为主向课内外结合的转变,最大限度地实现优质课程资源的共建共享,提高教学质量,创新人才培养模式。

2. 发挥联盟作用

积极发挥山东省高等学校课程联盟(以下简称"课程联盟")的作用,遴选资源优势突出、同类高校认可的课程,优先建设,推广应用。鼓励高校之间、高校与企业之间通过协同创新、集成创新方式联合建设在线课程,聚集优质资源,推动在线开放课程群建设与应用。

3. 强化共建共享

整合优质教育资源和技术资源,实现在线课程多种形式的应用与共享,推动在线自主学习、在线测试考核、在线质量监控、线下深度学习等广泛应用,促进教学改革与相关制度建设。

4. 加强规范管理

规范在线开放课程建设、应用、引进和对外推广程序,加强在线开放课程质量审核把关。加强教学过程和平台运行监管,防范和制止有害信息传播,保障平台运行稳定和用户、资源等信息安全。

(二)建设与上线模式

山东省教育厅负责制定《在线开放课程建设要求》和《优质在线开放课程认定标准》,组织实施省级优质在线开放课程的认定与监管,指导课程联盟组织实施本省在线开放课程的申报、认定与监管。各高校负责多渠道筹集资金,组织、支持教师进行省在线开放课程建设,推广、应用省级优质在线开放课程。

各高校参照《在线开放课程建设要求》,组织本校教师自主建设或者联合其他高校、企业共同建设在线开放课程,择优向课程联盟推荐并在山东省高等学校在线开放课程平台上线。

山东省教育厅指导课程联盟定期组织在线开放课程的上线审核工作,通过审核的课程认定为"山东省高等学校在线开放课程"(以下简称"省在线开放课程")并颁发证书,在山东省高等学校在线开放课程平台上线。

(三)运行与应用模式

山东省在线开放课程通过山东省高等学校在线开放课程平台进行共享和应用,课程资源全部免费开放,任何单位和个人必须在法律范畴内规范使用课程资源,未经许可不得用于商业经营或其他用途。

课程联盟内高校,须将适应本校人才培养需求的省在线开放课程列入学期教学(开课)计划和教务管理系统,允许学生自主选课。鼓励未加入课程联盟的高校积极引进省在线开放课程,丰富学生学习资源。学生在线学习课程的学分学费由学生所在高校收取。同时要求引进课程的高校要根据课程要求,为相关课程配备辅导教师,组织辅导教师提前熟悉课程教学安排,按时开展线上、线下辅导答疑与讨论等教学活动。学校应对辅导教师辅导答疑工作认定教学工作量。课程考核采用过程考核、线上和线下考试等多种形式相结合的方式进行,具体考核方式由学校制定。

各高校应根据本校实际建立在线开放课程教学管理规章制度,鼓励支持教师积极参与省在线开放课程建设和教学实践,规范省在线开放课程教学过程,提高课程建设质量和教学效果。同时各高校应按照《山东省普通高等学校学分制管理规定》(鲁教高字〔2013〕14号)的要求,制定或完善修读在线课程学分认定办法,鼓励支持学生积极修读省在线开放课程。

(四)监督与管理机制

山东省教育厅负责指导课程联盟根据课程资源建设及更新、教学设计与方法、教学活动与考核、教学效果与影响、团队支持与服务、课程访问量、课程好评率、注册课程学习情况等,每学期对省在线开放课程实行动态综合评价,综合评价结果将作为省级专业评估和教改立项、成果评审的重要依据,引导省在线开放课程的持续建设和不断改进。

按照"先建设应用、后评价认定"的原则,对于综合评价居前10%,建设水平达到《优质在线开放课程认定标准》的课程,经省教育厅组织专家审核后,认定为"山东省高等学校优质在线开放课程"并颁发证书。经认定的课程须在山东省高等学校在线开放课程平台面向省内高校和社会提供教学服务不少于5年。对于综合评价差的课程,取消省在线开放课程称号,从山东省高等学校在线开放课程平台下线。

要求各高校成立在线开放课程建设工作领导小组,建立并实施课程建设、质量审查、课程运行保障和效果测评等制度,不断提高课程质量。同时应制定相应措施,将课程评价结果作为职称评审、名师评选的重要依据。

(五)保障措施

积极争取省级财政专项资金对省在线开放课程予以支持,完善教学成果奖评选办法,探索将"山东省高等学校优质在线开放课程"项目以单列计划形式纳入评选范围。统筹安排省在线开放课程建设专项经费,研究制定激励政策,引导学校教师积极参与省在线开放课程的开发、培育、建设、维护和应用。

搭建山东省高等学校在线开放课程平台,开展全省高校在线开放课程建设与应用的培训及技术服务等工作。签订知识产权保障协议,明确各方权利和义务,切实保障各方权益。除特别约定外,省在线开放课程(含优质在线开放课程)所有权归属建设高校,自制数字化资源的所有权归属课程团队,课程所使用的图片、音视频等素材应注明出处。

四、山西省

为推动山西省高等学校精品共享课程建设与应用,山西省教育厅制定了《山西省高等学校精品共享课程立项建设与认定办法(试行)》(晋教高〔2019〕7号),在线开放课程作为精品共享课程的重要组成部分,该文件也同样适用于在线开放课程。文件明确规定,其工作目标是扩大山西省优质课程教学资源总量,推动优质课程教学资源通过现代信息技术手段共建共享,为高校间实行"课程互选、学分互认、资源共享"奠定基础;同时引导教师积极参与课程建设与教学研究,全面提升课程教学水平和教学质量。计划从2019年起,立项建设一批精品共享课程,力争到2023年底认定一批省级精品共享课程,其中线上200门,线下200门,一经认定,即作为共享课程上传课程资源共享平台,供全省高校使用。

精品共享课程采取先立项建设,后评价认定的建设机制,以专业基础课、专业核心课以及创新创业教育课为重点,兼顾具有山西地方特色的通识课,特别鼓励线上课程建设。高校是课程建设的主体,省教育厅每年组织一次课程申报,精品共享课程的建设期为2年,认定有效期为5年。通过认定的课程纳入省级教改项目管理,由省教育厅给予一定的奖补,可直接申报省级教学成果奖;各高校应对课程给予经费投入,持续建设和完善课程,向高校和社会开放并提供不少于5年的教学服务。

在省教育厅的指导支持下,山西省高校精品课程联盟于2019年5月成立,旨在推动省内在线开放课程资源建设,探索优质课程资源共享机制,实现优质教学资源广泛共享,推动高校从传统教学方式向现代化教学方式的转变。

第3节 高校的管理办法与激励措施

一、福建农林大学

1. 加强课程信息化建设,分类分层系统打造在线开放课程体系

学校加强课程信息化建设,依托国家、省、校三级课程建设项目,分类分层打造符合学校人才培养需求且具有影响力、体现特色、服务教学的在线开放课程体系。一是分类建设,按照通识教育课、公共课、创新创业课和专业课四大模块立项建设结构化的在线开放课程体系,形成了通识教育课32门、公共课10门、创新创业课12门和专业课90门的课程规模。二是分层打造,立足办学优势,打造一批在国内和国际有广泛影响力的品牌课程,已入选国家精品在线开放课程14门;立足农林学科专业特色,打造一批在区域乃至全国农林高校中起到引领效应的特色课程,建成农林特色在线开放课程60门;立足办学实际,建设满足本校学生学习需求的校本课程,建成本校在线开放课程144门,并通过在线教学模式缓解多校区办学带来的优质课程资源分布不均衡问题。

2. 完善软硬件设施,加快信息化建设,大力推进混合式教学改革,提高教学质量

学校以国家精品在线开放课程和已建在线开放课程为依托,通过项目申报方式,大力推动混合式教学改革,形成"MOOC+SPOC+智慧教学工具+智慧教室+线上线下"混合式教学模式,切实提高课程教学质量。授课教师根据教学内容,以学习者为中心,精心做好教学设计,科学分配线上与线下学时,合理安排教学进度,通过混合式教学加强学生学习过程中的探究、思辨、互动与实践环节,提升课程创新性、高阶性和挑战度,合理提升学业难度。

一是引进多家课程平台,为教师开展教学改革提供便利,满足学生个性化、自主化学习需求。学校与爱课程(中国大学MOOC)、学堂在线、学银在线等多家平台合作,共有96门课程在上述平台开课。授课教师基于平台组织线上教学,充分运用平台大数据分析功能详细了解学生的线上学习过程与实效,通过

线上视频、作业、测验等环节培养学生的初级认知与自主学习能力。二是加强线下教学活动设计，推动智慧教学工具使用，着力提升课堂互动性、参与度与有效性。教师加强线下教学活动设计，开展"问题导向""任务驱动""分组探究"等启发式、研讨式、参与式等方式的教学活动。学校同时鼓励教师在课堂教学中使用智慧教学工具，培养学生的高级认知、问题解决、协作探究等综合能力。目前，雨课堂、慕课堂、学习通在教师教学中得到了广泛使用，使用教师数量分别达到了631人、377人、300人。三是加快建设智慧教室，通过硬件倒逼教学模式与方法改革。学校已建设多间"翻转课堂"教室、多功能录播室和"同步异地"教室，将小规模课堂安排在智慧教室，有效推动各校区师生间的"同步异地"授课，辅助教师完成线下分组合作教学、教学情境切换等课程设计，使学生在公平开放、互联互动、现代化的教学环境中获得良好的学习体验。

3. 开展信息化教学能力培训，提升一流课程建设能力

学校以在线开放课程为载体，系统科学地设计模块化的在线教学能力培训体系，包括"慕课理论认知""慕课建设方法与技巧""平台使用实操""翻转课堂""混合式教学"等多个主题模块。通过"引进来+走出去"相结合的培训模式，逐步提升教师的信息化教学能力，使教师了解、熟悉、勇于、善于利用信息化手段开展"翻转课堂"与"混合式教学"，提升教师参与课堂教学改革的动力和一流课程建设能力。一方面在校内以教学沙龙、教学工作坊、主题讲座、教学观摩、教学竞赛等多种形式，邀请校内外专家团队开展针对性培训；另一方面以专门定制模式带领学校教师团队到清华大学、南京大学、复旦大学等知名高校交流学习。2014年至今，学校已组织教师参与信息化教学能力培训100余场。

4. 加强制度设计，推动教师主动参与在线开放课程建设与应用

学校遵循激励与约束结合的原则，加强制度设计，推动教师主动参与在线开放课程的建设与应用。一是激励机制。将"金课"建设项目列入教学型教授、副教授任职业绩要求中；出台《福建农林大学教学业绩奖励办法（2019年修订）》，课程建设类项目奖励标准为：国家级10万元/项、省级5万元/项，并按获批立项和通过认定两阶段分别给予20%和80%的奖励；《福建农林大学"金山学者"优秀教学人才选拔管理办法（试行）》将在线开放课程建设作为选拔"金山学者"（包括青年教学之星、领军教学人才、卓越教学教授等优秀教学人才）的申

报条件。二是约束机制。《福建农林大学学院教学工作考评体系》将在线开放课程纳入学院目标考核范畴，作为学院目标考核中的卓越性指标和约束性指标。

二、西安邮电大学

西安邮电大学自 2016 年秋季学期开始进行在线开放课程试点教学改革。通过爱课程（中国大学 MOOC）、超星泛雅平台，采取引用外校精品慕课和 SPOC 课程、自建 SPOC 课程等形式开展基于 MOOC 或 SPOC 的混合教学模式改革试点工作，并利用慕课堂、学习通、雨课堂等现代化教学工具，加强过程管理。在 2018 年修订培养方案时，首次引入"网络学时"，在多门专业核心课程及大学英语课程中增加了利用 MOOC 或 SPOC 进行线上学习的"网络学时"，线上学习成绩根据不同课程的要求计入课程学分。学校出台了《西安邮电大学在线开放课程建设及管理办法》《西安邮电大学在线开放课程建设考核标准》，并于 2019 年启动西安邮电大学百门"金课"建设工程。

学校每年投入在线开放课程建设经费 500 余万元，建设了精品录播教室、互动教室；支持进行了 356 门次的混合教学模式试点课程教学改革；共有 3 万余名本科生通过在线开放课程学习获取网络课程学分。

三、四川大学

四川大学依据建设世界一流大学的定位和目标，发挥人文底蕴深厚、学科门类齐全的优势，科学定位，合理布局，规划和推动在线开放课程建设与应用工作。2013 年，学校参与发起成立了"东西部高校课程共享联盟"。学校专门设立教改专项，鼓励教师对世界范围慕课发展开展研究，并形成了应对慕课浪潮的基本思路：树立"以学生为中心"的教学理念，改变传统教学模式，鼓励本校教师开展翻转式、混合式教学，通过线上、线下互动，引导学生主动参与课程学习，全面提高课堂教学质量。同时，制定了一系列的文件政策，大力推进在线开放课程建设；依托国家级教师教学发展中心，对教师开展教学理念和方法的培训；推动评价体系革新，强化课堂教学全过程评价，推行非标准答案考试改革；率先在国内进行大规模的智慧教学环境改造，打造基于现代网络技术促进深度学习的教学环境。四川大学建设了强势学科引领、接轨社会需求的系列在线开放课程群,实现了优质课程资源共享,提升了学校影响力。

四、北京师范大学

2017年,北京师范大学根据《教育部关于加强和改进高等学校在线开放课程建设应用与管理的意见》《北京师范大学推进教学信息化工作方案》《关于提高课堂教学质量的指导意见》等文件精神,制定了《在线开放课程建设与应用管理办法》(以下简称"《办法》"),推进信息化环境下课程建设和课堂教学改革,切实提高教学质量。

《办法》对在线开放课程的建设、应用和考核评价进行了详细的规定。明确规定,学校教学主管部门定期组织课程立项,教师和学院对所建设的课程内容负责;优先建设受众面广、选课量大的通识教育必修课和公共课,具有较高社会影响力、体现学校学科特色的专业课,以及其他适合开展在线和混合式教学的课程;有组织地引进校外优秀课程,其他高校或学术机构在与学校合作的平台上开设的优质在线课程经过推荐、审核,可纳入学校培养方案和教学任务,学生完成学习活动后可获得相应成绩和学分;引进校外课程资源的费用由学校统一支付,并为课程配备助教,助教工作由学校教师担任的,按主讲一门课程计算工作量,由学校研究生担任的,发放助教津贴。

规定慕课上线必须经过学校组织和审核,未经审核的课程不得以"北京师范大学慕课"的名义开展教学与宣传。教师在职期间建设的在线开放课程资源所有权归属学校,教师拥有署名权、修改权、收益权和使用权;教师离职后,学校和教师对已经建成的教学资源和学习者行为数据均有使用权;课程资源的转让按照学校《科技成果转化管理暂行办法》执行。

在工作量的认定方面,对本校教师主讲的慕课,前两次运行按照双倍计算工作量,并由教学主管部门单独提供助教支持;开设混合式教学的,前两次运行也按照双倍计算工作量,之后正常计算。教师在同一时间、同一课程同时运行慕课与混合式教学的,按相关政策分别计算工作量。

面向学生开展的校内外在线开放课程纳入学校教学主管部门的督导检查评价体系,平台服务方须定期向学校提供课程运行报告,学生评价低、教学秩序差的课程,学校有权终止使用。

　　学校将在线开放课程建设纳入校级教改项目管理,提供制作经费和研究生助教支持,提供课程建设所需的软硬件环境以及师生访问有关平台的网络流量服务。教师在课程建设和运行中取得的成果纳入相应的评优、评选申报工作;取得标志性成果的,纳入学校相应教学业绩奖励政策体系。

第八章 学分认定及转换机制

第1节 我国在线开放课程学分认定的现状

一、学分认定的形式

我国高等学历教育层次较多、质量标准不一,目前尚未建立起国家层面的学分认定系统;在线开放课程的学分认定起步较晚,目前还处在探索阶段。

1. 大学主导的校内学分认定

随着在线开放课程的发展,大学对慕课学分的认定已越来越普遍,相关制度也将越来越完善。校内慕课学分认定主要依托本校专业优势和特色开展,由此拓展了教学时空,增强了教学吸引力,激发了学生的积极性和自主性,扩大了优质教育资源受益面。

例如,福建农林大学积极推进课程信息化建设,提高信息化软硬件水平,开展信息化教学能力培训,设计激励与约束相结合的政策制度,取得了切实成效。学校建设的在线开放课程在校内外得到了广泛应用,有 25 门课程在校内开展公选,选课共计 23 647 人次,异地校区共享人数达 4 735 人,有 17 031 人次学生获得慕课学分。

2. 地方教育行政部门组织的校际学分互认

地方教育行政部门主要依托在线开放课程区域联盟进行高校在线开放课程跨校互选和学分认定工作。通过联盟理事会等组织,协调成员高校共同商议制定规章制度、课程规范、学分认定原则、质量保障机制等。每年定期公布跨校互选课程名单,并在授课过程中进行监督、协调,在学期末组织验收。例如:福建省的福课联盟、湖北省的楚课联盟、山西省的晋课联盟等,均形成了课程共享、学分互认的区域特色。

二、学分认定的特点

1. 高校是学分认定的主体

无论上述哪种组织形式的学分认定,都要依据高校自主设计和认可的慕课学分认定制度。

2. 各级教育行政部门是学分认定的引导者

各级教育行政部门激励和促进高校开展学分认定,为课程共享和学分认定提供公共服务。协调建立科学合理的质量监管体系,通过招生额度、财政支持等方面的约束引导高校自行确定在线教育的发展战略。

3. 基于慕课的学分认定呈现多元化发展趋势

目前,不同区域、不同学科、不同在线开放课程平台的证书授予和学分转换方式差异很大。从全国层面来看,各区域、各层次高校可以因地因校制宜,开展慕课的学分认定工作。

4. 混合式课程的学分认定优势明显

实践证明,通过SPOC等形式引用在线开放课程,或直接利用慕课+智慧教学工具的方式实施线上线下混合式教学,依据线上线下综合考核结果授予学分,更有助于提升人才培养的质量。

5. 我国在线开放课程学分认定缺乏第三方认证机构

国际公认的慕课学分认定主体多为具有一定公信力的第三方认证机构,以保证认定结果的科学合理性与权威性。我国目前校际学分认定大部分发生在同级同类院校之间,或者是重点学校的课程学分被一般高校认可,尚缺乏社会化的课程质量评价机构和相应的体系安排。

第2节 在线开放课程学分认定的有关政策

一、国家政策

近年来,教育部一直在稳步推进在线开放课程学习成果认证、积累与转换试点。2016年9月,教育部印发了《关于推进高等教育学分认定和转换工作的意见》(教改〔2016〕3号),提出以下工作目标:到2020年,高等教育学分认定和转换体系更加完善,国家公共服务平台初步建成,人才成长"立交桥"逐步完善,继续教育、终身学习资源更加丰富、方式更加灵活、渠道更加畅通,为基本形成全民学习、终身学习的学习型社会提供有力支撑。要坚持以学习者为中心,以高等学校为主体,坚持实质等效、规范有序的基本原则,畅通学分认定和转换渠道,完善各项配套措施并精心组织实施。

2019年,《教育部关于深化本科教育教学改革全面提高人才培养质量的意见》(教高〔2019〕6号)里提道:要完善学分制,推进模块化课程建设与管理,丰富优质课程资源,为学生选择学分创造条件。支持高校建立与学分制改革和弹性学习相适应的管理制度,加强校际学分互认与转化实践,以学分积累作为学生毕业标准。完善学分标准体系,严格学分质量要求,建立学业预警、淘汰机制。

2019年,《"双万计划"国家级一流本科课程推荐认定办法》明确规定:只有纳入普通本科高校人才培养方案且设置学分的本科课程属于推荐范围。这一规定明确了在线开放课程学分认定的重要意义,也势必会推动在线开放课程学分认定的系统化和规范化进程。

二、地方政策

在国家政策的指导下,各省结合本省各高校学科优势,逐步建立优质资源共享机制,积极促进信息技术与教育教学深度融合,推进教育教学改革和创新教育,切实提升地方高校人才培养水平和服务社会能力。

1. 福建省

2016—2018年间,福课联盟组织制定并实施了《福建省高校精品在线开放课程建设标准(试行)》等一系列规范标准,推动全省在线课程在课程规范、技术标准、课程建设、跨校互选、学分互认和对外交流方面取得显著成效。

2017年,福建省颁布《福建省高校在线教育联盟课程建设与共享应用管理暂行办法》,面向福课联盟成员高校及在线开放课程平台单位,对在线课程学分认定作出明确而具体的规定。各成员高校积极采取相应的教学质量保障和学习评价措施,完善在线课程学分认定机制。

三年来,省厅每学期按时发布高校在线开放课程学分互选互认工作的通知,依托在在线教育平台上线的国家级、省级精品在线开放课程,组织省内高校采用全程在线教学或线上线下混合式教学等模式,开展在线学习、课程互选和跨校修读学分。

截至 2019 年 12 月,福课联盟一共组织开展了 7 个学期的省内 38 所本科高校间的课程跨校互选、学分互认,选修学生数超过 37 万人次,获得学分数超过 24 万人次,省外高校和社会人员选修数超过 300 万人次。

2. 湖北省

在湖北省教育厅支持下,湖北大学牵头并联合省内高校共同组建湖北省省级课程共享联盟——楚课联盟,湖北大学、中南民族大学、武汉科技大学等联盟高校共同探索建立高校学分互认机制,制定联盟章程、标准,认定官方课程服务平台,发布《湖北省在线开放课程助教建设实施办法》等制度文件,有效保障了课程的在线运行。联盟组织学生跨校互选课程共 2 万余人次,覆盖省内高校 22 所,师生教学互动 2 600 万余次,教师团队基于联盟平台积极探索开展课堂教学改革,推进了教学组织形式、学习方式和管理模式的变革创新。

3. 山东省

为加快推动全省高校优质教学资源共建共享,根据《山东省高等学校在线开放课程建设实施方案》(鲁教高字〔2017〕11 号)精神,山东省已建成高等学校在线开放课程平台。2018 年 10 月,山东省高等学校课程联盟组织开展了首批课程上线工作,将课程明确划分了类别,并公布了对应学分。其中,将联盟成员高校都认可学分的课程列入 A 类课程,以通识课、专业基础课为主;分联盟成员高校认可的课程列入 B 类课程,以专业课为主。

第 3 节 在线开放课程学分认定的质量保障机制

一、课程质量保障

列入在线开放课程学分认定范围的课程,应是学校人才培养方案中的课程,课程范围主要为国家级、省级或校级精品在线开放课程。各高校在选择学分课时，主要有以下两种途径。

1. 应用课程负责人自己建成的共享程度高、广受学习者喜爱的在线开放课程，课程讲授视频和配套的数字化学习资源能覆盖教学大纲要求的教学内容。

2. 引进国家级精品在线开放课程或者经联盟认定的相当于国家级精品在线开放课程水平的课程（课程须获得合法授权专门使用），课程讲授视频和配套数字化学习资源等能覆盖教学大纲要求的教学内容。

二、教学组织保障

教学团队可以由在线开放课程主讲教师、辅导教师和课堂讲授教师联合组成，鼓励建立名师引领、青年教师作为骨干的教师团队，每门课程的主讲教师和辅导教师不应少于3人。教学团队应尽可能为学生提供线上线下的教学服务，包括但不限于线上和线下相结合的答疑服务，线上和线下相结合的测试、评价服务，为学生提供相对充足的辅助教学资源，如阅读材料、案例库等。

使用外校在线开放课程资源的课程教师团队，须建立起与开课高校教师团队的协同工作交流机制，能得到供课方有效的教学指导、教学支持及资源更新等服务。要创造条件与开课高校教师团队一起组织线下见面课、现场答疑、专题讲座、翻转课堂等教学活动。

三、过程监督

过程监督依据的是线上线下不同学习方式的学习成果评价方法，过程化与个性化相结合的学习成果评价方法，以及形成性与结果性相结合的学习成果评价方法等。

在大力建设混合式课程的背景下，高校普遍依托在线教学平台、智慧教学辅助工具完整记录教师讲授教学过程和学生学习活动，管理师生教学活动行为和学习结果数据；进行基于学期的课程教学教务管理和数据统计分析。

四、考核方式

1. 考核设计体现"挑战度"

纳入学分课程的在线开放课程考核应体现"金课"的"两性一度",避免"水课"、刷分课的出现。在开学初,课程团队要向选课学生明确公布考核方式、评分规则、学分和证书等事宜。强调过程中考核的重要性,杜绝学生期末应付过关的情况发生。

2. 共享学习数据,提升考核的可信度

例如:福课联盟要求课程结束后,各在线教育平台应在 10 个工作日内将生成的学生在线学习结果数据依托工作平台提交到开课高校,开课高校对数据进行核对后生成学生在线学习成绩,并依托工作平台将成绩反馈到选课高校。各选课高校可参考开课高校给予每门课程的建议学时数、学分,依据自身情况自行规定在线学习成绩折算方式与课程学分。

五、激励与约束

为了促进在线开放课程学分认定,鼓励区域高校之间多用课、多选课,各地方教育行政主管部门对在线开放课程学分认定给予了相关经费支持或荣誉奖励,并在教学工作量或绩效方面给予一定倾斜。同时,建立在线开放课程教学工作考评体系,将在线开放课程纳入高校目标考核范畴,作为目标考核中卓越性指标和约束性指标。

六、平台支持

在线开放课程主要通过在线课程平台进行在线教与学活动和师生互动。由此,各高校及地方高校联盟发布的在线课程教学平台、课程中心系统等项目的招标文件中,均对在线课程教学平台的选择标准、平台功能需求有明确的规定。要求平台具备优质充足的课程资源,拥有规范畅通的课程引用通道,能够支撑优质教育资源的传播和共享;平台还要有大数据收集、反馈能力,能够全面跟踪学生的学习行为,便于校方及时评估学生的学习效果。

展望篇

第九章　互联网时代在线开放课程发展与展望

在线开放课程经过了多年的发展,在众多新兴技术的驱动下不断迸发出新的活力。在本章中,我们将从在线开放课程的技术发展、教学应用以及发展趋势等方面,展望互联网时代下中国在线开放课程的未来。

第1节　在线开放课程的技术发展

在现代科技的辅助下,纷繁众多的虚拟学习环境足以以假乱真,身处其中的学习者可以置身于虚拟环境中对模型进行操控,以一种自然的交互手段进行自主探索。沟通方式也摆脱了传统课堂教学中单一的互动方式,为师生互动、生生互动提供了更多选择,为协作学习打下了良好的技术基础。技术发展推动下的在线教育呈现出了全新的发展态势,本节将探讨近年来增强现实、虚拟现实以及人工智能技术的发展完善为教育领域带来了怎样的变化。

一、增强现实与虚拟现实技术方兴未艾

AR(Augmented Reality,增强现实)与VR(Virtual Reality,虚拟现实)技术已经历了数十年的发展历程,随着技术进步、产品成本的降低与移动终端的普及,终于迎来了实用化的春天。AR技术的作用是把虚拟信息叠加到真实世界中并使其实时融合在同一个画面之中以实现信息集成,VR则更加强调对图形系统的利用,生成可以为使用者带来具有沉浸感的完全虚拟画面。此外,还有人提出了MR(Mixed Reality,混合现实)的概念,其以AR技术为基础,且更加强调虚拟画面与现实世界之间的交互。综合来看,这三种技术的核心功能都在于"虚拟成像"与"沉浸体验"。

教育领域的VR/AR/MR技术用户数量也在增加。据高盛集团相关数据显

示,到 2025 年,这一数字将达到 1 500 万。尤其是虚拟现实技术在高等教育领域的应用将迅速发展。《地平线报告:2019 年高等教育版》中明确指出,包含 AR/VR 在内的混合现实技术将在教育领域具有广阔的发展前景。

AR/VR 技术凭借其将真实与虚拟体验相交融的优势,在理念、方法等方面为教育领域带来了新的变化。AR/VR 技术带来的沉浸式学习体验使得学生能够足不出户便仿佛置身于中外古今的真实情境之中,在很大程度上满足了情景主义学习理论对于学习者与真实情境互动的要求,对于提升学习者的学习动机与质量有益①。此外,随着我国职业教育进一步的加快发展,职业技能的培养与实践性教学受到了社会各界的重视,AR/VR 可以模拟真实的操作环境,在目前尚受到环境、场地、设备、安全等问题限制的职业教育教学中大有可为②。国内学者将 AR/VR 技术在教育领域中的应用趋势总结为如下四个方面:硬件定制化、内容可视化、环境虚拟化、体验真实化③。

尽管增强现实与虚拟现实技术早已步入了实用阶段,但距离其在教学活动中的广泛应用,仍有较长的路要走。由于 VR 技术对硬件设备的依赖程度较高,且设备成本居高不下,尚难以得到全面的普及与推广。此外,尽管这两种技术与智能体感、可穿戴设备等其他技术的结合前景广阔,并在国内外的相关研究中已经涌现出了大量成功的实验案例,但其在教育一线中的应用还处于呈现简单、交互不成熟的初级阶段,仍需要研究者与从业人士进行更深入的内容开发。

二、人工智能赋能智慧教学

作为引领新一轮科技革命和产业变革的重要驱动力,人工智能(Artificial Intelligence,AI)在各行各业都呈现出良好的发展态势,正深刻改变着人们的生产、生活、学习方式,推动人类社会迎来人机协同、跨界融合、共创分享的智能时代。自 2017 年首次在《地平线报告》出现,教育领域内的人工智能研究也受到了社会各界的广泛关注。从历史发展来看,教育始终是人工智能研究的重要试

---

① 刘革平,谢涛.三维虚拟学习环境综述[J].中国电化教育,2015(09):22-27.
② 魏民.在职业教育应用视角下的 VR/AR 技术[J].中国电化教育,2017(03):10-15.
③ 张枝实.虚拟现实和增强现实的教育应用及融合现实展望[J].现代教育技术,2017,27(01):21-27.

验田和应用领域,有学者将人工智能在教育领域的具体应用总结为几大应用形态:智能导师系统、智能测评系统与教育机器人[1],其中融合了人工智能在逻辑推理、知识表示、规划导航、自然语言处理等诸多方面的功能。

1. 智能导师系统

智能导师系统(Intelligent Tutoring System,ITS),又称智能教学系统,指的是通过模拟人类教师或助教,实现一对一的智能化、个性化教学的系统。一套智能导师系统通常由教师模块、学生模块、教学模块和交互模块组成,分别实现存储学科领域知识、反映学生个性化信息、体现教学理念和方法、实现人机交互的功能[2]。智能导师系统的发展由来已久,其理论基础是行为主义心理学家斯金纳的程序教学法。结合当今不断发展的人工智能技术,该系统帮助学习者理解和掌握知识的功能得以扩展,开始以促进学习者个性化发展、为学习者提供全方位支持为发展目标。从应用层面上来看,智能导师系统的未来发展趋势将集中体现在以下几个方面[3]:

① 自适应开放式学习环境与协作学习环境。强调为学习者提供可供自由探索的学习环境,通过系统与学习者进行交互以及师生、生生互动,对学习行为进行评估并实时调整知识呈现方式,以实现最优的学习效果。值得注意的是,这类技术的应用不仅限于常规知识的学习,在各类技能学习中同样可以发挥作用。目前国外已有研究者开发出智能社交导师系统以帮助自闭症儿童融入社会[4],尽管对真实生活环境的模拟具有复杂性,并且仍然面临许多应用上的问题,但这却是未来人工智能技术为实现广泛意义上的全纳教育而努力的前进方向。

② 情感感知与服务。通过人工智能技术实现的人脸识别、表情识别、生理信号采集等一系列综合技术手段可以用来收集学习者的情绪变化数据,并据此

---

[1] 梁迎丽,刘陈.人工智能教育应用的现状分析、典型特征与发展趋势[J].中国电化教育,2018(03):24-30.

[2] 贾积有.人工智能赋能教育与学习[J].远程教育杂志,2018,36(01):39-47.

[3] 刘清堂,吴林静,刘嫚,范桂林,毛刚.智能导师系统研究现状与发展趋势[J].中国电化教育,2016(10):39-44.

[4] Rebecca Polley Sanchez, Chelsea M. Bartel, Emily Brown, Melissa DeRosier. The acceptability and efficacy of an intelligent social tutoring system[J]. Computers & Education, 2014, 78.

选择有针对性的激励策略。

③ 元认知导师。元认知即个体对自身认知活动的认识。一般来讲,在进行元认知的过程中往往难以排除主观因素的影响,因而难以对认知活动进行全面的认识和调节。智能导师系统可以通过对学习过程的监控和分析,帮助学习者完成元认知过程。

借助于逐渐普及的移动硬件设备,智能导师系统在教学过程中已经得到了广泛应用。为了改善在线学习中的师生沟通环境,提高用户学习积极性,清华大学计算机科学与技术系与学堂在线联合研发的智能学习助手——小木系统已经上线。小木系统致力于改善在线教育中普遍存在的师生沟通难、学习者积极性差的问题,主要包括知识抽取、主动提问和智能问答三个功能模块,构建了庞大的知识图谱体系,并结合先进的人工智能自然语言处理技术,给学习者带来了良好的人机交互体验,使得在线学习的趣味性和效率都有所提升。

2. 智能测评系统

测评是教学活动的重要组成部分,也是检验学习成果并提供反馈的直接途径。基于人工智能技术的智能测评系统一方面减轻了教师负担,能够更加高效地完成测评任务,另一方面可以提供客观的测评结果,对学习表现进行精准评价。利用自然语言处理、图像识别、语音识别、机器学习等技术实现对文本、语音的计算分析和语义理解,已被广泛应用于ICT技能培训与计算机教育、语言学习等许多领域。例如,该系统在美国考试服务中心(Educational Testing Service, ETS)得到了广泛应用,可以为教师智能选取用于测试的文本段落,并实现对学生作文的自动化评分与写作技巧指导。

在国内也同样涌现出了众多基于人工智能技术的产品:2017年年末,新东方教育科技集团与科大讯飞股份有限公司联合成立的东方讯飞教育科技有限公司发布了旗下首个智能学习产品RealSkill平台,该平台针对雅思、托福考生设计,包含"智能评分、逐句精批、行为分析、范文精讲、学习记录"五大环节,涵盖作文和口语两个科目。此类人工智能的教育应用极大地减轻了教师和助教的负担,在特定学科的在线教学中有着十分广阔的应用前景。

3. 教育机器人

作为具有跨学科性质的技术应用方式，教育机器人对于 STEAM（科学、技术、工程、艺术、数学）的整合式教学至关重要，机器人研究中的不断创新对教育领域也会产生一定的影响。在 K12 教育中，教育机器人已经被应用于协助特殊儿童学习。

有关教育机器人的具体应用方式，大致可以分为两条路径：一是将教育机器人作为学习工具，通过相关机构的开发与研究，发挥其在教学环境中的辅助功能；二是围绕机器人开展教育课程，这类课程将工程技术概念具象化到真实世界中，减少了数理学习的抽象性，对学习者学习动机、学习兴趣、创造性思维的提升和培养都起到了显著作用。

除了以上几种人工智能在教育领域的直接应用形式之外，以人工智能技术为基础，结合大数据、脑机接口等先进技术在教育领域的研究与应用也呈现出了高速发展的态势。其中，脑机接口技术通过对脑信号的采集，为学习者情感识别、注意力水平及学习效果监测提供了直接而有效的数据来源。此外，通过脑机接口技术实现的新型人机交互方式也催生了一批适用于特殊教育、职业教育的教育辅助工具的开发[①]。未来，人工智能在教育领域的应用仍需要进一步探索和实践。如何促进人工智能与教育教学的进一步融合，使得人工智能技术更好地服务教学全过程，是横亘在教育技术研究者面前的一道难关。

第 2 节　在线开放课程的教学应用与融合创新

在线开放课程颠覆了传统课堂中教与学的方式，推动了教育理念、教学方法、教育技术、教学方式的变革。本节我们将总结近年来在结合新兴技术应用于教学实践的过程中，经历了不断的碰撞与融合后，在线开放课程呈现出了怎样的发展特点与应用创新。

一、以高校为主体，广泛开展的慕课、SPOC 及混合式教学建设

大规模在线开放课程（Massive Open Online Course，MOOC，慕课），是基于信

---

① 柯清超,王朋利.脑机接口技术教育应用的研究进展[J].中国电化教育,2019(10):14-22.

息技术发展起来的新兴在线课程形式。2013年被称为"中国慕课元年",此后,在政策与市场的推动下,越来越多的高校与企业参与到了国内慕课课程和平台的建设中来。

在2019年4月9日举行的中国慕课大会上,教育部副部长钟登华发表了题为《适应新时代新要求 努力建设世界一流水平的中国慕课》的讲话。讲话指出,中国慕课建设自2013年起步,经过了6年的快速发展,上线了12 000余门慕课,有2亿人次参与到了慕课学习中来。高速发展的中国慕课已在许多方面居于世界领先地位,但是,数量的急剧增长引发了慕课课程质量危机。近年来的研究实践表明,无论是对于慕课的提供者——高校来讲,还是对于学生来讲,慕课都存在着一些亟待解决的问题。有学者将慕课的优势与不足进行了比较,见表9-1。

表9-1 慕课的优势与不足①

慕课的优势	学生	没有先修条件,没有规模限制,开放,免费,学生主导
	大学	完成大学使命,成本低,潜在的回报,提升大学名望,产生巨量的学生学习数据
慕课的不足	学生	没有正式的学分认证(只有课程完成证书),几乎没有师生互动,评价问题,学术诚信,高注册率-低成功率,得到的支持有限
	大学	没有先修条件,评价问题,学术诚信,第三方平台问题

以上问题的存在,制约了慕课对高校传统实体课程的影响,而这本是高校纷纷投入慕课建设的重要目标。因此,部分国际名校进行了新的课程形式尝试,产生了小规模限制性在线课程(Small Private Online Course,SPOC),这类课程将学生规模限制在几十人到几百人之间,并对其设置准入条件,不向公众完全开放。SPOC往往有着更强的约束性,学习者必须保证学习时间和学习强度,并需要参与在线讨论、完成规定的作业和考试等。同时,由于规模限制的存在,学习者可以与课程团队进行更加有效地互动以保证学习效果,从而获得接近传

---

① Peter E. Sidorko. MOOCs and SPOCs: Where is the Library[R]. Penang:The Access Dunia 2013 Online Conference,2013:7-8.

统实体课程的学习体验。

随着慕课、SPOC等大量在线课程资源的出现,许多高校开始进行混合式教学的尝试。通过结合翻转课堂的教学方法,慕课、SPOC等课程资源成为学生自学的主要材料,在课堂教学环节则通过教师指导下的学生讨论与测试来巩固和检验学习成果。2019年年末,教育部发布了《教育部办公厅关于开展2019年线下、线上线下混合式、社会实践国家级一流本科课程认定工作的通知》,将线上线下混合式教学正式作为推动课程理念创新、提高课程质量的重要形式,并面向高校开展了国家级线上线下混合式等一流本科课程的申报推荐工作,可见混合式教学的发展前景之广阔。在校园之外,混合式教学也已遍地开花,得到了社会各界的广泛重视。

为了提高在线开放课程的教学质量,发挥教学内容的可迁移性,一些课程尝试将线上慕课学习与线下面对面培训结合起来。这并非国内慕课的首创:2017年,Udacity慕课平台已认识到这种模式的可行性,开始推广此类混合学习项目,例如Udacity Connect等项目,此类项目被认为在学习质量和效率上均优于单纯的在线学习[①]。可以预见的是,无论其具体实现方式如何,线上线下相结合的学习模式能够在一定程度上弥补慕课教学的不足,达到质量与效率的平衡和优化。

以慕课为代表的线上教学及混合式教学的课程质量仍然有待提升。《教育信息化十年发展规划(2011—2020年)》提出,要"进一步加强基础设施和信息资源建设,重点推进信息技术与高等教育的深度融合,促进教育内容、教学手段和方法现代化,创新人才培养、科研组织和社会服务模式"。目前国内涌现出大量的慕课,但其大多停留在"新瓶装旧酒"的阶段,并未结合新的课程载体对教学流程进行适应性改变与优化,直接影响了慕课质量与教学效果。学界的相关研究也表明,慕课学习者在学习持续性、学习投入度等方面普遍存在问题,需要课程设计者积极创新形式,广泛收集学习者意见,提供更加多样化的评估方式,将形成性评价与结果评价同等重视起来。

除去课程本身之外,慕课发展也对高校的体制改革与社会服务功能提出

---

① 王宇,罗淑芳,范逸洲,汪琼.2017全球慕课发展回顾[J].中国远程教育,2018(09):53-61+80.

了新的要求。首先，慕课打破了高校之间的物理壁垒，实现了优质教学资源的集中，有利于联盟网络大学的形成与发展，这在国外已不乏先行者，但在国内仍然处于起步阶段，需要突破现有学分、学位制度的瓶颈。此外，作为更适合成年学习者的学习形式，慕课在继续教育、职业教育等领域的潜能仍有待发挥。

二、基于传统课堂发展的双师课堂

《中国青年报·冰点周刊》于2018年12月13日发布了文章《这块屏幕可能改变命运》。该文章一经发布便引起社会各界热议，使得互联网在线教育成为津津乐道的话题。该文讲述了200多所贫困县的农村高中，16年来通过网络直播课的方式共享国内顶级中学的优质教育资源，最终有88人考上了清华大学或北京大学，大多数学生成功考取了本科院校，这极大地鼓舞了在线教育的军心。

基于传统课堂，结合网络直播技术实现的双师课堂由来已久，在各个教育阶段都有所应用。作为在线开放课程与传统课堂形式的融合，这种教学模式的优势在于，结合了线上所提供的可复制的优质师资与线下辅助确保学习质量的助教，在解决地区教育发展不均衡方面表现出强大的生命力。在公立、私立学校及培训机构中，都不乏双师教学模式的出现。然而，尽管坚持了多年的双师课堂终于借此契机得以被公众所认可和重视，但其也并非完美无缺。无论是《这块屏幕可能改变命运》文章本身，还是其引发的诸多讨论，都对这种教学模式可能带来的隐患表示了担忧：地方财政的巨大压力、当地教师对双师课堂的消极应对、两地学生知识基础的巨大差异、直播课的师生互动难题等。双师课堂的直播课模式的确为致力于改变教育资源不均衡、实现教育公平的互联网教育行业打了一剂强心针，但这剂良方的背后依然存在许多问题，有待通过技术的发展创新与制度的改革完善加以解决。

三、STEAM 教育与创客教育

科技与教育的融合势必会给教育领域带来颠覆性的变革，我们在传播方式、教学工具上可以直观地感受到技术带来的变化；而通过影响社会发展方向，科技也在倒逼各国的人才培养与能力体系,促使其发生改变。现代科学技术的发展不仅为人才培养提供了丰富的手段和方法,也促进了社会对人才全方面能力的重视,近几年来国内兴起的 STEAM 教育与创客教育热潮便是其体现。

STEAM 教育由 STEM 教育的概念发展扩充而来,包含五个学科:Science(科学)、Technology(技术)、Engineering(工程)、Art(艺术)、Mathematics(数学),旨在通过项目制学习方式,培养学生综合运用科学知识并进行创新、创作的能力。

创客是指把具有技术挑战的创意转变为现实的人,他们需要具备一定的知识和创新、实践、共享、交流的意识①。随着创客浪潮愈演愈烈,作为具备开发、实践、加工等多种功能的开放场所,创客空间为创客们提供了共享知识和资源,以及将想法实现的空间,也在国内外获得了迅速的发展。科学技术的发展催生了许多新的工具与材料,降低了参与生产创造的门槛,甚至让每一位学习者都有可能成为真正的创造者。在此背景下,针对各个教育阶段普遍存在的学生创新能力、动手能力不足的问题,研究者将创客理念纳入教育领域之中,创客教育应运而生。

STEAM 教育与创客教育一脉相承,都有强调综合能力和知识运用的核心内涵,二者的区别在于创客教育通过教育机器人、3D 打印、编程教学等新生事物在知识领域深化和拓展了 STEAM 教育,使得学科领域知识更加贴近生活②。创客教育是 STEAM 教育的有益补充,二者的融合与普及指日可待③。

STEAM 教育与创客教育的蓬勃开展,为教育理论的进一步发展提供了土壤。著名教育学家杜威(John Dewey)早在 20 世纪初便提出了"教育即生活""做中学"的教育思想,将运用知识解决实际问题的能力与认知能力同等重视起来。相较于我国素质教育目标中所广泛提及的"创新"理念,源自西方的创客教育更加强调实体作品的创造,这与"做中学"的教育思想不谋而合。加德纳(H. Gardner)的多元智能理论将人类智能划分为九种,分别是:言语、逻辑、视觉(空间)、音乐(节奏)、身体(运动)、人际交往、自我内省、自然观察、存在智力。与

---

① 克里斯·安德森.创客新工业革命[M].萧潇,译.北京:中信出版社,2012:9-23.
② 李小涛,高海燕,邹佳人,万昆."互联网+"背景下的 STEAM 教育到创客教育之变迁——从基于项目的学习到创新能力的培养[J].远程教育杂志,2016,34(01):28-36.
③ 傅骞,王辞晓.当创客遇上 STEAM 教育[J].现代教育技术,2014,24(10):37-42.

传统智能理论相区别的是，多元智能理论强调智能发展的文化性、多元性；加德纳认为解决问题的技能首先与生物本能有关，但同时还需要将特定领域的文化教育与生物本能相结合，例如写作与言语智能的结合。STEAM教育与创客教育的发展和多元智能理论十分契合，除了内涵丰富的五个学科之外，STEAM教育与创客教育强调的协作学习对于学习者的人际交往智力同样起到了有益的锻炼作用。

作为强调学科知识多元结合与创新创造的新兴教育理念，STEAM教育与创客教育在国内的发展势头可谓迅猛。然而在热潮之下，令人担忧的现象同样存在。由于STEAM教育与创客教育与科技前沿结合紧密，且强调学生动手操作，很容易沦为学校与各类其他教育机构的"秀场"：在种类繁多、式样新颖的课程背后，是忽略教育规律、揠苗助长式的教学。许多学校或其他教育机构将机器人教育、编程教育宣传得天花乱坠、无所不能，却全然忽视了学生的认知成长规律，违背了STEAM教育与创客教育将知识与生活相结合的原本理念，造成了该行业繁荣发展背后的巨大泡沫。

第3节 中国在线开放课程发展展望

随着教育信息化2.0时代的到来，信息技术在驱动教育变革等方面将发挥更大的作用，在线开放课程建设中应进一步确立人在教育全过程中的核心地位，从课程平台、课程资源到认证服务等方面构建智能化、泛在化的学习体系。本节我们将从高校与社会两个角度，探讨我国在线开放课程将会呈现出怎样的发展趋势，以及如何服务于高校与社会。

一、在线开放课程服务于高校教学

作为传统教学方式的有益补充，在线开放课程在高校有着广阔的发展前景。近年来，国内在线开放课程数量出现井喷式增长，但在线开放课程后续的运营与推广、在线开放课程如何融入传统教学中去是很多高等院校面临的问题和挑战。此外，从学科知识体系来看，随着智能技术的不断发展，学科间的界限逐渐变得模糊，传统的单一学科课程往往难以应对复杂多变的知识需求。

高等教育模式变革与学科知识体系的重构,对在线开放课程服务高校教学提出了新的要求。随着信息技术的不断发展与移动终端的日益普及,学习者获取学习资源愈发便利,原有的在线开放课程要从课程体系的角度进行革新,满足学习者更高层次的学习需求。在这一趋势的影响下,在线开放课程首先需要在课程体系上朝着跨学科的方向转变,从传统教育侧重硬知识传递逐渐转向基于情境和问题的教学。为了更好地服务于高校教学,还应紧紧围绕立德树人的根本任务,弘扬社会主义核心价值观,从教学内容与资源、教学设计与方法、教学活动与评价、教学效果与影响、团队支持与服务、信息安全及知识产权保障六个方面出发,推进在线教学形式与教学内容的深度融合;逐渐解决学分认证等问题,提高课程内涵质量,优化课程展示形式,细化课程运行管理。

随着社会大众对在线教育理念的逐渐认可,将会有更多教师愿意通过在线开放课程的形式让更多学习者接触到优质的教育资源。然而,在行业融合方面,教育行业的一线工作者往往难以直接接触到科技领域的前沿技术,而技术人员则对教育内容缺乏深刻的了解与认识,很难发掘技术与应用之间的契合点。这就需要高校充分发挥引领作用,积极开展跨领域研究,推动前沿科技与在线开放课程的进一步结合。相信在不久的将来,AR、VR、5G 等技术支持下的在线课程能够为学习者带来线上线下接近一致的学习体验,从而推动整个教育行业发生更大的变革。

二、在线开放课程服务于社会发展

从服务社会发展的角度来看,我国"构建终身学习体系,加快建设学习型社会"的战略举措对在线开放课程提出了促进教育公平与推动终身学习的要求。在线开放课程本身具有受众广泛、易于获取等优势,便于推动优质教育资源共享,已经逐渐成为优化教育资源,提升教育教学质量和国民科学素养的重要抓手。

1. 推动实现教育公平

在我国,入学机会不足、教育资源地区发展不均衡等问题当前仍然存在。在线开放课程以教学平台为依托,使得学习者可以在线观看课程视频、获取课程资源、完成测验作业并参与师生互动,完整地参与到全部教学过程中来,最大限度地实现了教育公平的目标。基于互联网的课程平台具有开放友好的特性，有效地缩小了不同地区教育水平差异带来的教育不公平问题。但是，互联网技术高度发展和广泛应用在给全人类带来福祉的同时，也带来了新的不平等和新的社会分化，这就是所谓的数字鸿沟(Digital Divide)。

高速发展的网络传播技术无疑扩大了优质教育资源的覆盖范围，但这与缩小教育差距、降低教育不平等程度并不等同。"有效维持不平等"理论认为，即使教育资源接近饱和，处于优势地位的群体也会谋求更高质量的教育资源以维持其优势地位，教育差距仍将存在①。这种数字鸿沟广泛存在于家庭、地区、城乡之间，由于地理、收入等因素引起的教育科技资源的不平等会加大甚至恶化某些已经存在的差异。较多的实证研究都已证明，尽管具备种种缩小教育差距的潜力、能够让更多的学生接触到丰富的教育资源，但在线教育却并没有更多地使不同社会阶层特别是处于弱势的学生群体受益②。"互联网+教育"虽然为推动教育公平提供了极大助力，但如何促进教育资源在流通过程中的优质共享，成为横亘在在线教育行业发展前进道路上的一道难关。因此，仍需建立"国家政策支持、业界积极参与"双位一体的资源优化体系，发挥一线教师自身引导力，形成线上线下合力，更加关注弱势群体在教育资源获取和使用过程中的不平等现象，提高教育质量，促进教育公平。

2. 促进发展终身教育

终身教育理念认为，人的一生中需要不间断地学习和进修，以此来保证自身在不断变化的外在环境下拥有竞争力，这与当今的社会需求恰好相符，因此，此理念一经提出便引起了广泛重视。对社会未来力量的培养需要紧跟时代发展的步伐，在线教育跨越了时空距离的限制，整合优质教育资源，让不同年龄段的学习者能够随时随地参与学习，这与提倡家庭教育、学校教育和社会教育相结合的终身教育理念不谋而合。

同时，从终身教育理念的基本内涵来看，其主要倡导持续和主动的学习行

---

① 唐俊超.输在起跑线——再议中国社会的教育不平等(1978—2008)[J].社会学研究,2015,30(03):123-145+344.

② 许亚锋,姚军.在线教育能促进教育公平吗？——基于网络公选课的实证研究[J].电化教育研究,2018,39(04):38-45.

为。这种学习行为不仅应该出于提升个人能力、服务社会发展需求的双重需要,更应该来自学习过程本身的良好体验。伴随着在线学习模式、混合式学习模式的不断创新,满足不同层次学习者需求的在线开放课程资源在数量和质量上都将不断提升。在人工智能技术的支持下,在线开放课程可以为不同年龄、不同知识基础的学习者提供个性化的优质学习体验。在未来,现代科技发展将从教育资源、教育模式、成果评价以及学习交互性四个方面促进终身教育理念与在线开放课程的进一步融合,这必将为我国推进全民终身学习、加快学习型社会建设奠定坚实的基础。

附 录

附录1

教育部关于加强高等学校在线开放课程建设应用与管理的意见

(教高〔2015〕3号)

各省、自治区、直辖市教育厅(教委),新疆生产建设兵团教育局,有关部门(单位)教育司(局),部属各高等学校:

近年来,大规模在线开放课程("慕课")等新型在线开放课程和学习平台在世界范围迅速兴起,拓展了教学时空,增强了教学吸引力,激发了学习者的学习积极性和自主性,扩大了优质教育资源受益面,正在促进教学内容、方法、模式和教学管理体制机制发生变革,给高等教育教育教学改革发展带来新的机遇和挑战。为加快推进适合我国国情的在线开放课程和平台建设,促进课程应用,加强组织管理,现提出以下意见。

一、总体要求

(一)指导思想

以邓小平理论、"三个代表"重要思想、科学发展观为指导,深入贯彻习近平总书记系列重要讲话精神,坚持培育和践行社会主义核心价值观,落实教育规划纲要和《教育信息化十年发展规划(2010—2020年)》战略部署,紧紧围绕立德树人的根本任务,遵循教育教学规律,深化高等教育教育教学改革,主动适应学习者个性化发展和多样化终身学习需求,立足国情建设在线开放课程和公共服务平台,加强课程建设与公共服务平台运行监管,推动信息技术与教育教学深度融合,促进优质教育资源应用与共享,全面提高教育教学质量。

(二)基本原则

立足自主建设。发挥我国高等教育教学传统优势,借鉴国际先进经验,采取"高校主体、政府支持、社会参与"的方式,集聚优势力量和优质资源,构建具有中国特色在线开放课程体系和公共服务平台。坚持公益性服务为基础,引入竞争机制,建立在线开放课程和平台可持续发展的长效机制。

注重应用共享。坚持应用驱动、建以致用,着力推动在线开放课程的广泛应用。整合优质教育资源和技术资源,实现课程和平台的多种形式应用与共享,促进教育教学改革和教育制度创新,提高教育教学质量。

加强规范管理。坚持依法管理,明确学校和平台运行机构的主体责任,强化建设主体的自我管理机制,规范在线开放课程建设、应用、引进和对外推广的工作程序。完善课程内容审查制度,加强教学过程和平台运行监管,防范和制止有害信息传播,保障平台运行稳定和用户、资源等信息安全。

二、重点任务

(一)建设一批以大规模在线开放课程为代表、课程应用与教学服务相融通的优质在线开放课程。支持具有学科专业优势和现代教育技术优势的高校,以大学生文化素质教育课、受众面广量大的公共课和专业核心课程为重点,建设适合网络传播和教学活动的内容质量高、教学效果好的在线开放课程。鼓励高校间通过协同创新和集成创新的方式建设满足不同教学需要、不同学习需求的在线开放课程或课程群。有组织地建设一批高校思想政治理论课等在线开放课程。

(二)认定一批国家精品在线开放课程。综合考察课程的教学内容与资源、教学设计与方法、教学活动与评价、教学效果与影响、团队支持与服务等要素,采取先建设应用、后评价认定的方式,2017年前认定1 000余门国家精品在线开放课程。到2020年,认定3 000余门国家精品在线开放课程。

(三)建设在线开放课程公共服务平台。在具有良好公益性、开放性的国内已运行平台中,通过申报、专家遴选的方式,选择基础良好、技术先进、符合国情、安全稳定、优质课程资源集聚、服务高效的平台,认定为在线开放课程公共服务平台。鼓励公共服务平台之间实现课程资源和应用数据共享,营造开放合作的网络教学与学习空间。鼓励高校使用在线开放课程公共服务平台。高校也可选用适合本校需求的其他国内平台以及小规模专有在线课程平台,开展在线开放课程建设和应用。鼓励公共服务平台与国家开放大学教学平台开展合作,为终身教育提供优质课程。鼓励平台建设方、高校协同建设和运用在线课程大数据,为高校师生和社会学习者提供优质高效的全方位或个性化服务。

(四)促进在线开放课程广泛应用。鼓励高校结合本校人才培养目标和需求,通过在线学习、在线学习与课堂教学相结合等多种方式应用在线开放课程,不断创新校内、校际课程共享与应用模式。鼓励承担对口支援任务的高校探索通过在线开放课程支援西部受援高校教学,受援高校应积极应用在线开放课程。鼓励在线开放课程公共服务平台在保障公益性的同时,积极探索课程拓展资源与个性化学习服务的市场化运营方式。

(五)规范在线开放课程的对外推广与引进。对外推广或引进课程应遵守我国教育、中外合作办学、互联网等相关法律法规,履行我国加入世界贸易组织有关教育服务的具体承诺,并择优推荐选择。学校或平台承担课程对外推广或引进课程的直接责任。鼓励通过在线开放课程公共服务平台和境外平台积极对外推广我国优质课程。鼓励优先引进反映学科发展前沿且具有先进的教育理念和教育经验的自然科学、工程与技术科学等学科优质课程。

(六)加强在线开放课程建设应用的师资和技术人员培训。依托高校、相关机构、专家组织和在线开放课程公共服务平台,根据教师、学习者的需求变化和技术发展,开展课程建设、课程应用以及大数据分析应用等培训。

(七)推进在线开放课程学分认定和学分管理制度创新。鼓励高校制订在线开放课程教学质量认定标准,将通过本校认定的在线课程纳入培养方案和教学计划,并制订在线课程的教学效果评价办法和学生修读在线课程的学分认定办法。在保证教学质量的前提下,鼓励高校开展在线学习、在线学习与课堂教学相结合等多种方式的学分认定、学分转换和学习过程认定。

三、组织管理

(一)教育部为在线开放课程和公共服务平台的建设提供政策研究、宏观指导和一定的条件支持,协同国家有关部门依据国家网络与信息安全的政策法规履行相应的管理职能。推动有关专家组织和机构开展在线开放课程理论、教学模式与学习方式、课程共享模式、核心技术等研究。组织公共服务平台遴选。

组织"国家精品在线开放课程"认定,并对课程建设予以支持。通过使用评价、定期检查等方式,对国家精品在线开放课程的在线运行、实际应用、教学效果等进行跟踪监测和综合评价。对在线开放课程公共服务平台的网络安全、内容安全、数据安全、运行及服务进行规范管理。省级教育行政部门要鼓励在线开放课程在本区域的建设和应用,给予相应的政策支持,加强对课程建设和平台的监管。

(二)高校应切实承担在线开放课程建设应用与管理的主体责任。高校领导要深刻认识信息技术高速发展对教育教学的影响,将建设和使用在线开放课程作为推进教育教学改革的重要举措,着力提升广大教师将信息技术与高等教育深度融合的意识、水平和能力,把在线开放课程作为课堂教学的重要补充,根据本校实际建立在线开放课程教学与学习的管理、激励和评价机制,培育一批导向正确、影响力大的网络教学名师。探索建立高校内部或高校之间具备考核标准的在线学习认证和学分认定机制,积极探索并推进在线开放课程的应用,加强课程选用管理及学分管理,确保教学应用质量。课程建设高校作为课程内容和教学活动的责任主体,要将社会主义核心价值观融入课程建设,建立和实施课程建设、质量审查、课程运行保障和效果测评等制度,不断提高课程质量。

(三)在线开放课程公共服务平台建设方要切实承担课程服务和数据安全保障的主体责任。要严格遵守国家网络与信息安全管理规范,依法依规开展活动,为高校师生和社会学习者提供优质高效的全方位、个性化服务,建立全方位安全保障体系,实施对课程内容、讨论内容、学习过程内容的有效监管,防范和及时制止网络有害信息的传播。要高度重视知识产权保障,与高校、课程建设团队签订平等互利的知识产权保障协议,明确各方权利和义务,切实保障各方权益。

(四)省级教育行政部门、高校根据本意见,结合本区域、本校实际,对在线开放课程的建设、应用与管理制订实施办法。

教育部

2015 年 4 月 13 日

附录 2

教育部办公厅关于开展 2018 年国家精品在线开放课程认定工作的通知

（教高厅函〔2018〕44 号）

各省、自治区、直辖市教育厅（教委），新疆生产建设兵团教育局，有关部门（单位）教育司（局），中央军委训练管理部职业教育局，部属各高等学校，有关课程平台单位：

根据《教育部关于加强高等学校在线开放课程建设应用与管理的意见》（教高〔2015〕3 号，以下简称《意见》）精神，为进一步推动我国在线开放课程建设与应用共享，促进信息技术与教育教学深度融合，推动高等学校教育教学改革，提高高等教育教学质量，服务学习型社会建设，我部决定开展 2018 年国家精品在线开放课程认定工作。现将有关事项通知如下：

一、认定范围和数量

2018 年认定课程的范围为：截至 2018 年 7 月 31 日，高等学校在全国性公开课程平台面向高校和社会学习者开放，完成两期及以上教学活动的全日制本科和专科层次大规模在线开放课程（慕课），包括高校人才培养方案中的大学生文化素质教育课、公共基础课、专业课，含思想政治理论课、创新创业教育课、教师教育课程。鼓励有利于对外传播的双语课程申报。申报课程开设平台为境外平台的，须先在国内公开课程平台完成至少一期教学活动。

为推动课程持续完善、提升质量，确保每期课程有修改完善时间和完整的教学周期，申报课程第一期上线开课时间不得晚于 2017 年 12 月 31 日；申报 2017 年认定但未通过的课程，须经进一步修改完善，并在 2017 年 8 月 1 日之后至少有一个完整的教学周期。

不具备大规模在线开放课程特征的课程，如视频公开课和资源共享课，仅对本校或少数高校学生开放的小规模专有在线课程（SPOC）和应用于非全日制学生的网络教育课程，以及无完整教学过程和教学活动的在线课程等，不在认定范围。

2018年将认定800门左右国家精品在线开放课程。认定工作注重逐步建立和完善国家精品在线开放课程体系，按照不同课程类型分类遴选认定。

二、课程要求

申报课程须贯彻《意见》精神，符合《普通高等学校本科专业类教学质量国家标准》等要求，思想导向正确、科学性强，大规模在线开放课程特征明显，突出以学生为中心的教学设计，课程建设团队充分开展在线教学活动与指导，课程质量高，共享范围广，应用效果好，示范引领性强。

（一）课程团队

课程负责人须为申报高校正式聘用的教师，具有丰富的教学经验和较高学术造诣。主讲教师师德好，教学能力强，积极投身信息技术与教育教学深度融合的教学改革。课程团队结构合理、人员稳定，除课程负责人和主讲教师外，还应配备必要的助理教师，保障线上线下教学正常有序运行。课程团队主要成员须与课程平台显示人员一致。同一课程负责人只能申报一门课程。

（二）课程教学设计

遵循教育教学规律，体现现代教育思想，符合大规模在线开放课程教学特征。注重以学生为中心建立教与学新型关系，构建体现信息技术与教育教学深度融合的课程结构和教学组织模式，课程知识体系科学，资源配置全面合理，适合在线学习和混合式教学。

（三）课程内容

坚持立德树人，能够将思想政治教育内化为课程内容，弘扬社会主义核心价值观。反映学科专业最新发展成果和教改教研成果，具有较高的科学性水平。课程内容更新和完善及时。无危害国家安全、涉密及其他不适宜网络公开传播的内容，无侵犯他人知识产权内容。

（四）教学活动与教师指导

通过课程平台，教师按照学校的教学计划和要求为学习者提供测验、作业、考试、答疑、讨论等教学活动，及时开展在线指导与测评。各项教学活动完整、有效，按计划实施。学习者在线学习响应度高，师生互动充分，能有效促进师生之间、学生之间进行资源共享、互动交流和自主式与协作式学习。

（五）应用效果与影响

申报课程在本校教学过程中能较好地应用，将在线课程与课堂教学相结合，教学方法先进，教学质量高。在其他高校和社会学习者中共享范围广，应用模式多样，应用效果好，社会影响大。

（六）课程平台支持服务

课程平台须按照《中国互联网管理条例》等规定，完成有关的备案和审批手续，至少获得国家信息安全等级保护二级认证。平台运行安全稳定畅通，课程在线教学支持服务高效。同时，须制定相应的管理制度和工作流程，配有专业人员进行审查管理，确保上线课程的内容规范及技术水平。

三、申报和推荐

（一）申报和推荐程序

教育部直属高校直接向我部申报课程。其他中央部门（单位）所属高校及有关军队院校课程由其上级主管部门相关教育司（局）向我部推荐。地方高校课程由其省级教育行政部门向我部推荐。

（二）申报和推荐组织工作

有关部门和各高校要高度重视本次国家精品在线开放课程的申报、推荐等组织工作，规范工作程序，严格按照申报课程要求，控制数量，确保申报、推荐课程质量。

高等学校作为在线开放课程建设的主体，要严格按照申报要求，组织对本校建设或牵头建设的在线开放课程进行评价遴选，择优申报。要对申报课程网上内容和教学活动进行全面核查，确保合法性、完整性和有效性。网上无法显示完整内容和教学活动的课程不得推荐。

在多个平台开设的课程须选择大规模在线开放课程特征明显、课程团队在线教学服务好、在线教学效果好的一个主要平台申报。多个平台的有关数据可按平台分别提供课程数据信息表（附件5）。

与高校合作的各课程平台单位要积极配合本次认定工作，提供真实全面客观的数据，并为认定工作提供必要的支持，保障课程运行安全顺畅。

（三）申报材料报送方式

本次申报采用网上填报与函报材料相结合的方式。

1. 网上填报

为保证认定工作的高效、有序、公开，我部通过"国家精品在线开放课程工作网（www.chinaooc.com.cn）"（以下简称"工作网"）开展网上申报及有关材料公示工作。请中央和军委有关部门（单位）教育司（局）、省级教育行政部门、部属高校、课程平台单位于2018年7月31日前将加盖公章的联系人信息表（附件1）及word文档发至"工作网"联系人电子信箱，邮件主题及文件名为单位名称。

"工作网"将于2018年8月20日开通，届时联系人可通过电子邮件获得账户信息，并可登录"工作网"完成网上申报。申报截止时间为2018年9月15日。

各中央和军委有关部门（单位）教育司（局）、省级教育行政部门可采取以下两种方式之一，组织相关高校进行申报、评价并向我部推荐：

（1）网下评价网上推荐。组织高校申报并进行一定形式评价，确定推荐课程后，登录"工作网"，按要求在网上填报申报材料，上传推荐意见。

（2）网上申报与推荐。组织高校直接通过"工作网"进行申报并开展评价和推荐。"工作网"可为此提供平台支持与技术服务。请有此需要的部门于2018年7月31日前联系"工作网"。

2. 函报材料

部属高校完成网上申报，有关部门完成网上推荐后，在"工作网"平台打印具有防伪标识的申报书（附件2），与附件材料一起按每门课程装订成册，与平台生成的本校申报课程汇总表（附件3）或有关部门推荐课程汇总表（附件4）一并加盖单位公章，一式两份，于2018年9月15日前报送教育部高等教育司教学条件处。

四、评价与认定

（一）申报材料公示和资格审查

申报截止日期后，我部将在"工作网"进行材料公示，公开接受高校和社会的监督。

在申报材料公示和审核过程中，一旦发现有课程相关信息、数据造假等行为，将终止该课程本次认定工作，并对相应信息、数据的提供方今后的申报进行限制。

（二）综合评价认定

我部组织有关专家，对课程的学术水平、内容质量、课程应用共享效果等进行综合评议，提出 2018 年"国家精品在线开放课程"公示名单，在教育部网站和"工作网"公示后，发文公布 2018 年"国家精品在线开放课程"名单。

五、认定后管理

认定为"国家精品在线开放课程"的课程，无论是已面向社会开放的课程，还是仅向高校开放的学分课，均须继续建设与完善，自认定结果公布始面向社会开放并提供教学服务不少于 5 年。我部将对课程运行情况持续进行监督和管理，对不符合要求的课程实施退出机制。

中央部门所属高校被认定为"国家精品在线开放课程"的课程，要作为"十三五"期间实施中央高校教育教学改革专项的一部分，由有关高校予以支持。地方高校的课程，省级教育行政部门和有关高校应采取相应措施予以支持。

六、申报推荐工作联系方式

（一）申报咨询联系方式

教育部高等教育司教学条件处，地址：北京市西城区大木仓胡同 35 号，邮编：100816，联系人：李晓锋、张庆国，咨询电话：010-66096925，电子信箱：gaojs_jxtj@moe.edu.cn。

（二）工作网联系方式

联系人：张秀芹，电话：010-58581673，电子信箱：zhangxq@crct.edu.cn。

附件:1. 国家精品在线开放课程认定工作联系人信息表(2018年)(略)
   2. 国家精品在线开放课程申报书(2018年)(略)
   3. 教育部直属高校申报课程汇总表(2018年)(略)
   4. 有关部门推荐课程汇总表(2018年)(略)
   5. 课程数据信息表(2018年)(略)

教育部办公厅

2018年7月20日

附录 3

教育部关于公布 2018 年国家精品在线开放课程认定结果的通知

（教高函〔2019〕1 号）

各省、自治区、直辖市教育厅（教委），新疆生产建设兵团教育局，有关部门（单位）教育司（局），部属各高等学校，有关课程平台单位：

根据《教育部关于加强高等学校在线开放课程建设应用与管理的意见》（教高〔2015〕3 号）精神和《教育部办公厅关于开展 2018 年国家精品在线开放课程认定工作的通知》（教高厅函〔2018〕44 号）要求，经省级教育行政部门、有关部门（单位）教育司（局）、部属高等学校申报推荐，并经专家评议与公示，教育部决定认定北京大学"慕课问道"等 801 门课程为 2018 年国家精品在线开放课程，现予以公布（名单见附件）。

2018 年国家精品在线开放课程认定是教育部全面贯彻全国教育大会精神，落实《教育部关于加快建设高水平本科教育 全面提高人才培养能力的意见》《教师教育振兴行动计划（2018—2022 年）》《高等职业教育创新发展计划（2015—2018 年）》《新时代高校思想政治理论课教学工作基本要求》和《教育部关于加强新时代高校"形势与政策"课建设的若干意见》精神，坚持立德树人根本任务，推动高等教育教学改革，提高高等教育教学质量，推进教育公平的重要行动，也是打造"金课"，实施一流课程"双万计划"的重要内容。教育部将以在线开放课程建、用、学、管共享为抓手，深入推进信息技术与教育教学深度融合的课程内容、教学模式与教学方法改革，实现我国高等教育教学质量的"变轨超车"。

各省级教育行政部门和高校要继续加强在线开放课程的建设，着力打造具有高阶性、创新性和挑战度的"金课"。坚持以学生发展为中心，推进省级、校级配套政策出台,结合一流课程"双万计划"的实施,创新在线开放课程的多模式应用,因地制宜、因校制宜、因课制宜,开展线上线下混合式教学,切实提高教育教学质量,推进高等教育内涵式发展。

课程平台单位应确保平台按期备案,信息安全等级保护认证符合国家有关规定。要做好国家精品在线开放课程的持续运营、服务、宣传推广和网络安全保障,不断提升技术服务水平和服务力度,确保线上课程稳定运行。要充分运用大数据等信息技术手段,配合课程团队开展教育教学研究,为高校、广大师生和社会学习者提供更优质的服务。

认定为"国家精品在线开放课程"的课程,自认定结果公布始,应面向高校和社会学习者开放,并提供教学服务不少于 5 年。高校要为课程团队提供政策、经费等方面的支持。中央部门所属高校被认定为"国家精品在线开放课程"的课程,要作为"十三五"期间实施中央高校教育教学改革专项的一部分,由高校予以支持。地方高校的课程,省级教育行政部门和有关高校应采取相应措施予以支持。

教育部将通过使用评价、定期检查等方式,对国家精品在线开放课程的在线运行、教学服务、实际应用、教学效果等进行跟踪监督和管理。对于未能达到持续更新和运行要求的课程,将取消国家精品在线开放课程资格。

附件:2018 年国家精品在线开放课程名单

教育部
2019 年 1 月 8 日

附录3 教育部关于公布2018年国家精品在线开放课程认定结果的通知

2018年国家精品在线开放课程名单

附件

一、本科教育课程（690门）

序号	课程名称	课程负责人	课程团队其他主要成员	主要建设单位	主要开课平台
1	慕课问道	李晓明	冯雪松、丁青青	北京大学	爱课程（中国大学MOOC）
2	社会调查与研究方法	邱泽奇		北京大学	爱课程（中国大学MOOC）
3	教师如何做研究	汪琼	范逸洲、刘玲、汪滢、王宇	北京大学	爱课程（中国大学MOOC）
4	质性研究方法	林小英		北京大学	爱课程（中国大学MOOC）
5	学习工程与管理	吴峰、谢克海		北京大学	爱课程（中国大学MOOC）
6	教师法律风险防范	张冉	欧阳添艺、武静怡	北京大学	爱课程（中国大学MOOC）
7	大学生瑜伽	亓昕	冯雪松	北京大学	智慧树
8	伟大的《红楼梦》	刘勇强	叶朗、顾春芳、潘建国、李鹏飞	北京大学	智慧树
9	感悟考古	孙庆伟		北京大学	智慧树
10	文艺复兴经典名著选读	朱孝远		北京大学	智慧树
11	中国历史地理	韩茂莉	袁钰莹	北京大学	智慧树
12	中国古代史	叶炜		北京大学	华文慕课

续表

序号	课程名称	课程负责人	课程团队其他主要成员	主要建设单位	主要开课平台
13	离散数学概论	陈斌	易超、陈旭	北京大学	爱课程（中国大学MOOC）
14	电磁学	王稼军	穆良柱、孟策、陈晓林	北京大学	华文慕课
15	可再生能源与低碳社会	肖立新	邹喻	北京大学	智慧树
16	生物学概念与途径	饶毅		北京大学	爱课程（中国大学MOOC）
17	探索心理学的奥秘	毛利华	刘晓萍	北京大学	智慧树
18	计算机网络原理与因特网	严伟	肖俊、肖克成	北京大学	华文慕课
19	数据结构与算法	张铭	赵海燕、王腾蛟、陈斌、宋国杰	北京大学	爱课程（中国大学MOOC）
20	Java程序设计	唐大仕		北京大学	爱课程（中国大学MOOC）
21	人工智能原理	王文敏	李剑霞	北京大学	爱课程（中国大学MOOC）
22	程序设计与算法	郭炜		北京大学	爱课程（中国大学MOOC）
23	算法设计与分析	汪小林	屈婉玲、蒋婷婷、罗国杰	北京大学	爱课程（中国大学MOOC）
24	计算概论与程序设计基础	李戈		北京大学	爱课程（中国大学MOOC）
25	流行病学基础（二）	吴涛、曹卫华	孙凤、高文静、唐迅	北京大学	爱课程（中国大学MOOC）
26	健康评估	孙玉梅	李湘萍、樊箫悦、李利、江华	北京大学	爱课程（中国大学MOOC）
27	敦煌的艺术	顾春芳	叶朗	北京大学	智慧树
28	艺术史	朱青生	王婧思、高明、黄羽婷、赵声良	北京大学	北京高校优质课程研究会
29	20世纪西方音乐	毕明辉		北京大学	智慧树
30	世界著名博物馆艺术经典	丁宁	张敏、孙晶、王加、叶朗	北京大学	智慧树

续表

序号	课程名称	课程负责人	课程团队其他主要成员	主要建设单位	主要开课平台
31	侵权责任法	杨立新		中国人民大学	北京高校优质课程研究会
32	普通心理学	邢采	雷雳、时勘、温晓通、李永娜	中国人民大学	北京高校优质课程研究会
33	数据科学导论	朝乐门	安小米、褚俊	中国人民大学	北京高校优质课程研究会
34	管理学原理	刘刚	赵晶、邓子梁、郭海、徐京悦	中国人民大学	北京高校优质课程研究会
35	影像技术	周勇		中国人民大学	学堂在线
36	审美的历程	帅松林		清华大学	学堂在线
37	庄子哲学导读	陈怡、程钢		清华大学	学堂在线
38	儒家修身之道	刘燕妮		清华大学	学堂在线
39	金融工程导论	朱英姿	刘扬、康琦	清华大学	学堂在线
40	教育学导引	谢维和	李曼丽、钟周、文雯、张羽	清华大学	学堂在线
41	生活英语读写	杨芳、张文霞	陈永国、吕中舌、谢职安	清华大学	学堂在线
42	英文科技论文写作与学术报告	管晓宏	Y. C. Ho、P. B. Luh、X – R. Cao、W. Gong	清华大学	学堂在线
43	文物精品与文化中国	彭林		清华大学	学堂在线
44	大唐兴衰	张国刚	李兮、吴姚函、孟献志、张明	清华大学	学堂在线
45	简明线性代数	杨晶	宋元龙、张起	清华大学	学堂在线
46	概率论与数理统计	梁恒	叶俊、鲍恒涛、张思韫	清华大学	学堂在线
47	线性代数	马辉	徐帆、瞿燕辉	清华大学	学堂在线

续表

序号	课程名称	课程负责人	课程团队其他主要成员	主要建设单位	主要开课平台
48	核辐射物理及探测学	张智	杨祎罡	清华大学	学堂在线
49	电动力学	王青		清华大学	学堂在线
50	大学生心理健康	李焰	刘丹、王旭、赵丽珠	清华大学	学堂在线
51	土力学	张丙印	于玉贞、张建红、吕禾	清华大学	学堂在线
52	工程热力学	吴晓敏	张旋、李通、唐国力、袁志平	清华大学	学堂在线
53	IC设计与方法	张春、唐仙		清华大学	学堂在线
54	ARM微控制器与嵌入式系统	曾鸣	薛涛、龚光华	清华大学	学堂在线
55	电工技术	段玉生	王艳丹、刘瑛岩、许其清、刘文武	清华大学	学堂在线
56	集成传感器	伍晓明		清华大学	学堂在线
57	Web前端攻城狮	刘强	刘平川、樊中恺、吴亮、赵文博	清华大学	学堂在线
58	大数据系统基础	王建民	徐葳、陈康、陈文光	清华大学	学堂在线
59	数据挖掘：理论与算法	袁博		清华大学	学堂在线
60	C++语言程序设计	郑莉	李超、徐明星	清华大学	学堂在线
61	数据结构	邓俊辉		清华大学	学堂在线
62	暖通空调	朱颖心	赵海湉、牟迪	清华大学	学堂在线
63	地下水文学（水文学原理及应用2）	倪广恒	丛振涛、杨大文、吕华芳	清华大学	学堂在线

续表

序号	课程名称	课程负责人	课程团队其他主要成员	主要建设单位	主要开课平台
64	大气污染控制工程	王书肖	郝吉明,吴烨	清华大学	学堂在线
65	住宅精细化设计	周燕珉		清华大学	学堂在线
66	高技术与现代局部战争	熊剑平	吕冀蜀,王晓丽,林帆,赵一玮	清华大学	学堂在线
67	商学导论:10节课带你走进商业世界	朱恒源		清华大学	学堂在线
68	信息素养——学术研究的必修课	林佳	王媛,曾晓牧,韩丽风,赵军平	清华大学	学堂在线
69	生产计划与控制	戚晔		清华大学	学堂在线
70	昆曲艺术欣赏	陈为蓬		清华大学	学堂在线
71	影视制作入门	梁君健	雷建军,黄添,胡雅文,陈凯宁	清华大学	学堂在线
72	艺术的启示	李睦	肖芳凯,于婉莹,扶鑫,周凯斌	清华大学	学堂在线
73	灿烂的文化,优秀的艺术——中国工笔人物画赏析与创作	孙玉敏		清华大学	学堂在线
74	现代生活美学进阶	刘惠芬	马思冰,刘书田,王玉珂	清华大学	学堂在线
75	汽车造型设计二维表达	王波	杨景全,王开源,蔡振原	清华大学	学堂在线
76	电路	黄辉	叶晶晶,薛健,苏栗,王喜莲,佟庆彬	北京交通大学	爱课程(中国大学 MOOC)
77	数字信号处理	陈后金	胡健,薛健,李艳凤,黄琳琳	北京交通大学	爱课程(中国大学 MOOC)

续表

序号	课程名称	课程负责人	课程团队其他主要成员	主要建设单位	主要开课平台
78	数字电子技术基础	侯建军	黄亮、白双、邓涛、李赵红	北京交通大学	爱课程(中国大学MOOC)
79	模拟电子技术	刘颖	路勇、黄亮、李赵红、霍炎	北京交通大学	爱课程(中国大学MOOC)
80	微机原理与接口技术	戴胜华	付文秀、黄赞武、于振宇、李鹏	北京交通大学	爱课程(中国大学MOOC)
81	工科数学分析	杨小远		北京航空航天大学	爱课程(中国大学MOOC)
82	高等数学(上)	郑志明	杨小远、柳彬、金路、彭联刚	北京航空航天大学	智慧树
83	微积分启蒙	李尚志		北京航空航天大学	爱课程(中国大学MOOC)
84	走进歌剧世界	苏丹娜		北京航空航天大学	智慧树
85	大学物理	胡海云、刘兆龙、李英兰、缪劲松	冯艳全	北京理工大学	爱课程(中国大学MOOC)
86	工程流体力学	王国玉	韩占忠、黄彪	北京理工大学	爱课程(中国大学MOOC)
87	应用光学	黄一帆	李林	北京理工大学	爱课程(中国大学MOOC)
88	C语言程序设计	李凤霞、陈宇峰	李仲君、赵三元、薛庆	北京理工大学	爱课程(中国大学MOOC)
89	Python网络爬虫与数据分析	嵩天		北京理工大学	爱课程(中国大学MOOC)
90	Python科学计算三维可视化	黄天羽	嵩天	北京理工大学	爱课程(中国大学MOOC)
91	武器装备概论	李东光	邓宏彬、王明、金磊、申强	北京理工大学	北京高校优质课程研究会
92	信息系统安全对抗理论	罗森林	王越、潘丽敏、高平、吴舟婷	北京理工大学	北京高校优质课程研究会
93	大学英语自学课程	张敬源	王娜、陈娟文、张丹丹、李金玉	北京科技大学	爱课程(中国大学MOOC)
94	化工原理	丁忠伟	刘丽英	北京化工大学	爱课程(中国大学MOOC)

续表

序号	课程名称	课程负责人	课程团队其他主要成员	主要建设单位	主要开课平台
95	通信原理	杨鸿文	桑林	北京邮电大学	学堂在线
96	信息安全概论	吕春利		中国农业大学	爱课程（中国大学MOOC）
97	食品营养学	范志红	郭慧媛	中国农业大学	北京高校优质课程研究会
98	语文课程标准与教材研究	郑国民	张心科、徐鹏、黄显涵、朱嘉	北京师范大学	爱课程（中国大学MOOC）
99	思维训练与学习力提升	赵国庆	吴金闪、朱嘉	北京师范大学	北京高校优质课程研究会
100	中学化学教学设计与实践	王磊	胡久华、魏锐	北京师范大学	爱课程（中国大学MOOC）
101	师魂	林崇德	吴昌顺、芦咏莉、贾绪计、黄四林	北京师范大学	智慧树
102	莎士比亚戏剧赏析	刘洪涛	谢江南、刘倩、金燕、张小童	北京师范大学	爱课程（中国大学MOOC）
103	循环经济与可持续发展型企业	毛建素	裴元生、金建君、李春隆	北京师范大学	爱课程（中国大学MOOC）
104	管理学	王文周	彭鹏	北京师范大学	爱课程（中国大学MOOC）
105	网络信息计量与评价	肖明	王卫、王京山	北京语言大学	爱课程（中国大学MOOC）
106	古诗今读	韩经太	陈莞	北京语言大学	爱课程（中国大学MOOC）
107	速成汉语语法课堂	种一凡、张倩	蔡建永、蔡楠	北京语言大学	爱课程（中国大学MOOC）
108	初级双语语法	王瑞烽	牟世荣、丁险峰、王磊、郭书林	北京语言大学	爱课程（中国大学MOOC）
109	投资学	刘志东	宋斌、陈暮紫、欧变玲、荆中博	中央财经大学	爱课程（中国大学MOOC）
110	经济学导论	施丹	段彦丞、李雨洋	对外经济贸易大学	爱课程（中国大学MOOC）

续表

序号	课程名称	课程负责人	课程团队其他主要成员	主要建设单位	主要开课平台
111	货币金融学	蒋先玲	魏天磊、黄鑫、董广远	对外经济贸易大学	爱课程（中国大学MOOC）
112	创业团队建设与管理	马力	姜蓓蓓、庄首建	首都经济贸易大学	爱课程（中国大学MOOC）
113	大学生安全与保护	靳高风	王大伟、王淑合、景绒、尚秀云	中国人民公安大学	学堂在线
114	影像中的人类学	朱靖江	张彤彤、任健	中央民族大学	北京高校优质课程研究会
115	中国少数民族神话赏析	汪立珍	文京、杨喻清、赵柔柔、梁沙	中央民族大学	爱课程（中国大学MOOC）
116	生活中的纺纱与解决	赵旭光、王学棉	李红枫、方仲炳、田海鑫	华北电力大学	爱课程（中国大学MOOC）
117	英美诗歌名篇选读	黄宗英	张艳、张军丽、崔鲜泉、贾亚刚	北京联合大学	智慧树
118	中华国学	张荣明	李梁楠、李建玲	南开大学	智慧树
119	科研方法论	张伟刚	宋峰、马秀荣、江俊锋、严铁毅	南开大学	智慧树
120	中国古典诗词中的品格与修养	张静	叶嘉莹、汪荣祖	南开大学	爱课程（中国大学MOOC）
121	环境学基础	楚春礼	鞠美庭、邵超峰	南开大学	智慧树
122	生态文明	龚克	王利华、方精云、陈军、徐鹤	南开大学	智慧树
123	健康导航与科学用药	张京玲	金大庆、杨亮、刘瑜、沈烨婷	南开大学	爱课程（中国大学MOOC）
124	概率论与数理统计	关静	王凤雨、杨玲玲、赵慧	天津大学	爱课程（中国大学MOOC）
125	无机化学（上）	马晓飞	田昀、马亚鲁、秦学	天津大学	爱课程（中国大学MOOC）
126	工程图学	姜杉	徐健、喻宏波、安蔚瑾、丁伯慧	天津大学	爱课程（中国大学MOOC）
127	时尚流行文化解读	张灏	关娟娟、郑宣	天津科技大学	智慧树

附录3 教育部关于公布2018年国家精品在线开放课程认定结果的通知　225

续表

序号	课程名称	课程负责人	课程团队其他主要成员	主要建设单位	主要开课平台
128	创业管理——易学实用的创业真知	姚飞	谢宽萍、魏亚平、史容、杨雪	天津工业大学	智慧树
129	纺织与现代生活	王建坤	刘丽妍、荆妙蕾、刘建勇、张毅	天津工业大学	智慧树
130	生物化学	王威	康宁、顾志敏	天津中医药大学	智慧树
131	形势与政策	甘玲	解占彩、刘建民、朱晨静、马永耀	河北科技大学	爱课程（中国大学MOOC）
132	中学教育见习与实习	戴建兵	张庆秀、王宏方、夏晓烨、王换超	河北师范大学	爱课程（中国大学MOOC）
133	消防燃烧学	徐晓楠	郭子东、郑兰芳、王平、闫琪	中国人民警察大学	爱课程（中国大学MOOC）
134	机械制造技术基础	王时英	李文辉、丁艳红、姚新改、张杰	太原理工大学	爱课程（中国大学MOOC）
135	脑洞大开背后的创新思维	冯林	张威、吴振宇、刘胜蓝	大连理工大学	爱课程（中国大学MOOC）
136	体育舞蹈与文化	刘君	元文学、王晓玲、刘海斌、夏培玲	大连理工大学	爱课程（中国大学MOOC）
137	IT行业职场英语	王宇	王雷、杜宛宜、周纯岳、刘辉	大连理工大学	爱课程（中国大学MOOC）
138	普通化学	胡涛	孟长功、于永鲜、王慧龙、陶胜洋	大连理工大学	爱课程（中国大学MOOC）
139	无机化学	孟长功	胡涛、于永鲜、王慧龙、陶胜洋	大连理工大学	爱课程（中国大学MOOC）
140	结构力学	陈廷国	曲激婷	大连理工大学	爱课程（中国大学MOOC）

续表

序号	课程名称	课程负责人	课程团队其他主要成员	主要建设单位	主要开课平台
141	材料力学	王博	马红艳、李顺迎、毕祥军、马国军	大连理工大学	爱课程(中国大学MOOC)
142	流体力学	刘志军	许晓飞、刘凤霞、魏炜、王晓娟	大连理工大学	爱课程(中国大学MOOC)
143	现代工程制图	王丹虹	高菲、陈霞、王雪飞、冯冬菊	大连理工大学	爱课程(中国大学MOOC)
144	画法几何及土木工程制图	王子茹	何斌	大连理工大学	爱课程(中国大学MOOC)
145	材料科学基础	赵杰	叶飞、王清、李佳艳	大连理工大学	爱课程(中国大学MOOC)
146	电工学	陈希有	章艳、王宁、刘蕴红、刘凤春	大连理工大学	爱课程(中国大学MOOC)
147	C语言程序设计	朱鸣华	罗晓芳、孟军、汪德刚、董明	大连理工大学	爱课程(中国大学MOOC)
148	计算机组织与结构	赖晓晨	周宽久、王洁、迟宗正、林驰	大连理工大学	爱课程(中国大学MOOC)
149	水利工程施工	杜志达	马震岳、陈婧、王刚、许青	大连理工大学	爱课程(中国大学MOOC)
150	化工原理	都健、潘艳秋	王瑶、董宏光、吴雪梅	大连理工大学	爱课程(中国大学MOOC)
151	分析化学	吴硕	刘志广、王秀云、丁保君、宋波	大连理工大学	爱课程(中国大学MOOC)
152	家庭理财	姚宏	刘彦文、刘艳萍、张悦玫、吕盈	大连理工大学	爱课程(中国大学MOOC)
153	社会调查与统计分析	卢小君	冯桂平、孙岩	大连理工大学	爱课程(中国大学MOOC)
154	通用英语(一)	赵雯	王劲然、卢开艳、宋岩、黄卫祖	大连理工大学	爱课程(中国大学MOOC)
155	高等数学	孙艳蕊	杨中兵、宋叔尼、孔庆海、韩志涛	东北大学	爱课程(中国大学MOOC)
156	数值分析	邵新慧	史大涛、冯男、盛莹、陈艳利	东北大学	爱课程(中国大学MOOC)

续表

序号	课程名称	课程负责人	课程团队其他主要成员	主要建设单位	主要开课平台
157	大学物理	陈肖慧	王强,张建锋,张连连,张莉	东北大学	爱课程(中国大学MOOC)
158	结构化学	王军	张学民	东北大学	爱课程(中国大学MOOC)
159	机械工程控制基础	罗忠	郝丽娜,房立金,胡明,王菲	东北大学	爱课程(中国大学MOOC)
160	机械原理	李翠玲	王丹,杨瀛,张禹	东北大学	爱课程(中国大学MOOC)
161	材料力学	刘军	战宇,李英梅,张凤鹏,张英杰	东北大学	爱课程(中国大学MOOC)
162	电工学	肖军	刘晓志,李丹,杨楠	东北大学	爱课程(中国大学MOOC)
163	软件工程	张爽	胡清河,王蓓蕾,张伟,王学毅	东北大学	爱课程(中国大学MOOC)
164	高级语言程序设计	高克宁	赵长宽,李封	东北大学	爱课程(中国大学MOOC)
165	计算机硬件技术基础	柳秀梅	徐彬,张旻	东北大学	爱课程(中国大学MOOC)
166	采矿学	王青	顾晓薇,陈庆凯,李元辉,孙效玉	东北大学	爱课程(中国大学MOOC)
167	资源经济学	顾晓薇	王青,邱景平	东北大学	爱课程(中国大学MOOC)
168	工业生态学	杜涛	王鹤鸣,岳强,高成康,刘丽影	东北大学	爱课程(中国大学MOOC)
169	社区管理学	孙萍	赵晶,张平,孙宏伟	东北大学	爱课程(中国大学MOOC)
170	人因工程学	郭伏	金海哲,马钦海,王海英	东北大学	爱课程(中国大学MOOC)
171	书法课堂	朱利		东北大学	爱课程(中国大学MOOC)
172	海商法	郭萍	谷浩,魏凯琳,王连伟	大连海事大学	爱课程(中国大学MOOC)
173	轮机自动化	甘辉兵	张均东,贾宝柱,曾鸿	大连海事大学	爱课程(中国大学MOOC)

续表

序号	课程名称	课程负责人	课程团队其他主要成员	主要建设单位	主要开课平台
174	海上货物运输	田佰军	王文新、姜华	大连海事大学	爱课程（中国大学MOOC）
175	组织学与胚胎学	石玉秀	刘虹、翟效月、韩芳、温喆	中国医科大学	爱课程（中国大学MOOC）
176	人体解剖学	李洪鹏	董鸿铭、王军、李端、解大龙	中国医科大学	爱课程（中国大学MOOC）
177	现代科技与人类未来	刘金寿	许矢林、郭辉、孙超、韩平	大连大学	爱课程（中国大学MOOC）
178	西方文论原典导读	窦可阳		吉林大学	爱课程（中国大学MOOC）
179	大学英语过程写作	林娟	Ian Stone、赵晶旌、董晓宁、蒋拓	吉林大学	爱课程（中国大学MOOC）
180	物理与人类生活	张汉壮	王磊、倪牟翠、张涵、蒋拓	吉林大学	爱课程（中国大学MOOC）
181	机械原理	王聪慧	熊健、陈晓华	吉林大学	爱课程（中国大学MOOC）
182	工程图学	谷艳华	闫冠、张云辉、张秀芝、侯磊	吉林大学	爱课程（中国大学MOOC）
183	高级语言程序设计	张长海	陈娟、吕帅	吉林大学	爱课程（中国大学MOOC）
184	微机原理与接口技术	侯彦利	赵永华、马爱民、郭威	吉林大学	爱课程（中国大学MOOC）
185	西方现代艺术赏析	铁晓娆	孙晓航、郭淑华、蒋拓	吉林大学	爱课程（中国大学MOOC）
186	西方经济学的奇妙世界	徐敏	崔菁菁、苏美文	长春师范大学	智慧树
187	楹联文化	宋彩霞	李晓梅、宋扬、孙英、蔡继莲	白城师范学院	智慧树
188	国际税收网链上的舞者	王君	程永昌、马荣、李琦、孔微	吉林财经大学	智慧树
189	基础护理学	王红明	李春芹、梁宇杰、宋艳丽、王军	吉林医药学院	智慧树

附录3 教育部关于公布2018年国家精品在线开放课程认定结果的通知　229

续表

序号	课程名称	课程负责人	课程团队其他主要成员	主要建设单位	主要开课平台
190	创课——大学生创新创业基础	李海东	刘文勇,刘王峰,吴昊,郑远见	黑龙江大学	优课联盟
191	《菜根谭》与职场智慧	霍明琨		黑龙江大学	优课联盟
192	婚姻家庭法	王歌雅	沈一民,魏影,杨振宏,朱桂江	黑龙江大学	爱课程(中国大学MOOC)
193	创业3+3	尹胜君	李播,杨朝霞,刘宏伟	哈尔滨工业大学	爱课程(中国大学MOOC)
194	诺奖作家英文作品赏析	黄芙蓉	邵兵,邢朝霞,司丹,任江	哈尔滨工业大学	爱课程(中国大学MOOC)
195	线性代数与空间解析几何	郑宝东	付利,周洁,卢玲,张瑾	哈尔滨工业大学	爱课程(中国大学MOOC)
196	物理光学	哈斯乌力吉	郭潇,徐阳,王忠英,孟晨辉	哈尔滨工业大学	爱课程(中国大学MOOC)
197	互换性与测量技术基础	马惠萍	刘永猛,张晓光,刘丽华,王晓明	哈尔滨工业大学	爱课程(中国大学MOOC)
198	电机学	李勇	王寿,寇宝泉,尚静,赵猛	哈尔滨工业大学	爱课程(中国大学MOOC)
199	数字电子技术基础	齐明	陶隽源,朱敏	哈尔滨工业大学	爱课程(中国大学MOOC)
200	电工学	张继红	吴建强,刘晓芳,郑雪梅,刘桂花	哈尔滨工业大学	爱课程(中国大学MOOC)
201	电路(上)	齐超	刘洪臣,杨旭强,霍炬,孙立山	哈尔滨工业大学	爱课程(中国大学MOOC)
202	操作系统	李治军		哈尔滨工业大学	网易云课堂
203	编译原理	陈鄞	郭勇	哈尔滨工业大学	爱课程(中国大学MOOC)

续表

序号	课程名称	课程负责人	课程团队其他主要成员	主要建设单位	主要开课平台
204	"数据库系统"系列课程	战德臣	周丽娜、史建燕、张丽蒸、宋巧红	哈尔滨工业大学	爱课程（中国大学MOOC）
205	建筑设计空间基础认知	孙澄	邵郁、郭海博、薛名辉、董宇	哈尔滨工业大学	爱课程（中国大学MOOC）
206	中级财务会计	高艳茹	段云、李文华、丁琦、刘仕煜	哈尔滨工业大学	爱课程（中国大学MOOC）
207	会计信息系统	艾文国	孙洁、张华、关涛	哈尔滨工业大学	学堂在线
208	设计之美	王妍	胡修璃、巩新龙、陈童	哈尔滨工业大学	爱课程（中国大学MOOC）
209	核反应堆物理	曹欣荣	赵强、李伟	哈尔滨工程大学	爱课程（中国大学MOOC）
210	微波技术	赵春晖	廖艳苹、崔颖、同奕名	哈尔滨工程大学	爱课程（中国大学MOOC）
211	自动控制元件	池海红	王显峰、吕淑平、张敬南、巩冰	哈尔滨工程大学	爱课程（中国大学MOOC）
212	水声学	黄益旺	孟宇	哈尔滨工程大学	爱课程（中国大学MOOC）
213	现代市场营销素质与能力提升	杨洪涛	赵忠伟、李苏蕾	哈尔滨工程大学	爱课程（中国大学MOOC）
214	多媒体课件设计与制作	孙崴	刘学敏、王福宝、关玉兵、张艳丽	佳木斯大学	智慧树
215	常见症状护理	朱劲松	魏红艳、何淑玲、王艳秋、赵春艳	佳木斯大学	智慧树
216	思辨与创新	熊浩		复旦大学	智慧树
217	货币金融学	徐明东	田素华	复旦大学	学堂在线

附录3 教育部关于公布2018年国家精品在线开放课程认定结果的通知　　231

续表

序号	课程名称	课程负责人	课程团队其他主要成员	主要建设单位	主要开课平台
218	西方社会思想两千年	于海		复旦大学	智慧树
219	人际传播能力	胡春阳		复旦大学	智慧树
220	新媒体与社会性别	曹晋		复旦大学	智慧树
221	古希腊文明	黄洋		复旦大学	智慧树
222	病原生物与人类	邵红霞	程训佳、卢洪洲、毛佐华、龙健儿	复旦大学	爱课程（中国大学MOOC）
223	卫生技术评估	陈英耀	黄葭燕、薛迪、陈文、周萍	复旦大学	爱课程（中国大学MOOC）
224	概率论与数理统计	花虹	杨筱菡、李莉娜、王勇智	同济大学	爱课程（中国大学MOOC）
225	普通物理	王祖源、朱志怀	于明章、刘海兰、倪忠强	同济大学	爱课程（中国大学MOOC）
226	电工学	顾榕	童美松	同济大学	爱课程（中国大学MOOC）
227	Visual Basic6.0程序设计	龚沛曾、杨志强	朱君波、施珺、王侠丽	同济大学	爱课程（中国大学MOOC）
228	多媒体技术与应用	李湘梅	杨志强、王颖、龚沛曾、肖杨	同济大学	爱课程（中国大学MOOC）
229	风景园林景观规划原理	刘滨谊	魏冬雪	同济大学	爱课程（中国大学MOOC）
230	灾难逃生与自救	刘中民	徐增光、罗轶玮、陈雁西、张欢	同济大学	爱课程（中国大学MOOC）
231	法与社会	季卫东		上海交通大学	好大学在线
232	生命安全与救援——运动损伤防治与户外活动安全	姚武	程蜀琳、王会儒、王坤	上海交通大学	好大学在线
233	唐诗宋词人文解读	李康化	姚旭峰、姚大勇	上海交通大学	智慧树

续表

序号	课程名称	课程负责人	课程团队其他主要成员	主要建设单位	主要开课平台
234	媒介批评	姚君喜	邵国松、李晓静、阎峰、禹卫华	上海交通大学	好大学在线
235	数学之旅	王维克	邓师瑾、王宇彤、李晟、薛锐	上海交通大学	好大学在线
236	大学物理——力学	胡其图	顾志霞、李晟、邓晓	上海交通大学	好大学在线
237	大学物理实验	叶庆好	陈列文、周红、王铕辉、王宇兴	上海交通大学	好大学在线
238	生命科学发展史	孟和	潘玉春、杨志彪、王起山	上海交通大学	好大学在线
239	遗传学与社会	陈火英	葛海燕、刘杨、俞雁、陈博君	上海交通大学	爱课程（中国大学MOOC）
240	工程图学	蒋丹	赵新明、胡静	上海交通大学	爱课程（中国大学MOOC）
241	工程热力学	王丽伟	于娟、童钧耕、叶强	上海交通大学	智慧树
242	中医药与中华传统文化	彭崇胜	王梦月、沈奇、邱明丰、李晓波	上海交通大学	人卫慕课
243	护理管理学	章雅青	王琳、余小萍、沈贻萍	上海交通大学	爱课程（中国大学MOOC）
244	形势与政策	胡宝国	吴荣良、杜仕菊、卢智、汪斌锋、徐新良	华东理工大学	智慧树
245	企业EHS风险管理基础	修光利	胡兵、杜仕菊、杨丹丹、马立强	华东理工大学	智慧树
246	时装文化与流行鉴赏	陈彬	朱达辉、周洪雷、许旭兵	东华大学	智慧树
247	中国功夫与经络	王颖、王宾	吴志坤、冯金瑞、徐仰才	上海中医药大学	人卫慕课
248	中药学	杨柏灿	朱国福、王海颖、潘颖宜、袁颖	上海中医药大学	爱课程（中国大学MOOC）
249	以学生为中心的学习环境设计	顾小清	吴忭、姜冰倩	华东师范大学	爱课程（中国大学MOOC）

附录3 教育部关于公布2018年国家精品在线开放课程认定结果的通知 233

续表

序号	课程名称	课程负责人	课程团队其他主要成员	主要建设单位	主要开课平台
250	冷战史专题	沈志华	陈波、戴超武、邓峰、姚远梅	华东师范大学	爱课程（中国大学MOOC）
251	数学分析（中）	柴俊	吴畏、庞学诚、戴浩晖、王丽萍	华东师范大学	爱课程（中国大学MOOC）
252	跨文化沟通心理学	严文华	李林、马伟军、Steve Kulich（顾力行）	华东师范大学	智慧树
253	环境问题观察	张勇	陆文洋、周天舒、李媛媛、张秋卓	华东师范大学	爱课程（中国大学MOOC）
254	互联网与营销创新	郭晓合	袁毅、侯经川、陈鹤琴、陈琴	华东师范大学	智慧树
255	教你成为歌唱达人	吴睿睿	夏秦利、杜龙辉、李苿、高晓东	华东师范大学	智慧树
256	创业管理	刘志阳	周照、林嵩、蒋楠、高洪庆	上海财经大学	智慧树
257	经济管理中的计算机应用	刘兰娟	赵龙强、李欣苗、杜梅先、崔丽丽	上海财经大学	智慧树
258	土木工程概论	叶志明	汪德江、姚文娟、陈玲俐、刘绍峰	上海大学	爱课程（中国大学MOOC）
259	中国历代服饰赏析	谢红	郑彤、周志鹏、同兰兰、陈晓娜	上海工程技术大学	爱课程（中国大学MOOC）
260	认识飞行	匡江红	吕鸿雁、党淑雯、顾莹、杜丽娟	上海工程技术大学	爱课程（中国大学MOOC）
261	走近中华优秀传统文化	张亮	胡星铭、部佳徳	南京大学	爱课程（中国大学MOOC）
262	思想道德修养与法律基础	李喜英	陈继红、戴雪红、吴翠丽、綦庆刚	南京大学	爱课程（中国大学MOOC）

续表

序号	课程名称	课程负责人	课程团队其他主要成员	主要建设单位	主要开课平台
263	大学英语学术阅读	王海啸、于江、夏珺、李长生		南京大学	爱课程（中国大学MOOC）
264	英汉互译方法与技巧	姚媛		南京大学	爱课程（中国大学MOOC）
265	物理化学（上）	侯文华	彭路明、淳远、吴强、郭琳	南京大学	爱课程（中国大学MOOC）
266	普通天文学	李向东		南京大学	爱课程（中国大学MOOC）
267	软件测试	陈振宇	房春荣、张慧玉	南京大学	爱课程（中国大学MOOC）
268	基于Java的面向对象编程范式	刘钦		南京大学	爱课程（中国大学MOOC）
269	计算机系统基础（二）：程序的执行和存储访问	袁春风	罗丽、张庆、岳春林	南京大学	爱课程（中国大学MOOC）
270	运动生理学	张林	胡祥	苏州大学	学堂在线
271	古典文学的城市书写	杨旭辉		苏州大学	爱课程（中国大学MOOC）
272	中国现当代通俗小说与网络小说	汤哲声	石娟、千经纬	苏州大学	爱课程（中国大学MOOC）
273	吴文化史	王卫平	黄鸿山、朱小田、王玉贵、朱琳	苏州大学	爱课程（中国大学MOOC）
274	操作系统	李诺峰	王红玲、吕强	苏州大学	爱课程（中国大学MOOC）
275	嵌入式系统及应用	王宜怀	张建、王林	苏州大学	爱课程（中国大学MOOC）
276	丝绸文化与产品	潘志娟	冯岑、李春萍、关晋平、潘姝雯	苏州大学	爱课程（中国大学MOOC）

续表

序号	课程名称	课程负责人	课程团队其他主要成员	主要建设单位	主要开课平台
277	放射医学概论	柴之芳	许玉杰、曹建平、刘芬菊、涂彧	苏州大学	爱课程（中国大学MOOC）
278	医学影像学	胡春洪	杨玲	苏州大学	爱课程（中国大学MOOC）
279	药理学	镇学初、张慧灵	毛新良、许国强、王燕	苏州大学	爱课程（中国大学MOOC）
280	学术交流英语	陈美华	金曙、王学华	东南大学	爱课程（中国大学MOOC）
281	线性代数	陈建龙	周建华、张小向	东南大学	爱课程（中国大学MOOC）
282	材料力学	乔东	糜长稳、王莹、洪俊	东南大学	爱课程（中国大学MOOC）
283	电工电子实验基础	胡仁杰	王凤华、郑磊、黄慧春	东南大学	爱课程（中国大学MOOC）
284	数字电路与系统	李文渊	安良、高瑚、王蓉、李芹	东南大学	爱课程（中国大学MOOC）
285	VLSI设计基础	单伟伟		东南大学	爱课程（中国大学MOOC）
286	交通管理与控制	陈峻	王昊、张国强、胡晓健	东南大学	爱课程（中国大学MOOC）
287	路基路面工程	黄晓明	马涛	东南大学	爱课程（中国大学MOOC）
288	病理与健康	陈平圣	卜晓东、张爱凤	东南大学	爱课程（中国大学MOOC）
289	马克思主义基本原理概论	王岩	邓伯军、徐地龙、孙卫卫、马杏苗	南京航空航天大学	爱课程（中国大学MOOC）
290	材料力学漫谈	邓宗白		南京航空航天大学	爱课程（中国大学MOOC）
291	机床数控技术	游有鹏	陈蔚芳、罗福源、王玄涛、刘凯	南京航空航天大学	爱课程（中国大学MOOC）
292	电子线路	王成华	胡志忠、洪伟峰、刘传强、郁杰	南京航空航天大学	爱课程（中国大学MOOC）
293	面向对象C++程序设计	皮德常	臧洌、李静、陈丹	南京航空航天大学	爱课程（中国大学MOOC）

续表

序号	课程名称	课程负责人	课程团队其他主要成员	主要建设单位	主要开课平台
294	无人机设计导论	昂海松	郑祥明	南京航空航天大学	爱课程（中国大学MOOC）
295	运筹学	党耀国	朱建军、关叶青	南京航空航天大学	爱课程（中国大学MOOC）
296	灰色系统理论	刘思峰	谢乃明、袁潮清、陶良彦、王俊杰	南京航空航天大学	爱课程（中国大学MOOC）
297	系统工程导论	周德群	王群伟、章玲、张力波、张钦	南京航空航天大学	爱课程（中国大学MOOC）
298	材料研究方法	朱和国	尤泽升、刘吉梓	南京理工大学	爱课程（中国大学MOOC）
299	电路	黄锦安	李竹、徐行健、蔡小玲、孙建红	南京理工大学	爱课程（中国大学MOOC）
300	数字逻辑电路	王建新	蒋立平、班珏、姜萍、花汉兵	南京理工大学	爱课程（中国大学MOOC）
301	计算机网络基础及应用	丁晟春	朱鹏、陈芬、吴鹏、王日芬	南京理工大学	爱课程（中国大学MOOC）
302	工程导论	李滨城	王新刚、姜文刚、张胜文、杨松林	江苏科技大学	爱课程（中国大学MOOC）
303	电工技术与电子技术	王香婷、徐瑞东	刘玉英、张晓春、戴新联	中国矿业大学	爱课程（中国大学MOOC）
304	选矿厂设计	匡亚莉	陶有俊、王章国、夏文成、董宪姝	中国矿业大学	爱课程（中国大学MOOC）
305	高分子材料成型工艺学	邹国享	赵彩霞、张洪文、杨荣、马文中	常州大学	爱课程（中国大学MOOC）
306	流体流动与传热	马江权	韶晖、陈乐、张琪、王岚	常州大学	爱课程（中国大学MOOC）
307	安全风险分析与模拟仿真技术	邵辉、毕海普	邵小晗、王新颖、葛秀坤	常州大学	爱课程（中国大学MOOC）

续表

序号	课程名称	课程负责人	课程团队其他主要成员	主要建设单位	主要开课平台
308	创新与创业管理	赵波	焦永纪、张雯、江游、魏江茹	南京邮电大学	爱课程（中国大学MOOC）
309	数字信号处理	杨震	季薇、梁潇、张玲华、王颖翠	南京邮电大学	爱课程（中国大学MOOC）
310	通信原理	何雪云	曹士坷、朱彤、储婉琴、张翠芳	南京邮电大学	爱课程（中国大学MOOC）
311	光纤通信	沈建华	齐丽娜、刘爱萍、成建平、陈健	南京邮电大学	爱课程（中国大学MOOC）
312	自动控制原理	杨敏	程艳云、丁洁、尹海涛	南京邮电大学	爱课程（中国大学MOOC）
313	战略管理	王娟	石盛林、徐侠	南京邮电大学	爱课程（中国大学MOOC）
314	"爱上广告"——广告艺术鉴赏	余洋	杨振和、黄婷婷、杨祥民、陆姗姗	南京邮电大学	爱课程（中国大学MOOC）
315	云计算技术与应用	孙宁、陈慧祥	金永霞	河海大学	爱课程（中国大学MOOC）
316	钢结构	曹平周	伍凯、朱召泉、伞冰冰、韦芳芳	河海大学	爱课程（中国大学MOOC）
317	走进水利	胡明明	索丽生、陈元芳、顾冲时、郑金海	河海大学	爱课程（中国大学MOOC）
318	水工建筑物	顾冲时	刘晓青、沈振中、王润英、张继勋	河海大学	爱课程（中国大学MOOC）
319	水资源与现代水利	陈元芳	芮孝芳、钟平安、崔广柏、董增川	河海大学	爱课程（中国大学MOOC）
320	水力学	赵振兴、李煜		河海大学	爱课程（中国大学MOOC）
321	水工钢筋混凝土结构学	汪基伟、冷飞	姚菲、蒋建华	河海大学	爱课程（中国大学MOOC）

续表

序号	课程名称	课程负责人	课程团队其他主要成员	主要建设单位	主要开课平台
322	写作与交流	杨晖	黄晓丹、胡智丹、张国军、高思春	江南大学	爱课程（中国大学MOOC）
323	纺纱工程	谢春萍	徐伯俊、杨瑞华、傅佳佳、苏旭中	江南大学	爱课程（中国大学MOOC）
324	环境设施设计	张凌浩	刘佳、周林、章立	江南大学	爱课程（中国大学MOOC）
325	人造板工艺学	周晓燕	梅长彤、金菊婉、潘明珠、张海洋	南京林业大学	爱课程（中国大学MOOC）
326	花卉学	田如男	杨秀莲	南京林业大学	爱课程（中国大学MOOC）
327	创业计划	梅强	郭龙建、赵观兵、周辉	江苏大学	爱课程（中国大学MOOC）
328	汽车构造	朱茂桃、耿国庆	张树培、薛红涛、聂佳梅	江苏大学	爱课程（中国大学MOOC）
329	机械制图	黄娟	薛宏丽、侯永涛、戴立玲、卢章平	江苏大学	爱课程（中国大学MOOC）
330	金属材料学	袁志钟	罗锐、程晓农、侯秀丽、丁贝	江苏大学	爱课程（中国大学MOOC）
331	临床基础检验技术	胡嘉波	许文荣、王婷、王梅、孙晓春	江苏大学	爱课程（中国大学MOOC）
332	气候变化与人类社会	李忠明	李蓓蓓、魏柱灯、王挺、魏学琼	南京信息工程大学	爱课程（中国大学MOOC）
333	大气物理学	杨军	刁一伟、安俊琳、金莲姬	南京信息工程大学	爱课程（中国大学MOOC）
334	数值天气预报	陈海山	闵锦忠、邵海燕、段明铿、施宁	南京信息工程大学	爱课程（中国大学MOOC）
335	环境科学概论	王壮	郑有飞、徐德福、李久海、方昊	南京信息工程大学	爱课程（中国大学MOOC）

续表

序号	课程名称	课程负责人	课程团队其他主要成员	主要建设单位	主要开课平台
336	教师职业道德与教育政策法规	许映建	吉兆麟、丁锡宏、陈玉祥、吴延溢	南通大学	爱课程（中国大学MOOC）
337	楚辞研究	周建忠	张学城、陈亮、施仲贞	南通大学	爱课程（中国大学MOOC）
338	机械原理	朱龙英	郁倩、周海、赵世田、付莹莹	盐城工学院	爱课程（中国大学MOOC）
339	土力学与基础工程	于小娟、朱建群	殷勇、王照宇、史贵才	盐城工学院、常州工学院	爱课程（中国大学MOOC）
340	美在民间	胡燕	朱志平、杨旺生、李伟、韩一杰	南京农业大学	爱课程（中国大学MOOC）
341	土地经济学	冯淑怡	诸培新、石晓平、马贤磊、刘向南	南京农业大学	爱课程（中国大学MOOC）
342	计算机网络	钱燕	邹修国、田光兆、冯学斌、吉翔	南京农业大学	爱课程（中国大学MOOC）
343	植物学	强胜	宋小玲、陈世国、戴伟民	南京农业大学	爱课程（中国大学MOOC）
344	作物育种学	洪德林	江玲、刘裕强、王益华、刘玲珑	南京农业大学	爱课程（中国大学MOOC）
345	生物统计学	管荣展	盖钧镒、邢光南、冯建英、楚燕	南京农业大学	爱课程（中国大学MOOC）
346	园艺植物生物技术	柳李旺	房经贵、王三红、王广东、徐良	南京农业大学	爱课程（中国大学MOOC）
347	普通生态学	胡锋	刘满强、郭辉、胡水金、李辉信	南京农业大学	爱课程（中国大学MOOC）
348	土壤、地质与生态学综合实习	张旭辉	刘满强、李真、李学林	南京农业大学	爱课程（中国大学MOOC）

续表

序号	课程名称	课程负责人	课程团队其他主要成员	主要建设单位	主要开课平台
349	口腔修复学	陈亚明	章非敏,汤春波,张怀勤,胡建	南京医科大学	爱课程(中国大学MOOC)
350	口腔正畸学	王林	严斌,陈文静,赵春洋,张卫兵	南京医科大学	爱课程(中国大学MOOC)
351	综合护理实践	许勤	朱姝芹,刘扣英,陈明霞,张俊	徐州医科大学	爱课程(中国大学MOOC)
352	麻醉生理学	张咏梅		徐州医科大学	爱课程(中国大学MOOC)
353	中医内科学	薛博瑜	孙丽霞,汪悦,过伟峰,冯哲	南京中医药大学	爱课程(中国大学MOOC)
354	中医护理学	徐桂华	严娟娟,叶然,顾平,龚秀琴	南京中医药大学	爱课程(中国大学MOOC)
355	工业药剂学	周建平	吴正红,祁小乐,丁杨,吴琼珠	中国药科大学	爱课程(中国大学MOOC)
356	生物制药工艺学(技术与基础)	高向东	郑珩,何书英,孔毅,劳兴珍	中国药科大学	智慧树
357	药用植物学	王旭红	吴刚,缪媛媛,谢国勇,王龙	中国药科大学	爱课程(中国大学MOOC)
358	民事诉讼法	刘敏	李浩,陈爱武,汪汉斌,马丁	南京师范大学	爱课程(中国大学MOOC)
359	形势与政策	王刚	王跃,王永贵,王磊,朱炜	南京师范大学	爱课程(中国大学MOOC)
360	学前儿童健康教育	顾荣芳	张世义,叶慧	南京师范大学	爱课程(中国大学MOOC)
361	信息化领导力	沈书生	柏宏权,曹梅	南京师范大学	爱课程(中国大学MOOC)
362	中国古代文学	王青	徐克谦,黄卓颖,程雨洋	南京师范大学	爱课程(中国大学MOOC)
363	遥感数字图像处理	韦玉春	张卡,周良辰	南京师范大学	爱课程(中国大学MOOC)
364	现代教育技术	陈琳	张琪,杨现民,饶现京,马武	江苏师范大学	爱课程(中国大学MOOC)
365	古代汉语重点、难点解析	乔秋颖	于立昌,刘进,刘君敬	江苏师范大学	爱课程(中国大学MOOC)

续表

序号	课程名称	课程负责人	课程团队其他主要成员	主要建设单位	主要开课平台
366	中国古典诗文朗诵与吟诵	李昌集	王立增,胡政,王淑梅	江苏师范大学	爱课程(中国大学MOOC)
367	文科高等数学	苏简兵	周明儒,刘笑颖,孙利,王秀荣	江苏师范大学	爱课程(中国大学MOOC)
368	数学分析(一)	朱江	吕中学,苏简兵,魏雷,张运涛	江苏师范大学	爱课程(中国大学MOOC)
369	化工原理	秦正龙		江苏师范大学	爱课程(中国大学MOOC)
370	中国现代文学经典选读	李相银	陈树萍,王爱军,李惠	淮阴师范学院	爱课程(中国大学MOOC)
371	英美诗歌	薛家宝	毕凤珊,刘岩,黄道玉,卢亚林	盐城师范学院	爱课程(中国大学MOOC)
372	金融学	卜志村	刘敏楼,莫媛,毛泽盛,孙玲玲	南京财经大学	爱课程(中国大学MOOC)
373	国际贸易实务(双语)	杨智华	张小衡,杜运苏,翟冬平	南京财经大学	爱课程(中国大学MOOC)
374	统计模型与统计实验	王庚	詹鹏	南京财经大学	爱课程(中国大学MOOC)
375	统计学	陈耀辉	韩中,王芳,王庚,张艳芳	南京财经大学	爱课程(中国大学MOOC)
376	警英英语	蒋荣丰	刘雪晴,沈莉莉,徐青,徐爱华	江苏警官学院	爱课程(中国大学MOOC)
377	中学语文课程标准与教材研究	徐林祥	龚孟伟,张立兵,韦冬余,郑昀	扬州大学	爱课程(中国大学MOOC)
378	作物栽培学	戴其根	冷锁虎,陈德华,陆大雷,朱新开	扬州大学	爱课程(中国大学MOOC)
379	动物遗传学	李碧春	陈国宏,吴信生,徐琪,张亚妮	扬州大学	爱课程(中国大学MOOC)
380	动物传染病学	彭大新	吴艳涛,高崧,陈素娟,王晓泉	扬州大学	爱课程(中国大学MOOC)
381	声乐作品赏析与演唱	张美林	邵萍,姚铤,单宏健,冯凌燕	扬州大学	爱课程(中国大学MOOC)

续表

序号	课程名称	课程负责人	课程团队其他主要成员	主要建设单位	主要开课平台
382	电力系统继电保护	韩笑	宋丽群、顾艳、钟华、刘微	南京工程学院	爱课程（中国大学MOOC）
383	审计学基础	王会金	王素梅、陈丹萍、许莉、和秀星	南京审计大学	爱课程（中国大学MOOC）
384	高级财务会计	路国平	竣华、何大明、周达勇	南京审计大学	爱课程（中国大学MOOC）
385	软件需求工程	李尤丰	洪蕾、李景仙	金陵科技学院	爱课程（中国大学MOOC）
386	消防系统工程与应用	高素美	牟福元、牟淑志、吴恩、姜玉东	金陵科技学院	爱课程（中国大学MOOC）
387	动画造型基础教程	袁晓黎	丁玲、童艳	金陵科技学院	爱课程（中国大学MOOC）
388	服装立体裁剪	匡才远	张华、宋湲	金陵科技学院	爱课程（中国大学MOOC）
389	创新管理	郑刚	郭斌、金珺、杜健、徐玲玲、刘洋	浙江大学	爱课程（中国大学MOOC）
390	走向深度的合作学习	刘徽	盛群力、杨佳欣、徐玲玲、朱秋禹	浙江大学	爱课程（中国大学MOOC）
391	零基础学Java语言	翁恺		浙江大学	智慧树
392	食品安全	郑晓冬、楼程富	冯凤琴、应铁进、许春胜、卢华山、刘丽娴	浙江大学	爱课程（中国大学MOOC）
393	时尚与品牌	任力	季晓芬、吴春胜、卢华山、刘丽娴	浙江理工大学	爱课程（中国大学MOOC）
394	服装流行分析与预测	刘丽娴	支阿玲、罗戌蕾	浙江理工大学	爱课程（中国大学MOOC）
395	推拿保健与养生	吕立江	谢远军、许丽、王晓东、姚本顺	浙江中医药大学	智慧树
396	大学生创业基础	施永川	刘洋、钟卫东、王志强、陈赟安	温州大学	爱课程（中国大学MOOC）

附录3 教育部关于公布2018年国家精品在线开放课程认定结果的通知 243

续表

序号	课程名称	课程负责人	课程团队其他主要成员	主要建设单位	主要开课平台
397	MIB国际商务	朱勤	赵英军、王永齐、刘文革、张友仁	浙江工商大学	爱课程（中国大学MOOC）
398	产业经济学	王俊豪	柴志贤、唐要家、戴魁早、金通	浙江财经大学	爱课程（中国大学MOOC）
399	财政学	钟晓敏	童幼雏、李永友、龚刚敏、金戈	浙江财经大学	爱课程（中国大学MOOC）
400	好玩的广告学	汤志耘	贺雪飞、王丽、庞菊爱、赵书松	宁波大学	爱课程（中国大学MOOC）
401	消费者行为学	王丽	张斌宁、朱恒慧	宁波大学	优课联盟
402	人体骨与关节解剖学	尹维刚	陈一勇、林荣、丁杰	宁波大学	爱课程（中国大学MOOC）
403	App Inventor——零基础Android移动应用开发	吴明晖	颜晖、未凡微、郑贝佳	浙江大学城市学院	网易云课堂
404	基础微积分 I	宣本金		中国科学技术大学	爱课程（中国大学MOOC）
405	化学实验安全知识	冯红艳	朱平平、郑媛、兰泉、黄微	中国科学技术大学	爱课程（中国大学MOOC）
406	工程化编程实战	孟宁		中国科学技术大学	网易云课堂
407	材料成形技术基础	郑红梅	杨沁、张宝、陈科、陈顺华	合肥工业大学	安徽省网络课程学习中心（e会学）
408	大学语文	俞晓红	詹绪左、崔达送、项念东、芮瑞	安徽师范大学	安徽省网络课程学习中心（e会学）
409	如何识别和评估创业机会	木志荣		厦门大学	爱课程（中国大学MOOC）
410	大学英语写作基础	江桂英	杨珉、陈冬兵、丁燕蓉、李素英	厦门大学	爱课程（中国大学MOOC）

续表

序号	课程名称	课程负责人	课程团队其他主要成员	主要建设单位	主要开课平台
411	偏微分方程	谭忠	张剑文、王焰金、徐新英、罗珍	厦门大学	爱课程（中国大学MOOC）
412	遗传与分子生物学实验	章军	王亚梅、杨玉荣、程通、顾颖	厦门大学	爱课程（中国大学MOOC）
413	微生物学	郭峰	张连茹、田蕴、袁晶	厦门大学	爱课程（中国大学MOOC）
414	现代遗传学	王亚梅	靳全文、肖能明	厦门大学	爱课程（中国大学MOOC）
415	大数据技术原理与应用	林子雨		厦门大学	爱课程（中国大学MOOC）
416	创业投资	唐炎钊	洪素燕	厦门大学	智慧树
417	组织行为与领导力	张向前	王瑳淋	华侨大学	智慧树
418	构美——空间形态设计	艾小群	吴振东、占炜、石育英	华侨大学	爱课程（中国大学MOOC）
419	固体物理学	黄春晖	王少昊、俞金玲	福州大学	爱课程（中国大学MOOC）
420	分析化学	林翠英	郭良洽、王建	福州大学	爱课程（中国大学MOOC）
421	新型陶瓷材料及商业应用	于岩	林岄、吴啸、黄晓巍	福州大学	爱课程（中国大学MOOC）
422	海绵城市建设理念与工程应用	刘德明	康得军、傅振东、丁若莹	福州大学	爱课程（中国大学MOOC）
423	药物化学	黄剑东	郑碧远	福州大学	爱课程（中国大学MOOC）
424	品牌管理	肖阳		福州大学	爱课程（中国大学MOOC）
425	会计学原理	房桃峻	林宽、袁寒松	福州大学	爱课程（中国大学MOOC）
426	毛泽东思想和中国特色社会主义理论体系概论	黄秀玲	刘淑兰、吴再发、叶华靓、宋春丽	福建农林大学	爱课程（中国大学MOOC）

附录 3　教育部关于公布 2018 年国家精品在线开放课程认定结果的通知　　245

续表

序号	课程名称	课程负责人	课程团队其他主要成员	主要建设单位	主要开课平台
427	外经贸英语函电	张云清	姚静、陈隽、黄丽莉	福建农林大学	爱课程（中国大学 MOOC）
428	现代仪器分析	杨桂娣	张金彪、周碧青、谢晓琼、张静	福建农林大学	爱课程（中国大学 MOOC）
429	生物大数据	何华勤	连玲丽、刘伟、陶欢、谢小芳	福建农林大学	爱课程（中国大学 MOOC）
430	大学信息技术基础	陈琼	崔建峰、李丽珊、陈细妹、刘秀玲	福建农林大学	爱课程（中国大学 MOOC）
431	匠心与创新——家具行业创新创业	林金国、刘学莘	牛敏、胡涛、吴旭平	福建农林大学	爱课程（中国大学 MOOC）
432	工程素道	郑丽凤	周新年、沈嵘枫、巫志龙、周成军	福建农林大学	爱课程（中国大学 MOOC）
433	营养与健康讲座	姚闽娜	张怡、卢旭、吴梅、吕佳乐	福建农林大学	爱课程（中国大学 MOOC）
434	农业植物病理学	刘国坤	吴祖建、许文耀、鲁国东、蔡学清	福建农林大学	爱课程（中国大学 MOOC）
435	奇妙的昆虫世界	刘长明	吴梅香、彭凌飞、吴珑	福建农林大学	爱课程（中国大学 MOOC）
436	家畜寄生虫病学	殷光文	黄志坚、周东辉、陈琳	福建农林大学	学堂在线
437	英语演讲	蒋联江	杨若琳、许美华、程敏、黄锐	集美大学	爱课程（中国大学 MOOC）
438	颈腰椎健康保健及防治常识	陈春美	王锐、庄源东、吴剑锋、周茂超	福建医科大学	学银在线
439	中学语文名篇选讲	孙绍振	潘新和、吕若涵、陈卫、潘莘杭	福建师范大学	爱课程（中国大学 MOOC）
440	中国现代文学史（一）	辜也平	庄萱、王炳中、王申、黄育聪	福建师范大学	爱课程（中国大学 MOOC）

续表

序号	课程名称	课程负责人	课程团队其他主要成员	主要建设单位	主要开课平台
441	走进性科学	江剑平	黄健、陈雅娟	福建师范大学	爱课程（中国大学MOOC）
442	生活药学	林清强	王正朝、林新棋、林秋莺、范勇	福建师范大学	爱课程（中国大学MOOC）
443	管理创新——案例与实践	缪匡华	杨雅夏、郑振宇、郑建辉、曹剑光	福建江夏学院	学银在线
444	女生穿搭技巧	吴小吟	叶庆华、周子翼、王德保、贾若楠	南昌大学	智慧树
445	教育科学研究方法（基础）	许祥云	彭静雯、乐合进、李力、匡维	南昌大学	智慧树
446	现代汉语语言交际	徐阳春	刘小川、李占炳、张静	南昌大学	智慧树
447	高等数学（一）	朱传喜	陈春芳、黄先玖、吴照奇、童秋仙	南昌大学	爱课程（中国大学MOOC）
448	材料与社会——探秘身边的材料	李祥生	周耐根、李璠、况南珍、杨志宏、周雪珍	南昌大学	智慧树
449	医学免疫学	傅颖媛	施桥发、龚兰、宋莉、刘玉琳	南昌大学	爱课程（中国大学MOOC）
450	无处不在——传染病	孙水林	徐健宁、龚兰、宋莉、刘翠莹	南昌大学	智慧树
451	中国文化概况（英）	廖华英	卢仁顺、陈勇、万翠、周凌	东华理工大学	中国高校外语慕课平台
452	药，为什么这样用？	关志宇	叶喆、颜冬梅、姜宜妮、朱卫丰	江西中医药大学	智慧树
453	中药炮制学	钟凌云	龚千锋、于欢、祝婧、黄艺	江西中医药大学	智慧树

附录3 教育部关于公布2018年国家精品在线开放课程认定结果的通知　　247

续表

序号	课程名称	课程负责人	课程团队其他主要成员	主要建设单位	主要开课平台
454	国际金融	汪洋	刘兴华、胡少勇、杨玉凤、李英	江西财经大学	爱课程(中国大学MOOC)
455	创业法学	邓辉	张怡超、喻玲、杨德敏、刘先良	江西财经大学	爱课程(中国大学MOOC)
456	轻松学统计	罗良清	平卫英、郭露、李燕辉、李峰	江西财经大学	爱课程(中国大学MOOC)
457	运筹学	刘满凤	王翠霞、万建香、梁威、万龙	江西财经大学	爱课程(中国大学MOOC)
458	会计学原理	程淑珍	张蕊、周冬华、吕晓梅、吴志斌	江西财经大学	爱课程(中国大学MOOC)
459	高级财务会计	彭晓洁	管考磊、熊家财、朱莉、刘淑华	江西财经大学	爱课程(中国大学MOOC)
460	制胜：一部孙子傲商海	刘爱军	刘浩华、钟蔚、陈亮亮	江西财经大学	爱课程(中国大学MOOC)
461	电子线路仿真设计与实验实例	王连英	胡茗、万里勇、封淑玲、吴芳菲	南昌工学院	爱课程(中国大学MOOC)
462	数学竞赛选讲	张天德	王玮、崔玉泉、蒋晓芸、叶宏	山东大学	爱课程(中国大学MOOC)
463	生物信息学	魏天迪	巩晶、赵方庆	山东大学	爱课程(中国大学MOOC)
464	辐射与防护	侯桂华	梁婷、张超	山东大学	智慧树
465	设计创意生活	王震亚		山东大学	智慧树
466	求职OMG——大学生就业指导与技能开发	辛远征	乔宝刚	中国海洋大学	爱课程(中国大学MOOC)
467	职熵——大学生职业素养与能力提升	曹娟	魏丽娟、乔宝刚	中国海洋大学	爱课程(中国大学MOOC)
468	意象的艺术:汉字符号学	孟华		中国海洋大学	智慧树

续表

序号	课程名称	课程负责人	课程团队其他主要成员	主要建设单位	主要开课平台
469	海洋的前世今生	侍茂崇	刘子洲、陈妍宇	中国海洋大学	智慧树
470	食品保藏探秘	曾名湧	刘尊英、赵元晖、董士远、吴浩浩	中国海洋大学	智慧树
471	食品化学	汪东风	林洪、徐莹、张朝辉、张莉	中国海洋大学	爱课程（中国大学MOOC）
472	学问海鲜	林洪	李来好、王锡昌、王静凤、曹立民	中国海洋大学	智慧树
473	营运资金管理	王竹泉	孙莹、王苑琢	中国海洋大学	智慧树
474	石油工业概论	张卫东	王德民、刘建林、倪红坚、郭平阳	中国石油大学（华东）	爱课程（中国大学MOOC）
475	教师口语艺术	姜岚	陈丽莉、冯海霞、李连伟、段海凤	鲁东大学	智慧树
476	视听语言	江永春	孙宏仪、赵海宇、王萍萍、赵俊莉	青岛大学	优课联盟
477	葡萄酒的那些事儿	赵玉平	孙祖莉、贺君、李记明、岳喜典	烟台大学	智慧树
478	中华水文化	毕雪燕	杨华轲、罗玲谊、张建松、陈超	华北水利水电大学	爱课程（中国大学MOOC）
479	中原文化（武术篇）	孙新成	李波	郑州大学	智慧树
480	中原文化（文学篇）	罗家湘	王士祥、王建生、赵俊玲、刘宏志	郑州大学	智慧树

附录3 教育部关于公布 2018 年国家精品在线开放课程认定结果的通知

续表

序号	课程名称	课程负责人	课程团队其他主要成员	主要建设单位	主要开课平台
481	英语公众演讲	赵丹	王志伟,李艳芳,寇平,黄璜	郑州大学	爱课程(中国大学MOOC)
482	医用物理学	潘志峰	刘婉华,王晓川,刁振琦,王卫东	郑州大学	爱课程(中国大学MOOC)
483	化工设备设计基础	魏新利	刘宏,方书起,王永庆,孟祥睿	郑州大学	爱课程(中国大学MOOC)
484	弹性力学	王钦亭	潘夏辉,陈美娟	河南理工大学	爱课程(中国大学MOOC)
485	国际贸易实务	吕玉花	马松林,高美玲,关浩杰,方蔺鹿	河南工业大学	爱课程(中国大学MOOC)
486	大学英语	张喆	张丹,吕明,孙颖,刘红	河南科技大学	爱课程(中国大学MOOC)
487	食品工艺学	朱文学	康怀彬,刘丽莉,陈俊亮,向进乐	河南科技大学	爱课程(中国大学MOOC)
488	生物化学	郑晓珂	马利刚,赵乐,武慧敏,史胜利	河南中医药大学	爱课程(中国大学MOOC)
489	品掌故 话中医	李具双	李淑燕,姜乃菡,邱云飞,申意彩	河南中医药大学	爱课程(中国大学MOOC)
490	中药鉴定学	陈随清	王利丽,杨晶凡,郑岩,付钰	河南中医药大学	爱课程(中国大学MOOC)
491	现代教育技术应用	汪基德	郝兆杰,张炳林,朱书慧,冯永华	河南大学	爱课程(中国大学MOOC)
492	秦汉考古	张玲	刘春迎,臧德清,滕亚秋	河南大学	爱课程(中国大学MOOC)

续表

序号	课程名称	课程负责人	课程团队其他主要成员	主要建设单位	主要开课平台
493	建筑结构抗震设计	岳建伟	孔庆梅、马少春、董正方、赫中营	河南大学	优课联盟
494	健康评估	王强	靳艳、窦东梅、陶志敏、桂影	河南大学	爱课程（中国大学MOOC）
495	旅游学基础	程遂营	陈楠、陈玉英、凌文锋、张野	河南大学	爱课程（中国大学MOOC）
496	新闻采访学	段勃	李占伟、张仕勇、张海艳、陈娟	河南师范大学	爱课程（中国大学MOOC）
497	大学文科数学	王娟	何俊杰、郭淑利、杨金根、周新建	信阳师范学院	爱课程（中国大学MOOC）
498	单片机原理及接口技术	李立新	丁电宽、李艾华、苗凤东、赵红波	安阳师范学院	爱课程（中国大学MOOC）
499	财务会计学	王秀芬	刘永丽、董红星、王会兰、潘广伟	郑州航空工业管理学院	爱课程（中国大学MOOC）
500	普通话语音和播音发声	李卫中	段纳、李静、娄艳阁、刘飞曼	平顶山学院	爱课程（中国大学MOOC）
501	中国哲学史（先秦部分）	李维武	秦平、廖璨璨、郑泽绵、肖航	武汉大学	爱课程（中国大学MOOC）
502	中国近现代史纲要	宋俭	万军杰、李勤、罗永宽、卢勇	武汉大学	爱课程（中国大学MOOC）
503	科技与考古	潘春旭	江旭东、李冰洁	武汉大学	爱课程（中国大学MOOC）
504	电磁场与电磁波	王慧	柯亨玉、朱国强、何思远、单欣	武汉大学	爱课程（中国大学MOOC）
505	软件安全之恶意代码机理与防护	彭国军	傅建明、赵磊	武汉大学	网易云课堂

续表

序号	课程名称	课程负责人	课程团队其他主要成员	主要建设单位	主要开课平台
506	数字图像处理	贾永红	付仲良、孙和利、崔卫红、余长慧	武汉大学	爱课程（中国大学MOOC）
507	图像复制原理	刘全香		武汉大学	爱课程（中国大学MOOC）
508	AIDS and I——艾滋病与我	熊勇	桂希恩、高世成、曹情	武汉大学	爱课程（中国大学MOOC）
509	信息管理学基础	马费成	宋恩梅、赵一鸣、陆伟、邓胜利	武汉大学	爱课程（中国大学MOOC）
510	复变函数与积分变换	李红	柴振华、彭丽、尹慧、魏金波	华中科技大学	爱课程（中国大学MOOC）
511	有机化学	龚跃法	罗钒、唐翔鹰、钟芳锐、鲁登福	华中科技大学	爱课程（中国大学MOOC）
512	天文漫谈	徐学军	夏增民、付必涛	华中科技大学	爱课程（中国大学MOOC）
513	3D工程图学	阮春红	黄其柏、何建英、李喜秋、张利	华中科技大学	爱课程（中国大学MOOC）
514	电子线路设计、测试与实验	汪小燕	邓天平、左冬红、潘晓明、夏银桥	华中科技大学	爱课程（中国大学MOOC）
515	数字电子技术基础	罗杰	秦臻、张林、左冬红、谭力	华中科技大学	爱课程（中国大学MOOC）
516	自动控制原理（二）	樊慧津	黄剑、苏厚胜、刘磊、张海涛	华中科技大学	爱课程（中国大学MOOC）
517	数据结构	李国徽	袁凌、祝建华、许贵平、周时阳	华中科技大学	爱课程（中国大学MOOC）
518	软件测试与质量	武剑洁	吴涛、万琳	华中科技大学	爱课程（中国大学MOOC）
519	寄生虫病与食品安全	刘文琪	雷家慧、陆盛军、王婷、关飞	华中科技大学	爱课程（中国大学MOOC）
520	创业基础	张志	乔用辉、韩高军、李芳、李哲伦	武汉工程大学	优学院

续表

序号	课程名称	课程负责人	课程团队其他主要成员	主要建设单位	主要开课平台
521	分析化学	帅琴	鲁立强、邱海鸥、彭月姣	中国地质大学(武汉)	爱课程(中国大学MOOC)
522	结晶学及矿物学	赵珊茸	钟玉芳、余淳梅、边秋娟、刘嵘	中国地质大学(武汉)	爱课程(中国大学MOOC)
523	完美着装	钟蔚		武汉纺织大学	智慧树
524	大学生涯规划与职业发展	魏超	雷五明、谢宝国、刘喆、张晓文	武汉理工大学	爱课程(中国大学MOOC)
525	知识产权法学	刘介明	胡神松、孟奇勋、刘国龙、魏纪林	武汉理工大学	爱课程(中国大学MOOC)
526	人文物理	廖红	孙晓冬、郭斌、高明向、浦实	武汉理工大学	爱课程(中国大学MOOC)
527	婚恋—职场—人格	张晓文	雷五明、魏超	武汉理工大学	爱课程(中国大学MOOC)
528	人·车·社会	华林	张国方、颜伏伍、过学迅、侯献军	武汉理工大学	爱课程(中国大学MOOC)
529	金属工艺学	陈云	杜艳迎、吴超华、江丽、熊新红	武汉理工大学	爱课程(中国大学MOOC)
530	无机非金属材料实验	冯小平	谢峻林、何峰、赵青林、顾少轩	武汉理工大学	爱课程(中国大学MOOC)
531	材料工程基础	谢峻林	文进、朱明、朱苏丽、何永佳	武汉理工大学	爱课程(中国大学MOOC)
532	管理学原理	罗玲	王超、朱苏丽、刁兆峰、程国平	武汉理工大学	爱课程(中国大学MOOC)
533	物流系统工程	张庆英	章勇、王正国、张莹、张梦雅	武汉理工大学	爱课程(中国大学MOOC)
534	生命科学导论	郑用琏、郑世学	李兴旺、张敏、陈振夏	华中农业大学	爱课程(中国大学MOOC)

续表

序号	课程名称	课程负责人	课程团队其他主要成员	主要建设单位	主要开课平台
535	园艺概论	徐强	潘志勇、何燕红、伍小萌、杨静	华中农业大学	爱课程(中国大学MOOC)
536	畜牧学概论	左波	滑国华、雷明刚、徐德全、黄飞若	华中农业大学	爱课程(中国大学MOOC)
537	宠物犬鉴赏	熊家军	梁爱心、滑国华、陈建国、何长久	华中农业大学	爱课程(中国大学MOOC)
538	动物组织胚胎学	曹罡、刘华珍	彭克美、宋卉、戴金霞	华中农业大学	爱课程(中国大学MOOC)
539	公司理财	包晓岚		华中师范大学	爱课程(中国大学MOOC)
540	文学经典导读	戴建业		华中师范大学	爱课程(中国大学MOOC)
541	新闻伦理与法规	江作苏	陈科、李理、张勇军、甘丽华	华中师范大学	爱课程(中国大学MOOC)
542	环境与健康	龚胜生	黄建武、敖荣军、张涛、梅琳	华中师范大学	爱课程(中国大学MOOC)
543	诺贝尔生理学或医学奖史话	张铭		华中师范大学	爱课程(中国大学MOOC)
544	中学生物学教学设计	崔鸿	李娟、刘家武、张秀红	华中师范大学	爱课程(中国大学MOOC)
545	心理学:我知无不言,它妙不可言	田媛	周宗奎、孙晓军、赵庆柏、范翠英	华中师范大学	爱课程(中国大学MOOC)
546	运动与健康	代方梅	刘勇、史文、余腾、杨民	湖北大学	爱课程(中国大学MOOC)
547	英语畅谈中国	王志茹	万莎、王婷、王瑰、陆小丽	湖北大学	学堂在线
548	创业基础	邓汉慧		中南财经政法大学	爱课程(中国大学MOOC)

续表

序号	课程名称	课程负责人	课程团队其他主要成员	主要建设单位	主要开课平台
549	创业：道与术	汪军民	陈康、王澜	中南财经政法大学	爱课程（中国大学MOOC）
550	财政学	刘京焕	陈志勇、李景友、毛晖、周春英	中南财经政法大学	爱课程（中国大学MOOC）
551	中国税制	薛钢	王宝顺、陈思霞	中南财经政法大学	爱课程（中国大学MOOC）
552	商务英语	袁奇	唐筠、彭璐	中南财经政法大学	爱课程（中国大学MOOC）
553	人人学点营销学	杜鹏	袁春平、谢志鹏、樊帅	中南财经政法大学	爱课程（中国大学MOOC）
554	异彩纷呈的民族文化	孟凡云	田敏、许宪隆、闫天灵、王萌	中南民族大学	智慧树
555	生活心理学	刘运芳	王玉花、卜晓艳、吴慧芬、田黛琳	湖北工程学院	优课联盟
556	摄影基础	牛学	杜平、李由、贾连成、沈祥胜	武汉工商学院	智慧树
557	混凝土结构设计原理	张望喜	方志、廖莎、唐昌辉、黄靓	湖南大学	爱课程（中国大学MOOC）
558	从自然世界到智能时代	李智勇		湖南大学	爱课程（中国大学MOOC）
559	生物材料伴我行	谭志凯	朱咏华	湖南大学	爱课程（中国大学MOOC）
560	中外美术评析与欣赏	陈飞虎	刘慧	中南大学	智慧树
561	大学生安全文化	吴超	黄锐、陈沅江、潘伟、李明	中南大学	智慧树
562	中国近现代史纲要	吴争春	王翔、刘志刚	中南大学	爱课程（中国大学MOOC）
563	科学计算与数学建模	郑洲顺	刘新儒、张鸿雁、潘克家、李志保	中南大学	爱课程（中国大学MOOC）
564	数字电子技术	覃爱娜	李飞、罗桂娥、刘献如	中南大学	爱课程（中国大学MOOC）

续表

序号	课程名称	课程负责人	课程团队其他主要成员	主要建设单位	主要开课平台
565	生理学	罗自强	冯丹丹、管茶香、向阳、暨明	中南大学	爱课程（中国大学MOOC）
566	课堂管理的方法与艺术	王浪	张翼然、邹立君、屈正良、李霖滋	湖南农业大学	爱课程（中国大学MOOC）
567	植物生理学	夏石头	肖浪涛、彭志红	湖南农业大学	爱课程（中国大学MOOC）
568	中国鸟禽文化赏析	邓学建	李建中、莫小阳、王斌、吴倩倩	湖南师范大学	智慧树
569	光学	陈敏	赵福利、董建文、沈韩、庞晓宁	中山大学	爱课程（中国大学MOOC）
570	信息素养通识教程：数字化生存的必修课	潘燕桃	张靖、肖鹏、余维杰、蔡馥青	中山大学	爱课程（中国大学MOOC）
571	创业基础	张耀辉	王勇、曾庆慧、苏潇、张婧	暨南大学	爱课程（中国大学MOOC）
572	生活中的货币时间价值	程静	范永进、张丽云、梁伟、黄林洁	暨南大学	爱课程（中国大学MOOC）
573	国际私法	戴霞	李健男、吕国民、叶东山	暨南大学	爱课程（中国大学MOOC）
574	民法与生活	钟瑞栋	杨辉旭、李应利、刘奇英	暨南大学	爱课程（中国大学MOOC）
575	走近马克思	田明		暨南大学	爱课程（中国大学MOOC）
576	《红楼梦》的空间艺术	张世君	李莹莹、李乔、杨培	暨南大学	爱课程（中国大学MOOC）
577	英语语法写作	朱湘军	柯伊棠	暨南大学	爱课程（中国大学MOOC）
578	智闯行方的世界——中国传统文化概论	龚红月、史怀刚		暨南大学	爱课程（中国大学MOOC）

续表

序号	课程名称	课程负责人	课程团队其他主要成员	主要建设单位	主要开课平台
579	自然保护与生态安全：探救地球家园	黄柏炎	杨维东、章群	暨南大学	爱课程（中国大学MOOC）
580	中医养生与亚健康防治	孙升云	朱诗平	暨南大学	爱课程（中国大学MOOC）
581	行政职业能力提升	李伟权		暨南大学	爱课程（中国大学MOOC）
582	英美音乐与文化	周娉娣	陈艳、阮熙春、张天乾、韩金龙	华南理工大学	学堂在线
583	企业战略管理	蓝海林	李卫宁、黄嫚丽	华南理工大学	学堂在线
584	酒店房务运营与管理	曲波	江金波、魏卫、高克昌	华南理工大学	智慧树
585	大学美育	苏宏元	孙珉、谢勇、周可、陈映	华南理工大学	爱课程（中国大学MOOC）
586	英语教学与互联网	焦建利、刘晓斌	徐曼菲、李智高、陈泽璇	华南师范大学	爱课程（中国大学MOOC）
587	智慧课堂教学	谢幼如	邱艺、张惠颜、李伟、李世杰	华南师范大学	爱课程（中国大学MOOC）
588	生死学	胡宜安	石若坤、崔红丽、张文	广州大学	优课联盟
589	中国近现代史纲要	吴九占	张雪骄、张琳	广州大学	优课联盟
590	思维导图的教学应用	杜玉霞	贺卫国、曹立君、杨琳	广州大学	爱课程（中国大学MOOC）
591	计算思维的结构	童荣胜	钟艳如、李凤英、孟瑜、汪华登	桂林电子科技大学	爱课程（中国大学MOOC）
592	微课设计与制作	杨上影	郑小军、熊冬春、林雯、兰瑞乐	广西师范学院	爱课程（中国大学MOOC）
593	马克思主义民族理论与政策	龚永辉	杨社平、郭亮、梁鑫、陈宇鹏	广西民族大学	爱课程（中国大学MOOC）

续表

序号	课程名称	课程负责人	课程团队其他主要成员	主要建设单位	主要开课平台
594	马克思主义基本原理概论	张云阁	范明水、蔡文举、赵静波、邵鹏鸣	海南大学	智慧树
595	数学实验	龚劬	肖剑、温罗生、何光辉、黄光辉	重庆大学	爱课程（中国大学MOOC）
596	客户关系管理	钱丽萍		重庆大学	爱课程（中国大学MOOC）
597	观赏植物分类学	李先源	李志能、智丽、李政	西南大学	智慧树
598	纪录片创作	李天福、韩永青	李芹燕、杨家兴、李徽	重庆文理学院	重庆高校在线开放课程平台
599	新标准大学英语（综合教程）	马武林	刘姗姗、杨玉顺、殷和素、向答	四川外国语大学	重庆高校在线开放课程平台
600	公司法	李平	刘畅	四川大学	爱课程（中国大学MOOC）
601	eye 我所爱——呵护你的眼	刘陇黔	马薇	四川大学	爱课程（中国大学MOOC）
602	市场营销	左仁淑	李珊、杨泽明	四川大学	爱课程（中国大学MOOC）
603	企业战略管理	揭筱纹	张黎明、周贵川	四川大学	爱课程（中国大学MOOC）
604	工程经济学	张欣莉		四川大学	爱课程（中国大学MOOC）
605	大学生科技创新系列课程	张祖涛、罗大兵	潘亚嘉、李毅、代宁	西南交通大学	爱课程（中国大学MOOC）
606	全球化与中国文化	王俊棋	侯斌英、王昕、高岚、崔垒	西南交通大学	爱课程（中国大学MOOC）
607	职场英语	杨安文	尹思婧、陈丽颖、刘波、陈晓红	西南交通大学	爱课程（中国大学MOOC）

续表

序号	课程名称	课程负责人	课程团队其他主要成员	主要建设单位	主要开课平台
608	西方现代化视野下的英美文学	李成坚	侯斌英、孙颖、但鸽、钱亚旭	西南交通大学	爱课程(中国大学MOOC)
609	走进心理学	宁维卫	罗维维、何亚男、费宁、刘灵馨	西南交通大学	爱课程(中国大学MOOC)
610	高速铁路规划与选线	易思蓉	李远富、曾勇、张家玲	西南交通大学	爱课程(中国大学MOOC)
611	中国衣裳——传统服装文化	李任飞	向仲敏、崔垩	西南交通大学	爱课程(中国大学MOOC)
612	高速铁路运营与维护	王平	吴积钦、肖杰灵	西南交通大学	爱课程(中国大学MOOC)
613	经济学	马永开	鞠晴江、梁媛、李耀、丁亚	电子科技大学	爱课程(中国大学MOOC)
614	计量经济学	陈磊	杨政	电子科技大学	爱课程(中国大学MOOC)
615	风险投资与创业融资	尹学明	沈玉清、夏晖、周冬梅、郭文新	电子科技大学	爱课程(中国大学MOOC)
616	英语有效表达:语言、修辞与逻辑	廖敏	吕汀、田径、吴冰	电子科技大学	爱课程(中国大学MOOC)
617	职场沟通英语	刘畅	俞博、胡杰辉	电子科技大学	爱课程(中国大学MOOC)
618	离散数学	王丽杰	傅彦、罗亮、高辉	电子科技大学	爱课程(中国大学MOOC)
619	数学实验	张勇	房秀芬、张晓伟、黄捷、王志勇	电子科技大学	爱课程(中国大学MOOC)
620	微积分	高建	冷劲松、汪小平、高中喜、余时伟	电子科技大学	爱课程(中国大学MOOC)
621	概率论与数理统计	高晴	陈绍刚、吕恕、覃思义、龚丽莎	电子科技大学	爱课程(中国大学MOOC)

续表

序号	课程名称	课程负责人	课程团队其他主要成员	主要建设单位	主要开课平台
622	心理健康与创新能力	李媛	雷霖、刁静、刘奎	电子科技大学	爱课程（中国大学MOOC）
623	电子技术应用实验1（数字电路基础实验）	陈瑜	李雷、陈英、曾浩、李春梅	电子科技大学	爱课程（中国大学MOOC）
624	通信原理	李晓峰	傅志中、曹永盛、周宁、任通菊	电子科技大学	爱课程（中国大学MOOC）
625	半导体物理	刘诺	钟志亲、罗小蓉、蒋书文、白飞明	电子科技大学	爱课程（中国大学MOOC）
626	汇编语言程序设计	邢建川	廖建明、崔金钟、韩宏、唐勇	电子科技大学	爱课程（中国大学MOOC）
627	计算机组成原理	纪禄平	刘辉、张建、罗克露	电子科技大学	爱课程（中国大学MOOC）
628	测量学	何彬彬	官雨薇、行敏锋、全兴文	电子科技大学	爱课程（中国大学MOOC）
629	中国十大传统名曲赏析	唐路		电子科技大学	爱课程（中国大学MOOC）
630	摄影基础	张秋雯	郝云超	电子科技大学	爱课程（中国大学MOOC）
631	信息素养：效率提升与终身学习的新引擎	周建芳	沙玉萍、王一	四川师范大学	爱课程（中国大学MOOC）
632	高等数学先修课	朱文莉	扈志明、潘国双、方敏、王磊	西南财经大学	爱课程（中国大学MOOC）
633	综合能力训练（ERP模拟经营沙盘）	邹燕	贾林可	西南财经大学	爱课程（中国大学MOOC）
634	燃烧脂肪——流行健身舞蹈	雷萍	吴润平、任玉梅、施颖颖、梁勤超	成都师范学院	智慧树

续表

序号	课程名称	课程负责人	课程团队其他主要成员	主要建设单位	主要开课平台
635	版面文化与设计鉴赏——教你学会版面设计	马涛	尹立峰、马刚、严敏、秦筠	成都师范学院	智慧树
636	幸福在哪里	李兵	王俊云、王文兵、喻郭飞	云南大学	智慧树
637	人类与生态文明	苏文华	周睿、郭晓荣、曹琳	云南大学	智慧树
638	不负卿春——大学生职业生涯规划	洪云	谭梦园、朱明珍、杨硕、李文姣	昆明理工大学	智慧树
639	C君带你玩编程	方忻莉	潘晟旻、普运伟、耿植林、郭玲	昆明理工大学	智慧树
640	生活中的市场营销学	宁德煌	李媛媛、马琳、王来、金雷	昆明理工大学	智慧树
641	民族健身操	寸亚玲	黄大广、谢元丽、许溢跃、张学栋	云南民族大学	智慧树
642	逻辑学导论	李静	孟蕾、周文光	西北大学	爱课程（中国大学MOOC）
643	植物学	刘文哲	蔡霞、王丹阳、李忠虎、赵鹏	西北大学	爱课程（中国大学MOOC）
644	行政管理学	梁忠民	岳成浩、何君安、李尧远、任都甜	西北大学	爱课程（中国大学MOOC）
645	线性代数与解析几何	李换琴	李继成、张永怀、刘康民、齐雪林	西安交通大学	爱课程（中国大学MOOC）
646	高等数学	李继成	赵小艳、吴慧卓、李萍、王勇茂	西安交通大学	爱课程（中国大学MOOC）
647	概率论与数理统计	赵小艳	藤孝良、戴永红、王峰、王宁	西安交通大学	爱课程（中国大学MOOC）

续表

序号	课程名称	课程负责人	课程团队其他主要成员	主要建设单位	主要开课平台
648	力学世界（人文、社科、经济、管理等专业适用）	刘萍	方爱平、徐忠锋、李宏荣、刘丹东	西安交通大学	爱课程（中国大学MOOC）
649	无机与分析化学	和玲、李银环	梁军艳、杨晓龙、吴有伸	西安交通大学	爱课程（中国大学MOOC）
650	模拟电子技术基础	赵进全	陈文洁、徐正刚、刘涛、李雪锋	西安交通大学	爱课程（中国大学MOOC）
651	自动控制原理	张爱民	任志刚、王勇、任晓栋、杜行俭	西安交通大学	爱课程（中国大学MOOC）
652	大学计算机	吴宁	崔舒宁、陈文革、杨忠孝	西安交通大学	爱课程（中国大学MOOC）
653	口腔解剖生理学	孙慧玲		西安交通大学	学堂在线
654	项目采购与合同管理	何正文	杨臻、何华、郑维博、崔晓	西安交通大学	智慧树
655	人因工程	刘树林	贾涛、吴锋	西安交通大学	爱课程（中国大学MOOC）
656	ACCA财务管理F9	田高良	齐保全、汪方军、欧佩玉、李留闯	西安交通大学	爱课程（中国大学MOOC）
657	F3：财务会计	骆蕾	田高良	西安交通大学	爱课程（中国大学MOOC）
658	视觉素养导论	黎荔		西安交通大学	智慧树
659	理论力学	张娟	于庆民、王艳、秦卫阳、陈效鹏	西北工业大学	爱课程（中国大学MOOC）
660	3D打印技术及应用	汪焰恩	苟秉宸、王淑侠	西北工业大学	爱课程（中国大学MOOC）
661	机械制造基础	齐乐华	杨方、周计明、罗俊、赵志龙	西北工业大学	爱课程（中国大学MOOC）
662	金属材料学	张静	王永欣、卢艳丽	西北工业大学	爱课程（中国大学MOOC）
663	现代控制理论基础	郭建国	赵斌、周军、卢晓东	西北工业大学	爱课程（中国大学MOOC）

续表

序号	课程名称	课程负责人	课程团队其他主要成员	主要建设单位	主要开课平台
664	C#程序设计	刘君瑞	姜学锋、张秀伟、周果英、魏英	西北工业大学	爱课程（中国大学MOOC）
665	导引系统原理	周军	卢晓东、赵斌	西北工业大学	爱课程（中国大学MOOC）
666	生物医学工程概论	卢婷利	杨鹏飞、叶雅静、陈强、张妍妮	西北工业大学	爱课程（中国大学MOOC）
667	模拟电子电路与技术基础	孙肖子	赵建勋、王新怀、朱天桥	西安电子科技大学	爱课程（中国大学MOOC）
668	通信网络基础	盛敏	马英红、张琰、李红艳、杨春刚	西安电子科技大学	爱课程（中国大学MOOC）
669	数字电路与系统设计	孙万蓉	邓成、任爱锋、初秀琴、陈伯孝	西安电子科技大学	爱课程（中国大学MOOC）
670	数字信号处理	田春娜	高新波、李洁、阔永红	西安电子科技大学	爱课程（中国大学MOOC）
671	高频电子电路分析基础	赵建勋	孙肖子、邓军、朱天桥、罗铭	西安电子科技大学	爱课程（中国大学MOOC）
672	信号与系统	郭宝龙	朱娟娟	西安电子科技大学	爱课程（中国大学MOOC）
673	单片机原理与汽车微机应用技术	仝秋红		长安大学	爱课程（中国大学MOOC）
674	中医食疗学	辛宝	钱文文、滕春风	陕西中医药大学	智慧树
675	黄帝内经	张登本	孙理军、邢玉瑞、张景明、李翠娟	陕西中医药大学	智慧树
676	走近核科学技术	吴王锁	郭治军、史克亮、潘多强、陈宗元	兰州大学	智慧树
677	地球历史及其生命的奥秘	孙柏年	闫德飞、解三平、吴靖宇、杜宝霞	兰州大学	智慧树

续表

序号	课程名称	课程负责人	课程团队其他主要成员	主要建设单位	主要开课平台
678	电工基础与电子设计	马山刚	李钊年,金福宝,唐岩,梁斌	青海大学	学堂在线
679	药物分析	李乐	唐辉,韩博,刘政江	石河子大学	学堂在线
680	大学英语综合课程	林骊珠	梁晓波,彭天笑,王泳利	国防科技大学	爱课程（中国大学MOOC）
681	大学英文写作	李慧辉	唐安华,刘晶,张丽娟,龚双萍	国防科技大学	爱课程（中国大学MOOC）
682	漫谈数学与军事	李建平	刘雄伟,王晓,吴强,罗永	国防科技大学	爱课程（中国大学MOOC）
683	大学物理实验	何焰兰	彭刚,沈志,欧阳建明,刘振祥	国防科技大学	爱课程（中国大学MOOC）
684	理论力学	李海阳	王华,梁彦刚	国防科技大学	爱课程（中国大学MOOC）
685	模拟电子技术基础	杜湘瑜	刘安芝,高广珠,罗笑冰,张亮	国防科技大学	爱课程（中国大学MOOC）
686	计算机原理	唐玉华	陈微,沈立,陆洪毅,肖晓强	国防科技大学	爱课程（中国大学MOOC）
687	导弹总体设计导论	刘新建	江振宇,丰志伟	国防科技大学	学堂在线
688	我国周边14个陆地邻国基本情况介绍	唐晓轲	卢皓,李全林,宋立炜,何兆祥	陆军边海防学院	学堂在线
689	数据结构	陈卫卫	李清,唐艳琴,李志刚,吴永芬	陆军工程大学	爱课程（中国大学MOOC）
690	走进航空航天	王远达		空军航空大学	智慧树

二、专科高等职业教育课程（111 门）

序号	课程名称	课程负责人	课程团队其他主要成员	主要建设单位	主要开课平台
1	Android 智能手机编程	王立	王娇、高辉、陈军峰	国家开放大学	爱课程（中国大学MOOC）
2	国际商务礼仪	杨丽	宁卫昕、张秋筠、句超	天津商务职业学院	爱课程（中国大学MOOC）
3	英语口语趣谈	刘志强	王小红、张松、张红芸、刘莹	牡丹江大学	智慧树
4	DIY 手工坊	王汉芳	张虹、雷蕾、房冰	黑龙江幼儿师范高等专科学校	智慧树
5	一起来说普通话	潘丽君	盖颖、吴薇	黑龙江幼儿师范高等专科学校	智慧树
6	秀出你风采——PPT创意动画	曲艳杰、穆庆华	邵德春、宫德才、李丽娟	黑龙江幼儿师范高等专科学校	智慧树
7	液压与气压传动控制	宋广雷	王稳、唐立平、郑勇、马俊峰	无锡职业技术学院	爱课程（中国大学MOOC）
8	可视化程序设计	史荧中	李萍、王得燕、汪菊琴、许敏	无锡职业技术学院	爱课程（中国大学MOOC）
9	建筑装饰施工图绘制	陆文莺	王睿、江向东、翟胜增、岳鹏	江苏建筑职业技术学院	爱课程（中国大学MOOC）
10	钢结构工程施工	孙韬	戚豹、陈年和、王磊、刘菁菁	江苏建筑职业技术学院	爱课程（中国大学MOOC）
11	高职英语	张秀芹	易华、尹玉峰、孙世娟、张升	南京工业职业技术学院	爱课程（中国大学MOOC）
12	建筑智能化系统工程综合实训	张小明	高翔、王俊琪、陈云	南京工业职业技术学院	爱课程（中国大学MOOC）

续表

序号	课程名称	课程负责人	课程团队其他主要成员	主要建设单位	主要开课平台
13	工业机器人调试	王晓勇	杨海波、倪寿勇、李金热、庄俊东	南京工业职业技术学院	爱课程（中国大学MOOC）
14	工程力学	张长英	龚晓群、崔海军、陈宁、房忠洁	南京工业职业技术学院	爱课程（中国大学MOOC）
15	手机人像摄影	王刚		苏州工艺美术职业技术学院	高校邦慧慕课
16	艺术概论	孙丽华	程颖、董波、周东华、潘朝晖	苏州工艺美术职业技术学院	爱课程（中国大学MOOC）
17	工程材料与热加工	游文明	张翔、孔纪兰、郝欣妮、高艳	扬州市职业大学	爱课程（中国大学MOOC）
18	连锁经营管理原理	居长志	李卫华、张伟杰、刘金忆、尹倩	江苏经贸职业技术学院	爱课程（中国大学MOOC）
19	移动商务推广	罗晓东	程玲云、李婵娟、毕晶晶、李桂芹	江苏经贸职业技术学院	爱课程（中国大学MOOC）
20	商务数据分析与应用	吴洪贵	顾锦江、冯筅伟、刘巧曼、孙玉娣	常州信息职业技术学院	爱课程（中国大学MOOC）
21	虚拟仪器应用技术	李晴	钱声强、朱敏、陈琳、牛杰	常州信息职业技术学院	爱课程（中国大学MOOC）
22	计算机应用	眭碧霞	张静、杜伟、杨丹、朱利华	常州信息职业技术学院	爱课程（中国大学MOOC）
23	海上熟悉与基本安全	王涛	孙长飞、梁恩胜、刘文科、惠节	江苏海事职业技术学院	爱课程（中国大学MOOC）

续表

序号	课程名称	课程负责人	课程团队其他主要成员	主要建设单位	主要开课平台
24	电工电子技术	曹建林	魏巍、丁兰	无锡科技职业学院	爱课程（中国大学MOOC）
25	常见病用药指导	熊存全、秦红兵	林莉莉、蒋立英、张琳琳	江苏医药职业学院	爱课程（中国大学MOOC）
26	电子商务理论与实务	许应楠	刘桓、王利锋、高志坚、程艳红	苏州经贸职业技术学院	爱课程（中国大学MOOC）
27	多轴数控编程与仿真加工（NX CAM）	石皋莲	季业益、丁云鹏、李春雷、周挺	苏州工业职业技术学院	爱课程（中国大学MOOC）
28	计算机应用基础	陈园园	杨小英、付勤、李良、高振清	苏州工业职业技术学院	爱课程（中国大学MOOC）
29	人体解剖与组织学	刘晓梅	李杰、黄健、陈尚、焦海山	苏州卫生职业技术学院	爱课程（中国大学MOOC）
30	商务礼仪	徐汉文	张云河、袁玉玲、肖霞、齐琳	无锡商业职业技术学院	爱课程（中国大学MOOC）
31	电子商务基础与应用	桂海进	徐林海、成淼、董宇澄、黄石安	无锡商业职业技术学院	爱课程（中国大学MOOC）
32	轮机工程基础	邹俊杰	王琪、陈培红、朱岩、孔晓丽	南通航运职业技术学院	爱课程（中国大学MOOC）
33	汽车自动变速器维修	郭兆松	文爱民、谢剑、蒋浩丰、胡俊	南京交通职业技术学院	爱课程（中国大学MOOC）
34	外贸单证实务	林榕	吕亚君、沈倩、陈乃源	南京交通职业技术学院	爱课程（中国大学MOOC）

续表

序号	课程名称	课程负责人	课程团队其他主要成员	主要建设单位	主要开课平台
35	大学生小微企业创业实务	李甄	李春茹、陈静、王国军、赵云鹏	淮安信息职业技术学院	爱课程(中国大学MOOC)
36	AVR单片机应用技术	杨永	杜锋、张洪明	淮安信息职业技术学院	爱课程(中国大学MOOC)
37	路由交换技术与应用	史红彦	朱东进、孙秀英、郭诚、阚宝朋	淮安信息职业技术学院	爱课程(中国大学MOOC)
38	牛羊生产	刘海霞	韩大勇、王利红、朱爱文、王慧	江苏农牧科技职业学院	爱课程(中国大学MOOC)
39	动物解剖生理	孟婷	张步彩、刘莉、董亚青、高月秀	江苏农牧科技职业学院	爱课程(中国大学MOOC)
40	动物繁殖	张响英	陆艳凤、王利刚、张海波、张蕾	江苏农牧科技职业学院	爱课程(中国大学MOOC)
41	宠物外产科病	周红蕾	卢炜、李艳艳、贺卫华、翟晓虎	江苏农牧科技职业学院	爱课程(中国大学MOOC)
42	服装立体裁剪	王淑华	丁学华、李蔚、张晶喧、徐君	常州纺织服装职业技术学院	爱课程(中国大学MOOC)
43	电子组装工艺	王应海	屈有安、朱利军、唐雯、李红益	苏州工业园区职业技术学院	爱课程(中国大学MOOC)
44	化工单元操作	蒋丽芬	石荣荣、林木森、孙海燕、蔡源	南京科技职业学院	爱课程(中国大学MOOC)
45	普通话与口才训练	孔祥静	李莉、邹阳、冯丽莉、乔晓静	江苏农林职业技术学院	爱课程(中国大学MOOC)

续表

序号	课程名称	课程负责人	课程团队其他主要成员	主要建设单位	主要开课平台
46	高等数学（一）	杨天明	梅霞、曹卫锋、史和娣、陈智豪	江苏农林职业技术学院	爱课程（中国大学MOOC）
47	果树生产技术	郭正兵	孙兴民、韩柏明、熊丙全、吴红	江苏农林职业技术学院	爱课程（中国大学MOOC）
48	园林工程施工技术	刘玉华	曹丽娜、刘建英、章广明、钱多	江苏农林职业技术学院	爱课程（中国大学MOOC）
49	中国元素	王霞晖	王贺玲、王静、李媛、张丹	江苏食品药品职业技术学院	爱课程（中国大学MOOC）
50	酸奶及冰淇淋生产技术	邵虎	汲臣明、师文添、王丽华、李西腾	江苏食品药品职业技术学院	爱课程（中国大学MOOC）
51	配合与塑混炼操作技术	翁国文	侯亚合、杨慧、徐云慧、张馨	徐州工业职业技术学院	爱课程（中国大学MOOC）
52	程序设计基础	赵彦	邓小龙、陆蔚、吴莉、杨丽芳	江苏信息职业技术学院	爱课程（中国大学MOOC）
53	嵌入式Linux应用与开发实践	平震宇	匡亮、李涛、杜锋、季云峰	江苏信息职业技术学院	爱课程（中国大学MOOC）
54	高等数学（一元微积分）	骈俊生	蔡鸣晶、张育苗、白洁静、黄国建	南京信息职业技术学院	爱课程（中国大学MOOC）
55	射频技术	高燕	顾斌、王书旺、季顺宁、汤滟	南京信息职业技术学院	爱课程（中国大学MOOC）

续表

序号	课程名称	课程负责人	课程团队其他主要成员	主要建设单位	主要开课平台
56	光纤通信工程	马敏	李洁、阴法明、曾庆珠、黄先栋	南京信息职业技术学院	爱课程（中国大学MOOC）
57	冷冲模设计	崔柏伟	邓卫国、陈国亮、刘志生、赵威	常州机电职业技术学院	爱课程（中国大学MOOC）
58	陶瓷装饰·彩绘	杨晓兰	陈在梅、王桂娟、吴俊卿、向锋	无锡工艺职业技术学院	爱课程（中国大学MOOC）
59	新型纺织面料来样分析	秦晓、王慧玲	张永革、陈春侠、陈燕	盐城工业职业技术学院	爱课程（中国大学MOOC）
60	仪器分析	于晓洋	丁邦东、岳金方、龚爱琴、黄永兰	扬州工业职业技术学院	爱课程（中国大学MOOC）
61	图形图像处理	张宏彬	刘晓宏、薛娟、戴菲、戴园园	扬州工业职业技术学院	爱课程（中国大学MOOC）
62	经济学基础	曹家谋	董昕灵、孟晓宏、张圣兵、高明	江苏城市职业学院	爱课程（中国大学MOOC）
63	商业摄影	王欢	姚玉、周莹、张圣兵、高明	江苏城市职业学院	爱课程（中国大学MOOC）
64	前厅服务与管理	姜华	洪涛、潘援、支海成、宋锦波	南京旅游职业学院	爱课程（中国大学MOOC）
65	弟子规与服务外包职业素养	张建亮	孙建、丁志卫、马丽梅、韩勤	苏州工业园区服务外包职业学院	爱课程（中国大学MOOC）
66	学前儿童心理学	刘军	栾文娣、嵇辉、胡雪芬、陈颂	徐州幼儿师范高等专科学校	爱课程（中国大学MOOC）

续表

序号	课程名称	课程负责人	课程团队其他主要成员	主要建设单位	主要开课平台
67	船舶文化	张鞦	张海伟、姚丹丽、丁建洪、刘康	浙江交通职业技术学院	学堂在线
68	插花艺术	邱迎君	易官美、林乐静、刘锐、陈波	宁波城市职业技术学院	爱课程（中国大学MOOC）
69	园林景观效果图制作——PS篇	黄艾	黄海东、陈淑君、张立均、杭坚立	宁波城市职业技术学院	爱课程（中国大学MOOC）
70	大学生心理健康	康海燕	傅琼、宁业勤、方黛春、朱婷	宁波城市职业技术学院	爱课程（中国大学MOOC）
71	茶艺	初晓恒	陈波、刘锐、陈杰新、刘纪龙	宁波城市职业技术学院	爱课程（中国大学MOOC）
72	B/S系统设计与开发	丁明军、姜洋	徐芳、戴坚锋、欧志球	浙江机电职业技术学院	学银在线
73	国际结算操作	刘一展	范越龙、章安平、赛学军、方回	浙江金融职业学院	爱课程（中国大学MOOC）
74	金融学概论	王雯	朱颖、何远景、钱胡风、郑雪姣	安徽工业经济职业技术学院	安徽省网络课程学习中心（e会学）
75	桥涵工程试验检测技术	叶生	肖玉德、王常才、孙鹏轩、吴智慧	安徽交通职业技术学院	安徽省网络课程学习中心（e会学）
76	电视新闻播音	杨忠	李志强、陈文、费莹莹、顾聪	安徽广播影视职业技术学院	安徽省网络课程学习中心（e会学）
77	数控机床故障诊断与维修	张涛	郑晓峰、杨海升、徐亮、杜文	安徽机电职业技术学院	安徽省网络课程学习中心（e会学）

附录3 教育部关于公布2018年国家精品在线开放课程认定结果的通知　271

续表

序号	课程名称	课程负责人	课程团队其他主要成员	主要建设单位	主要开课平台
78	香美剧,学口语	赵静	冯瑛、崔佳、黄娜	青岛职业技术学院	智慧树
79	名企风采	谭书旺	刘前红、姜磊、张祖国、董文静	山东外贸职业学院	智慧树
80	酒店物品艺术赏析	刘菲菲	毛安	青岛酒店管理职业技术学院	智慧树
81	世界音乐史与名作赏析	雷红薇	武霄、郭晓雯、张亚利、王志鹏	河南职业技术学院	爱课程(中国大学MOOC)
82	医学免疫与病原生物	黄贺梅	王玉红、丁丽、鲁晓娟、董忠生	郑州铁路职业技术学院	爱课程(中国大学MOOC)
83	服装艺术造型设计	张富云	袁颖、石淼	开封大学	爱课程(中国大学MOOC)
84	工程制图	张圣敏	关莉莉、李颖、赵婷、张亚坤	黄河水利职业技术学院	爱课程(中国大学MOOC)
85	水利工程施工技术	闫国新	吴伟、张梦宇、代凌辉、梁建林	黄河水利职业技术学院	爱课程(中国大学MOOC)
86	水工建筑物	陈诚	李梅华、赵海滨、方琳、耿会涛	黄河水利职业技术学院	爱课程(中国大学MOOC)
87	数码摄影基础教程	杨楼新	刘丹、葛建辉、王文婷、王学军	许昌职业技术学院	爱课程(中国大学MOOC)
88	计算机应用基础	陈哲	梁咏梅、徐俊芳、曹亚君、邵玉兰	商丘职业技术学院	爱课程(中国大学MOOC)
89	静态网页设计	刘蕴	李忠广、刘芳芳、陈鹏、王军亚	周口职业技术学院	爱课程(中国大学MOOC)
90	机械制图与AutoCAD(一)	丁刚	孙海燕、商冬青、崔沛、任艳霞	济源职业技术学院	爱课程(中国大学MOOC)

续表

序号	课程名称	课程负责人	课程团队其他主要成员	主要建设单位	主要开课平台
91	基础会计理论与实务	张志萍	邱三平、钟铃、孔维攀、颉璐	济源职业技术学院	爱课程(中国大学MOOC)
92	思想道德修养与法律基础	刘断思	查广云、徐建华、孙慧、王丽娟	鹤壁职业技术学院	爱课程(中国大学MOOC)
93	建筑工程计量与计价	冯桂云	柳天杰、唐杰、李桢、陈静思	河南工业职业技术学院	爱课程(中国大学MOOC)
94	机械制造基础	余东满	苏静、李晓静、王笛、王哲	河南工业职业技术学院	爱课程(中国大学MOOC)
95	大学生心理健康教育	成光琳	曹畅、王淑芳、李玲玲、韩培庆	河南经贸职业学院	爱课程(中国大学MOOC)
96	数控铣床/加工中心加工工艺编程与操作	徐凯	张会妨、宁龙举、乔卫红、冯超	新乡职业技术学院	爱课程(中国大学MOOC)
97	二维动画设计与制作	孙利娟	缪亮、王戈、徐蕾、宋彤	开封文化艺术职业学院	爱课程(中国大学MOOC)
98	Excel进阶教程	张青	左莉、张丹丹、吴华芹、米楠	河南应用技术职业学院	爱课程(中国大学MOOC)
99	妇产科护理学	曹姣玲	朱前进、邹利霞、王慧敏、景书坛	洛阳职业技术学院	爱课程(中国大学MOOC)
100	0-3岁婴幼儿生活照料	邓祖丽颖	王霄鹛、郑国香、朱庆华、王海霞	郑州幼儿师范高等专科学校	爱课程(中国大学MOOC)
101	单片机技术	黄有全	李桂平、郭淳芳、曾义聪、姚佳	长沙民政职业技术学院	爱课程(中国大学MOOC)

续表

序号	课程名称	课程负责人	课程团队其他主要成员	主要建设单位	主要开课平台
102	软件测试	贺平	孙庚	广州番禺职业技术学院	爱课程（中国大学MOOC）
103	税法	杨则文	黄玑、刘水林、罗威、洪钒嘉	广州番禺职业技术学院	爱课程（中国大学MOOC）
104	爱情之旅	高茹	尹嫦春、李斯、倪啸旻	海南职业技术学院	智慧树
105	大学生创新创业	吉家文	路军、贾亚东、何耀明、李转凤	海南经贸职业技术学院	智慧树
106	空乘礼仪	王艳红	何梅、郭凤、高雪姣、修楠	三亚航空旅游职业学院	智慧树
107	嗨翻艺术设计创业	秦佟江	刘蔚、李采、赵婧、赵恒	重庆工业职业技术学院	爱课程（中国大学MOOC）
108	探秘移动通信	代才莉、刘良华	赵隅、贺利娜、江敏	重庆电子工程职业学院	爱课程（中国大学MOOC）
109	中药储存与养护	沈力	马羚、易东阳、李洁玉、贾晗	重庆三峡医药高等专科学校	重庆高校在线开放课程平台
110	建筑施工技术	杨谦	张超、安亚强、侯经文、王扶义	陕西工业职业技术学院	学堂在线
111	电气控制系统装接与调试	段峻	董佳辉、齐文庆、高文华、辛旗	陕西工业职业技术学院	学堂在线

附录 4

教育部高等教育司关于开展 2019 年国家精品在线开放课程认定工作的通知

(教高司函〔2019〕32 号)

各省、自治区、直辖市教育厅(教委),新疆生产建设兵团教育局,有关部门(单位)教育司(局),部属各高等学校、部省合建各高等学校,有关课程平台单位:

  为深入贯彻党的十九大和全国教育大会精神,落实新时代全国高等学校本科教育工作会议要求,根据《加快推进教育现代化实施方案(2018—2022 年)》《教育部关于加快建设高水平本科教育 全面提高人才培养能力的意见》《教育部关于加强高等学校在线开放课程建设应用与管理的意见》和"六卓越一拔尖"计划 2.0 系列文件要求,进一步推动我国在线开放课程建设与应用共享,提高高等教育教学质量,服务学习型社会建设,我司决定开展 2019 年国家精品在线开放课程认定工作。现将有关事项通知如下:

一、认定范围和数量

  2019 年认定课程的范围为:截至 2019 年 7 月 31 日,高等学校在全国性公开课程平台面向高校和社会学习者开放,完成两期及以上教学活动的全日制本科和专科层次大规模在线开放课程(慕课),包括高校人才培养方案中的大学生文化素质教育课、公共基础课、专业课,含思想政治理论课、创新创业教育课、教师教育课程。鼓励体现多学科思维融合、产业技术与学科理论融合、跨专业能力融合、多学科项目实践融合的新工科、新医科、新农科、新文科等高水平课程申报;鼓励有利于对外传播的双语课程申报。接受港澳地区高校在境内平台上线课程申报。申报课程开设平台为境外平台的,须先在国内公开课程平台完成至少一期教学活动。

为推动课程持续完善、提升质量,确保每期课程有修改完善时间和完整的教学周期,申报课程第一期上线开课时间不得晚于 2018 年 12 月 31 日;此前申报但未通过认定的课程,须经进一步修改完善,并在 2018 年 8 月 1 日之后至少有一个完整的教学周期。

不具备大规模在线开放课程特征的课程,如视频公开课和资源共享课,仅对本校或少数高校学生开放的小规模专有在线课程(SPOC)和应用于非全日制学生的网络教育课程,以及无完整教学过程和教学活动的在线课程等,不在认定范围。

2019 年将认定 800 门左右国家精品在线开放课程。认定工作注重逐步建立和完善国家精品在线开放课程体系,按照不同课程类型分类遴选认定。

二、课程要求

(一)课程团队

课程负责人须为申报高校正式聘用的教师,具有丰富的教学经验和较高学术造诣。主讲教师师德好,教学能力强,积极投身信息技术与教育教学深度融合的教学改革。课程团队结构合理、人员稳定,除课程负责人和主讲教师外,还应配备必要的助理教师,保障线上线下教学正常有序运行。同一课程负责人只能申报一门课程。

(二)课程教学设计

遵循教育教学规律,体现现代教育思想,符合《普通高等学校本科专业类教学质量国家标准》等要求,具有大规模在线开放课程教学特征。注重以学生为中心建立教与学新型关系,注重学生批判性思维、合作能力、复杂问题解决能力的培育,构建体现信息技术与教育教学深度融合的课程结构和教学组织模式,课程知识体系科学,资源配置、考核评价方式合理,适合在线学习和混合式教学。

(三)课程内容

坚持立德树人,能够将思想政治教育内化为课程内容,弘扬社会主义核心价值观。课程内容规范完整,体现前沿性和时代性,反映学科专业最新发展成果和教改教研成果,具有较高的科学性,内容更新和完善及时。无危害国家安全、涉密及其他不适宜网络公开传播的内容,无侵犯他人知识产权内容。

(四)教学活动与教师指导

通过课程平台,教师按照学校的教学计划和要求为学习者提供在线测验、作业、考试、答疑、讨论等教学活动,及时开展在线指导与测评,按时评定成绩。各项教学活动完整、有效,按计划实施。学习者在线学习响应度高,师生互动充分,能有效促进师生之间、学生之间进行资源共享、互动交流和自主式与协作式学习。

(五)应用效果与影响

申报课程在本校教学过程中能较好地应用,将在线课程与课堂教学相结合,教学方法先进,教学质量高。在其他高校和社会学习者中共享范围广,应用模式多样,应用效果好,社会影响大,示范引领性强。

(六)课程平台支持服务

课程平台须按照《中国互联网管理条例》等规定,完成有关的备案和审批手续,须至少获得国家信息安全等级保护二级认证。平台运行安全稳定畅通,课程在线教学支持服务高效。同时,须制定相应的管理制度和工作流程,配备专业人员进行课程审查、教学服务管理和安全保障,确保上线课程内容和制作技术规范,适合网络传播。

三、申报和推荐

(一)申报和推荐程序

教育部直属高校直接向我部申报课程。其他中央部门(单位)所属高校及有关军队院校课程由其上级主管部门相关教育司(局)向我部推荐。地方高校课程由其省级教育行政部门向我部推荐。港澳地区高校择优向我部申报课程,境内相关课程平台予以协助。

(二)申报和推荐组织工作

有关部门和各高校要高度重视本次国家精品在线开放课程的申报、推荐等组织工作,规范评价、遴选工作程序,确保课程质量,在申报、推荐名额内(附件1)择优申报、推荐,宁缺毋滥。各省级教育行政部门推荐专科高职课程数量不得超过推荐名额的30%。

高等学校作为在线开放课程建设的主体,要严格按照申报要求,组织对本校建设或牵头建设的在线开放课程进行评价遴选,择优申报。要对申报课程网上内容和教学活动进行全面核查,确保合法性、完整性和有效性。网上无法显示完整内容和教学活动的课程不得申报、推荐。

在多个平台开设的课程须选择大规模在线开放课程特征明显、课程团队在线教学服务好、在线教学效果好的一个主要平台申报。多个平台的有关数据可按平台分别提供课程数据信息表(附件2)。

与高校合作的各课程平台单位要积极配合本次认定工作,提供真实全面客观的数据,并为认定工作提供必要的支持,保障课程运行安全顺畅。

(三)申报材料报送方式

本次申报采用网上填报与函报材料相结合的方式。

1. 网上填报

为保证认定工作的高效、有序、公开,我部通过"国家精品在线开放课程工作网(www.chinaooc.com.cn)"(以下简称"工作网")开展网上申报及有关材料公示工作。请教育部直属高校、中央有关部门(单位)教育司(局)、省级教育行政部门、课程平台单位于2019年7月15日前将加盖公章的联系人信息表(附件3)扫描件及word文档发至"工作网"联系人电子信箱,邮件主题及文件名为单位名称。

各中央有关部门(单位)教育司(局)、省级教育行政部门可采取以下两种方式之一,组织相关高校进行申报、评价并向我部推荐:

(1)网下评价网上推荐。组织高校申报并进行一定形式评价,确定推荐课程后,登录"工作网",按要求在网上填报申报材料,上传推荐意见。

(2)网上申报与推荐。组织高校直接通过"工作网"进行申报并开展评价和推荐。"工作网"可为此提供平台支持与技术服务。请有此需要的部门于2019年7月31日前联系"工作网"。

各有关单位须对申报、推荐课程材料公示无异议后向我部报送材料。"工作网"将于2019年8月20日开通,届时联系人可通过电子邮件获得账户信息,并可登录"工作网"完成网上申报、推荐。报送材料截止时间为2019年9月15日。

2. 函报材料

教育部直属高校完成网上申报,有关部门完成网上推荐后,在"工作网"平台打印具有防伪标识的申报书(附件4),与附件材料一起按每门课程装订成册,与平台生成的本校申报课程汇总表(附件5)或有关部门推荐课程汇总表(附件6)一并加盖单位公章,一式两份,于2019年9月15日前报送教育部高等教育司课程教材与实验室处。

四、评价与认定

(一)申报材料公示和资格审查

申报截止后,我部将在"工作网"进行材料公示,公开接受高校和社会的监督。

在申报材料公示和审核过程中,一旦发现有课程相关信息、数据造假等行为,将终止该课程本次认定工作,并对相应信息、数据的提供方今后的申报进行限制。

(二)综合评价认定

我部组织有关专家,对课程的学术水平、内容质量、课程应用共享效果等进行综合评议,提出2019年"国家精品在线开放课程"公示名单,在教育部网站和"工作网"公示后发文公布2019年"国家精品在线开放课程"名单。

五、认定后管理

认定为"国家精品在线开放课程"的课程,无论是已面向社会开放的课程,还是仅向高校开放的学分课,均须继续建设与完善,自认定结果公布始,应面向高校和社会学习者开放,并提供教学服务不少于5年。我部将对课程运行情况持续进行监督和管理,对不符合要求的课程实施退出机制。

高校要为课程团队提供政策、经费等方面的支持。中央部门所属高校被认定为"国家精品在线开放课程"的课程,要作为"十三五"期间实施中央高校教育教学改革专项的一部分,由有关高校予以支持。地方高校的课程,省级教育行政部门和有关高校应采取相应措施予以支持。

六、申报推荐工作联系方式

(一)申报咨询联系方式

教育部高等教育司课程教材与实验室处,地址:北京市西城区大木仓胡同35号,邮编:100816,联系人:成雷鸣、张庆国,咨询电话:010-66096925,电子信箱:gaojs_jxtj@moe.edu.cn。

(二)工作网联系方式

联系人:张秀芹,电话:010-58581673,电子信箱:zhangxq@crct.edu.cn。

附件:1. 国家精品在线开放课程申报、推荐名额表(2019年)(略)
  2. 课程数据信息表(2019年)(略)
  3. 国家精品在线开放课程认定工作联系人信息表(2019年)(略)
  4. 国家精品在线开放课程申报书(2019年)(略)
  5. 教育部直属高校申报课程汇总表(2019年)(略)
  6. 有关部门推荐课程汇总表(2019年)(略)

教育部高等教育司

2019年7月1日

附录 5

教育部关于一流本科课程建设的实施意见
（教高〔2019〕8号）

各省、自治区、直辖市教育厅（教委），新疆生产建设兵团教育局，有关部门（单位）教育司（局），部属各高等学校、部省合建各高等学校：

课程是人才培养的核心要素，课程质量直接决定人才培养质量。为贯彻落实习近平总书记关于教育的重要论述和全国教育大会精神，落实新时代全国高等学校本科教育工作会议要求，必须深化教育教学改革，必须把教学改革成果落实到课程建设上。现就一流本科课程建设提出如下实施意见。

一、总体要求

（一）指导思想

以习近平新时代中国特色社会主义思想为指导，贯彻落实党的十九大精神，落实立德树人根本任务，把立德树人成效作为检验高校一切工作的根本标准，深入挖掘各类课程和教学方式中蕴含的思想政治教育元素，建设适应新时代要求的一流本科课程，让课程优起来、教师强起来、学生忙起来、管理严起来、效果实起来，形成中国特色、世界水平的一流本科课程体系，构建更高水平人才培养体系。

（二）总体目标

全面开展一流本科课程建设，树立课程建设新理念，推进课程改革创新，实施科学课程评价，严格课程管理，立起教授上课、消灭"水课"、取消"清考"等硬规矩，夯实基层教学组织，提高教师教学能力，完善以质量为导向的课程建设激励机制，形成多类型、多样化的教学内容与课程体系。经过三年左右时间，建成万门左右国家级和万门左右省级一流本科课程（简称一流本科课程"双万计划")。

（三）基本原则

——坚持分类建设。依据高校办学定位和人才培养目标定位，建设适应创新型、复合型、应用型人才培养需要的一流本科课程，实现不同类型高校一流本科课程建设全覆盖。

——坚持扶强扶特。着力引导"双一流"建设高校、部省合建高校发挥引领示范作用，重点打造一批高水平课程，为卓越拔尖人才培养提供有力支撑。重点支持已有建设基础、取得明显教学成效的课程，让优的更优、强的更强。重视特色课程建设，实现一流本科课程多样化。

——提升高阶性。课程目标坚持知识、能力、素质有机融合，培养学生解决复杂问题的综合能力和高级思维。课程内容强调广度和深度，突破习惯性认知模式，培养学生深度分析、大胆质疑、勇于创新的精神和能力。

——突出创新性。教学内容体现前沿性与时代性，及时将学术研究、科技发展前沿成果引入课程。教学方法体现先进性与互动性，大力推进现代信息技术与教学深度融合，积极引导学生进行探究式与个性化学习。

——增加挑战度。课程设计增加研究性、创新性、综合性内容，加大学生学习投入，科学"增负"，让学生体验"跳一跳才能够得着"的学习挑战。严格考核考试评价，增强学生经过刻苦学习收获能力和素质提高的成就感。

二、建设内容

（一）转变观念，理念新起来。以新理念引领一流本科课程建设。牢固树立"三个不合格"理念，竖起"高压线"，不抓本科教育的高校不是合格的高校，不重视本科教育的书记校长不是合格的书记校长，不参与本科教学的教授不是合格的教授。推动课程思政的理念形成广泛共识，构建全员全程全方位育人大格局。确立学生中心、产出导向、持续改进的理念，提升课程的高阶性，突出课程的创新性，增加课程的挑战度。

（二）目标导向，课程优起来。以目标为导向加强课程建设。立足经济社会发展需求和人才培养目标，优化重构教学内容与课程体系，破除课程千校一面，杜绝必修课因人设课，淘汰"水课"，立起课程建设新标杆。"双一流"建设高校、部省合建高校要明确要求两院院士、国家"千人计划""万人计划"专家、"长江学者奖励计划"入选者、国家杰出青年科学基金获得者等高层次人才建设名课、讲授基础课和专业基础课,建设一批中国特色、世界水平的一流本科课程。聚焦新工科、新医科、新农科、新文科建设,体现多学科思维融合、产业技术与学科理论融合、跨专业能力融合、多学科项目实践融合,建设一批培养创新型、复合型人才的一流本科课程。服务区域经济社会发展主战场,深化产教融合协同育人,建设一批培养应用型人才的一流本科课程。

(三)提升能力,教师强起来。以培养培训为关键点提升教师教学能力。高校要实现基层教学组织全覆盖,教师全员纳入基层教学组织,强化教学研究,定期集体备课、研讨课程设计,加强教学梯队建设,完善助教制度,发挥好"传帮带"作用。实现青年教师上岗培训全覆盖,新入职教师必须经过助课、试讲、考核等环节,获得教师教学发展中心等学校培训部门颁发的证书,方可主讲课程。实现教师职业培训、终身学习全覆盖,推动教师培训常态化,将培训学分作为教师资格定期注册、教师考核的必备条件。

(四)改革方法,课堂活起来。以提升教学效果为目的创新教学方法。强化课堂设计,解决好怎么讲好课的问题,杜绝单纯知识传递、忽视能力素质培养的现象。强化现代信息技术与教育教学深度融合,解决好教与学模式创新的问题,杜绝信息技术应用的简单化、形式化。强化师生互动、生生互动,解决好创新性、批判性思维培养的问题,杜绝教师满堂灌、学生被动听的现象。

(五)科学评价,学生忙起来。以激发学习动力和专业志趣为着力点完善过程评价制度。加强对学生课堂内外、线上线下学习的评价,强化阅读量和阅读能力考查,提升课程学习的广度。加强研究型、项目式学习,丰富探究式、论文式、报告答辩式等作业评价方式,提升课程学习的深度。加强非标准化、综合性等评价,提升课程学习的挑战性。"双一流"建设高校、部省合建高校要扩大学生课程学习选择面,强化课程难度与挑战度。

(六)强化管理,制度严起来。以提高制度执行力为重点严格课程管理。高等学校要严格执行教授为本科生授课制度,连续三年不承担本科课程的教授、副教授,转出教师系列。严格执行国家对高校的生师比要求,完备师资队伍。严格执行课程准入制度,发挥校内教学指导委员会课程把关作用,拒绝"水课"进课堂。严格考试纪律,严把考试和毕业出口关,坚决取消"清考"。严格课程质量评估,在专业认证、教学评估中增加课程评价权重。

(七)政策激励,教学热起来。以教学贡献为核心内容制定激励政策。加大课程建设的支持力度,加大优秀课程和教师的奖励力度,加大教学业绩在专业技术职务评聘中的权重,营造重视本科课程改革与建设的良好氛围。

三、实施一流本科课程双万计划

(一)认定万门左右国家级一流本科课程。注重创新型、复合型、应用型人才培养课程建设的创新性、示范引领性和推广性,在高校培育建设基础上,从2019年到2021年,完成4 000门左右国家级线上一流课程(国家精品在线开放课程)、4 000门左右国家级线下一流课程、6 000门左右国家级线上线下混合式一流课程、1 500门左右国家虚拟仿真实验教学一流课程、1 000门左右国家级社会实践一流课程认定工作,具体推荐认定办法见附件。

(二)认定万门左右省级一流本科课程。各省级教育行政部门根据区域高等教育改革发展需求,参照本实施意见要求,具体组织实施本地区一流本科课程建设计划。推荐国家级一流课程,注重解决本地区高校长期存在的教育教学问题,因地制宜、因校制宜、因课制宜建设省级一流本科课程,并报我部备案。

四、组织管理

(一)教育部负责统筹指导一流本科课程建设工作,组织有关专家和机构研究制定一流本科课程建设、应用与管理的相关标准规范。公布国家级一流本科课程推荐认定结果。

(二)省级教育行政部门研究制定省级一流本科课程建设实施方案,制定推动本地区一流本科课程建设与教学改革配套政策,建设省级一流本科课程。加强省级课程服务平台的管理,积极推动一流本科课程开放共享。

(三)高校要优化课程体系,做好一流本科课程建设规划。组建优秀教师团队建设一流本科课程。建立校内课程建设激励机制,健全支持政策,完善课程管理和评价机制。"双一流"建设高校、部省合建高校要率先建设一流本科课程。

（四）高等学校教学指导委员会要加强课程建设理论研究和分类指导，组织制订相关专业一流本科课程建设指南，引导高校汇聚优秀教师联合建设课程群，共享优质课程资源。

（五）课程服务平台承担一流本科课程服务和数据安全保障的主体责任，配合开展课程审查和线上教学活动。要不断更新并提升技术和数据服务水平，监控和打击不良学习行为。加强课程平台间的交流与合作。

（六）中央部门所属高校统筹利用"中央高校教育教学改革专项"等各类资源支持一流本科课程建设。地方高校统筹地方财政高等教育资金和中央支持地方高校改革发展资金支持一流本科课程建设。

附件："双万计划"国家级一流本科课程推荐认定办法

教育部
2019 年 10 月 24 日

附件

"双万计划"国家级一流本科课程推荐认定办法

一、推荐范围

普通本科高校纳入人才培养方案且设置学分的本科课程均可推荐，包括思想政治理论课、公共基础课、专业基础课、专业课以及通识课等独立设置的本科理论课程、实验课程和社会实践课程等。

二、推荐类型与计划

（一）线上一流课程。即国家精品在线开放课程，突出优质、开放、共享，打造中国慕课品牌。完成 4 000 门左右国家精品在线开放课程认定，构建内容更加丰富、结构更加合理、类别更加全面的国家级精品慕课体系。

（二）线下一流课程。主要指以面授为主的课程，以提升学生综合能力为重点，重塑课程内容，创新教学方法，打破课堂沉默状态，焕发课堂生机活力，较好发挥课堂教学主阵地、主渠道、主战场作用。认定 4 000 门左右国家级线下一流课程。

（三）线上线下混合式一流课程。主要指基于慕课、专属在线课程（SPOC）或其他在线课程，运用适当的数字化教学工具，结合本校实际对校内课程进行改造，安排 20%~50% 的教学时间实施学生线上自主学习，与线下面授有机结合开展翻转课堂、混合式教学，打造在线课程与本校课堂教学相融合的混合式"金课"。大力倡导基于国家精品在线开放课程应用的线上线下混合式优质课程申报。认定 6 000 门左右国家级线上线下混合式一流课程。

（四）虚拟仿真实验教学一流课程。着力解决真实实验条件不具备或实际运行困难，涉及高危或极端环境，高成本、高消耗、不可逆操作、大型综合训练等问题。完成 1500 门左右国家虚拟仿真实验教学一流课程认定，形成专业布局合理、教学效果优良、开放共享有效的高等教育信息化实验教学体系。

（五）社会实践一流课程。以培养学生综合能力为目标，通过"青年红色筑梦之旅""互联网+"大学生创新创业大赛、创新创业和思想政治理论课社会实践等活动，推动思想政治教育、专业教育与社会服务紧密结合，培养学生认识社会、研究社会、理解社会、服务社会的意识和能力，建设社会实践一流课程。课程应为纳入人才培养方案的非实习、实训课程，配备理论指导教师，具有稳定的实践基地，学生 70% 以上学时深入基层，保证课程规范化和可持续发展。认定 1 000 门左右国家级社会实践一流课程。

三、推荐条件

推荐课程须至少经过两个学期或两个教学周期的建设和完善，取得实质性改革成效，在同类课程中具有鲜明特色、良好的教学效果，并承诺入选后将持续改进。符合相关类型课程基本形态和特殊要求的同时，在以下多个方面具备实质性创新，有较大的借鉴和推广价值。

（一）教学理念先进。坚持立德树人，体现以学生发展为中心，致力于开启学生内在潜力和学习动力，注重学生德智体美劳全面发展。

（二）课程教学团队教学成果显著。课程团队教学改革意识强烈、理念先进，人员结构及任务分工合理。主讲教师具备良好的师德师风，具有丰富的教学经验、较高学术造诣，积极投身教学改革，教学能力强，能够运用新技术提高教学效率、提升教学质量。

（三）课程目标有效支撑培养目标达成。课程目标符合学校办学定位和人才培养目标，注重知识、能力、素质培养。

（四）课程教学设计科学合理。围绕目标达成、教学内容、组织实施和多元评价需求进行整体规划，教学策略、教学方法、教学过程、教学评价等设计合理。

（五）课程内容与时俱进。课程内容结构符合学生成长规律，依据学科前沿动态与社会发展需求动态更新知识体系，契合课程目标，教材选用符合教育部和学校教材选用规定，教学资源丰富多样，体现思想性、科学性与时代性。

（六）教学组织与实施突出学生中心地位。根据学生认知规律和接受特点，创新教与学模式，因材施教，促进师生之间、学生之间的交流互动、资源共享、知识生成，教学反馈及时，教学效果显著。

（七）课程管理与评价科学且可测量。教师备课要求明确，学生学习管理严格。针对教学目标、教学内容、教学组织等采用多元化考核评价，过程可回溯，诊断改进积极有效。教学过程材料完整，可借鉴可监督。

四、推荐方式

除线上一流课程、虚拟仿真实验教学一流课程继续按有关文件实施外，线下一流课程、线上线下混合式一流课程和社会实践一流课程采用以下推荐方式。

（一）推荐总额

教育部按照国家级线下一流课程、线上线下混合式一流课程和社会实践一流课程三年计划总数确定推荐总额，分别下达至中央部门所属高校和各省级教育行政部门。

（二）分赛道推荐

按照中央部门所属高校、地方高校的办学定位和培养目标特点分赛道推荐，名额分列。部省合建高校推荐课程纳入中央部门所属高校赛道。

（三）推荐方式

中央部门所属高校、各省级教育行政部门根据教育部下达的三年推荐额度,在规定的年度上限数额内推荐。教育部直属高校直接报教育部,其他中央部门所属高校、部省合建高校经主管部门同意后报教育部;地方高校由省级教育行政部门统一报教育部。

(四) 推荐材料要求

课程团队须提交申报书、时长 10 分钟内的说课视频(包括教学理念、课程设计、课程实施、改革成效等)和其他佐证材料。

五、认定方式

教育部分年度组织专家对推荐课程进行认定,经公示后向社会发布。对课程团队成员存在师德师风问题、学术不端问题、五年内出现过重大教学事故,课程内容存在思想性科学性问题的,实行一票否决。

六、认定课程管理

教育部对认定的国家级一流课程实施动态管理,对课程实际应用、教学效果和共享等进行跟踪监测。认定为国家级一流课程的课程须继续建设五年,其建设和改革成果在指定的网站上集中展示和分享,且定期更新资源和数据。对于未持续更新完善、出现严重质量问题、课程团队成员出现师德师风等问题的课程,将予以撤销。

附录6

中国慕课行动宣言

北京

2019 年 4 月 9 日

4月的北京,桃红柳绿分外美丽。参加中国慕课大会的600位代表汇聚这里,为办好更加公平更有质量的中国高等教育,就中国慕课的更快建设、更好使用、更有效学习、更有序管理,共同发表《中国慕课行动宣言》。

我们的共识

当今世界正处于百年未有之变局,世界高等教育也正处于深刻的根本性变革之中。作为中国高等教育的建设者,我们有三点重要共识:

——超前识变。席卷全球的科技革命和产业变革浪潮奔腾而至,作为人才摇篮、科技重镇、人文高地的中国大学必须超前识变。

——积极应变。提高质量、推进公平是21世纪世界高等教育的时代命题,进入"互联网+教育"新时代的中国大学必须积极应变。

——主动求变。网络改变教育、智能创新教育,网络和智能迭加催生高等教育"变轨超车",担负着中国创新发展引领作用的中国大学必须主动求变。

我们的行动

——2013年,在教育部大力推动下,中国慕课建设开始起步。

——2018年,教育部认定推出首批490门国家精品慕课。

——2019年,教育部认定推出第二批801门国家精品慕课。

——六年来,中国慕课从无到有、从小到大、从弱到强。目前,12 500门慕课上线,超过2亿人次在校大学生和社会学习者学习慕课,6 500万人次大学生获得慕课学分。

——中国慕课为中宣部"学习强国"学习平台提供400余门精品慕课,供

8900多万党员干部选学。

——中国慕课为中央军委军职在线提供700多门精品慕课,服务于全军指战员职业发展和终身学习。

——中国慕课为建设学习型社会、学习型政党和学习型国家做出了重要贡献。

我们的经验

六年来,中国慕课在实践中探索,在探索中创新。作为中国慕课的建设者,我们有六点重要经验:

——质量为王。中国慕课坚持集中最好的大学、最好的团队、最好的教师的建设原则。让中国慕课成为质量最有保证的中国金课。从面广量大的公共课、通识课入手,逐步拓展到专业基础课、专业课和实验课,慕课内容更加丰富、结构更加合理、类别更加平衡。我们积极推进慕课质量管理和学分认定制度,让高质量课程走进大学课堂,提供给社会学习者分享。

——公平为要。中国慕课坚持有质量的公平和有公平的质量的教育原则。开展跨地和跨校的慕课协同教学,创新应用模式,为教师提高专业能力服务,为解决区域与校际教育教学水平差异服务。积极促进慕课与课堂教学有机结合,让优质教学资源惠及每一位学生。着力技术更先进、界面更友好,增强慕课吸引力,让更多社会学习者更加便捷地获取高品质的课程学习资源。

——学生中心。中国慕课坚持以学生为中心的教育理念。致力于如何让学生"学得更好",激发学习兴趣和潜能,突出结果导向和持续改进。课程设计和学习支持服务充分考虑新一代大学生"网上原住民"的认知学习和接受特点,注重课程育人,注重学生全面发展,注重学生的获得感和满意度,促进个性化学习。

——教师主体。中国慕课坚持教师为主体的慕课建设和使用目标。努力提升教师信息素养,激励优秀教师建设慕课,动员广大教师使用慕课。创新教师团队组建模式,通过强强合作、强弱协同等方式,推广在线学习、翻转课堂、混合式教学,改革教学内容、方法和模式。重视学习反馈与评价,促进慕课迭代,提升教学工作的有效度和教学质量的保障度。

——开放共享。中国慕课坚持开放共享的建、用、学方式。建立跨区跨校慕课联盟,打造质量利益共同体,增强慕课应用活力。推动慕课平台扩大资源开放力度,为学习型社会、学习型政党、学习型国家建设提供支撑。中国一直致力于推动慕课的国际合作与交流,在国际著名慕课平台上上线了一批优秀中国慕课供全世界学习者分享。

——合作共赢。中国慕课坚持高校主体、社会参与、政府支持的合作共赢机制。数量井喷式发展、质量飞跃式提高的中国慕课建、用、学、管井然有序的良好局面已经形成。慕课发展的中国经验、中国标准、中国模式可以提供世界各国借鉴和分享。

我们的愿景

《中国教育现代化2035》为高等教育确立了发展蓝图和目标。面向未来,我们共同致力于实现中国慕课发展五大愿景:

——建设公平之路。发展慕课是实现更高质量公平的关键一招。中国慕课要把推进高等教育区域和校际公平作为基本价值取向,充分发挥"互联网+"的作用,用优质慕课资源补齐区域和校际人才培养质量差异短板。

——建设共享之路。共享是慕课可持续发展的基础。中国慕课要破解制约共享的体制机制难题,打通影响共享的脉络,让慕课资源的流动畅通无阻。

——建设服务之路。随时随地提供全方位快捷服务是慕课发展的竞争力所在。中国慕课要致力研究新方法、开发新技术,努力提升个性化、精准化服务水平,使学习者获得更有价值的深度学习。

——建设创新之路。不断创新是慕课发展的生命力所在。中国慕课要践行教育新理念,进一步融合人工智能、虚拟现实等技术,创新慕课学习内容、模式和方法,开辟慕课未来发展新境界。

——建设合作之路。紧密合作是慕课发展的影响力所在。中国慕课要加强教师之间、高校之间、慕课平台之间、中国与世界各国之间的交流合作,在分享世界慕课发展先进经验与最新成果的同时,努力为世界慕课发展贡献中国经验、中国标准、中国方案。

教育是国之大计、党之大计。发展更加公平更有质量的教育,中国慕课大有可为。

来上我的课,我是中国慕课!

来上我的课,我是中国金课!

郑重声明

高等教育出版社依法对本书享有专有出版权。任何未经许可的复制、销售行为均违反《中华人民共和国著作权法》，其行为人将承担相应的民事责任和行政责任；构成犯罪的，将被依法追究刑事责任。为了维护市场秩序，保护读者的合法权益，避免读者误用盗版书造成不良后果，我社将配合行政执法部门和司法机关对违法犯罪的单位和个人进行严厉打击。社会各界人士如发现上述侵权行为，希望及时举报，本社将奖励举报有功人员。

反盗版举报电话　（010）58581999　58582371　58582488
反盗版举报传真　（010）82086060
反盗版举报邮箱　dd@hep.com.cn
通信地址　北京市西城区德外大街4号　高等教育出版社法律事务
　　　　　与版权管理部
邮政编码　100120